Wooden
House
Standard
Specification
Hand
Book

【フラット35】対応

木造住宅工事ハンドブック

改訂4版

住宅金融支援機構
Japan Housing Finance Agency

＊本書は、フラット35の設計検査等の
提出書類としてはご利用になれません。

発刊にあたって

「ポケットに入れて施工現場に持っていける木造住宅の解説本が欲しい」という皆様からの強いご要望にお応えして，『【フラット35】対応 木造住宅工事ハンドブック』を平成26年１月に発刊しました。このハンドブックは，住宅金融支援機構（旧住宅金融公庫）が創立当初から発行している木造住宅工事仕様書の内容をわかりやすく図表化したものです。そのため，現場において細部の納まりやフラット35の基準等をご確認いただくことができ，いわば，「持ち運ぶことができる住宅工事仕様書」としてご活用いただきたいと考えております。

このたび，【フラット35】S（金利Bプラン・省エネルギー性）の基準変更ならびに建築物省エネ法の改正（2020年4月）に伴い，断熱等性能等級4における開口部断熱仕様および日射遮蔽措置の変更，さらには断熱材のJIS，Zマーク金物等の規格変更に対応した「改訂4版」を発刊することとしました。本書は『【フラット35】対応　木造住宅工事仕様書　2021年版』に準拠した内容で，引用ページも明示しておりますので，当該仕様書と併せてご利用いただくと効果的です。

また，本書はコンパクトにまとめていますので，施工現場に携わる方だけでなく，設計を担当されている方にもおすすめです。

本書を設計・施工に携わる皆様の必携書としてご活用いただくことで，よりよい住宅を提供されることの一助となれば幸いです。

2021年10月　独立行政法人住宅金融支援機構

CONTENTS

本書の特徴と構成

① 特徴と構成

■木造住宅工事仕様書に準拠!

本書は、「【フラット35】対応 木造住宅工事仕様書 2021年版」(以下、「仕様書」と表記)に掲載している重要な図表およびフラット35技術基準等の仕様の概要を中心に、設計・施工のポイントがひと目でわかるよう簡潔に整理し、原則として1項目を見開き構成とした。

また、本書は戸建住宅を対象に構成しており、共同住宅等には対応していない。

なお、本書はフラット35の設計検査等の申請書類として使用することはできない。

■持ち運びに便利なポケットサイズ!

日常の施工・施工管理など、屋外での使用を考慮して、フラット35技術基準の内容などを持ち運びに便利なポケットサイズに編集した。

■仕様書との併用でさらに技術力の向上に役立つ!

本書は、仕様書におけるフラット35に対応した技術基準の概要を中心に解説しているが、仕様書による確認が必要であることは言うまでもない。本書に収録していない仕様項目とその関連情報等について、不明な点は必ず仕様書で確認すること。

■巻末には施工管理に役立つ資料を収録!

巻末には、省令準耐火構造における仕様のポイントを部位ごとにチェックリストとして整理するとともに、Zマーク表示金物の種類、キーワード索引等のほか、本書を有効に使いこなすために、本書に掲載した図表の索引を収録した。

memo

② 利用のしかた

フラット35技術基準
50ページ
Ⅱ-3.4.1

フラット35技術基準に該当する事項を示すとともに、仕様書における掲載ページ、章（Ⅱ、Ⅲ、Ⅳ）、仕様番号を表示。

仕様書　断熱材の施工位置

仕様書に示されている項目名を色文字で表示。

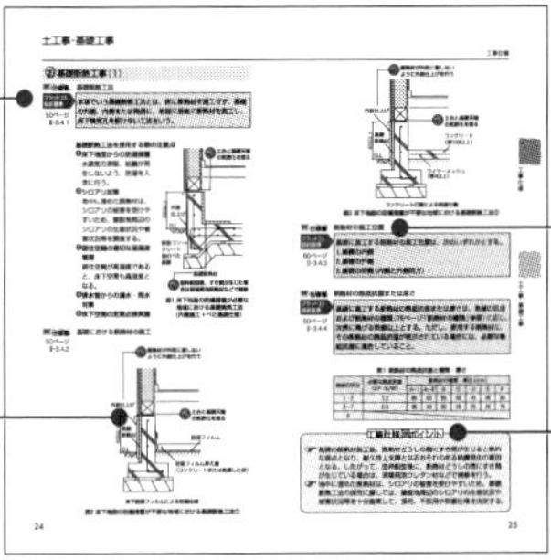

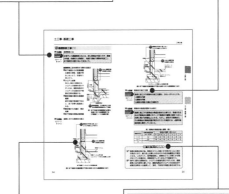

土台と基礎天端の気密化を図る

設計・施工において特に注意する事項や補足説明をマークで表示。

工事仕様のポイント

各工事における仕様内容やフラット35技術基準において重要事項や関連事項を簡潔に解説。

＊本書の図表で使用する寸法は例外を除いてmm表示とし、単位は省略した。
＊建築関係法規、基準、規格、認定事業、団体名等は2020年10月1日現在のもので、改正または変更されることがある。必ず諸官庁および関係機関が公表する情報で確認すること。

memo

フラット35・フラット35S技術基準

① フラット35技術基準

仕様書の内容のうち、フラット35技術基準に該当する仕様項目を整理した表を以下に示す。特に、「住宅の構造」欄には、構造ごとに実施しなければならない仕様項目を○印で表示している。

フラット35技術基準

基準項目		住宅の構造 木造（耐久性）	住宅の構造 準耐火[4]・耐火	本書のページ
基礎の高さ		○		14、16
床下換気[1]	いずれかを選択	○		22
基礎断熱工法[2]	いずれかを選択	○		24
床下防湿		○		23
土台の防腐・防蟻措置		○	○	30
土台以外の木部の防腐・防蟻措置		○		30
床下地面の防蟻措置		○		34
浴室等の防水措置		○		35
住戸間の界壁（連続建てに限る）		○	○	63
断熱工事[3]	施工部位	○	○	74
	断熱性能	○	○	76
	防湿材の施工	○	○	79
小屋裏換気（または屋根断熱）		○		84
点検口の設置（給排水設備）		○	○	100
換気設備の設置（浴室等）		○	○	101
省令準耐火構造			○[4]	116
45分準耐火構造			○[4]	102
1時間準耐火構造				110
耐火構造			○	−

1）玄関まわりなど一部が土間コンクリート床の場合、その他の部分に床下換気孔が適切に設置されている必要がある。
2）基礎断熱工法とは、床に断熱材を施工せず、住宅全周の基礎の外側、内側または両側に地面に垂直に断熱材を施工し、床下換気孔を設けない工法をいう。
3）断熱工事の地域の区分については、フラット35サイト掲載（https://www.flat35.com/download/dl_tech.html）の「【フラット35】・【フラット35】S技術基準のご案内」を参照。
4）住宅の構造を準耐火とする場合は、「省令準耐火構造」、「45分準耐火構造」、「1時間準耐火構造」のいずれかの構造とする必要がある。

② フラット35S技術基準

フラット35Sとは、フラット35を申し込まれたお客さまが、省エネルギー性、耐震性などに優れた住宅を取得する際に、フラット35の借入金利を一定期間引き下げる制度である。

■フラット35S（金利Bプラン）を利用される場合は、フラット35の技術基準に加えて、次表の（1）～（6）のいずれか1つ以上の基準を満たす住宅であることが必要である。

フラット35S（金利Bプラン）技術基準（※1）

技術基準		本書のページ
省エネルギー性	（1）断熱等性能等級4の住宅、かつ、一次エネルギー消費量等級4以上の住宅	136*
	（2）建築物エネルギー消費性能基準に適合する住宅（※2）	－
耐震性	（3）耐震等級（構造躯体の倒壊等防止）2以上の住宅 （4）免震建築物（※3）	－
バリアフリー性	（5）高齢者等配慮対策等級3以上の住宅	164
耐久性・可変性	（6）劣化対策等級3の住宅、かつ、維持管理対策等級2以上の住宅（共同住宅等については、一定の更新対策（※4）が必要）	182

※1 各技術基準（建築物エネルギー消費性能基準に適合する住宅を除く）は、「住宅の品質確保の促進等に関する法律」に基づく住宅性能表示制度の性能等級等と同じ。
なお、住宅性能評価書を取得しなくても、所定の物件検査に合格すれば、フラット35S（金利Bプラン）を利用できる。
※2 建築物エネルギー消費性能基準とは、「建築物のエネルギー消費性能の向上に関する法律（平成27年法律第53号）（通称 建築物省エネ法）」第2条第1項第3号に定める基準。
※3 免震建築物は、評価方法基準第5の1-3に適合しているものを対象とする。
※4 一定の更新対策とは、躯体天井高の確保（2.5m以上）および間取り変更の障害となる壁または柱がないこと。
*断熱等性能等級4の住宅についてのみ本書に収録。

■フラット35S（金利Aプラン）を利用される場合は、フラット35の技術基準に加えて、次表の（1）～（4）のいずれか1つ以上の基準を満たす住宅であることが必要である。

フラット35S（金利Aプラン）技術基準（※1）

技術基準		本書のページ
省エネルギー性	（1）一次エネルギー消費量等級5の住宅（※2）（※3）	－
耐震性	（2）耐震等級（構造躯体の倒壊等防止）3の住宅	－
バリアフリー性	（3）高齢者等配慮対策等級4以上の住宅	190
耐久性・可変性	（4）長期優良住宅（※4）	－

※1 各技術基準（長期優良住宅を除く）は、「住宅の品質確保の促進等に関する法律」に基づく住宅性能表示制度の性能等級と同じ。
なお、住宅性能評価書を取得しなくても、所定の物件検査に合格すれば、フラット35S（金利Aプラン）を利用できる。
※2 都市の低炭素化の促進に関する法律（平成24年法律第84号）の規定により低炭素建築物新築等計画が認定された住宅または、同法の規定により集約都市開発事業計画が認定された住宅も該当する。
※3 建築物のエネルギー消費性能の向上に関する法律（平成27年法律第53号）（通称 建築物省エネ法）の規定により建築物エネルギー消費性能向上計画が認定された住宅も該当する。
※4 長期優良住宅の普及の促進に関する法律（平成20年法律第87号）の規定により長期優良住宅建築等計画が認定された住宅。

① 土工事

仕様書 地盤

31ページ
Ⅱ-3.1.1

表1 地盤調査の方法と概要

調査方法	概　要
ハンドオーガーボーリング	専用の機材を人力で回転させながら、地中に押し込んで土を採取し、地盤の特徴を調査する方法。
ロータリーボーリング	本格的な地盤調査を行うときに用いられる方法。
標準貫入試験	ロータリーボーリング用のロッドの先端に標準貫入試験用サンプラーを取り付け、63.5kgのハンマーを75cmの高さから自由落下させて、30cm貫入させるのに必要な打撃回数により地盤を判定する方法。
スウェーデン式サウンディング試験	スクリューポイントを取り付けたロッド頭部に、1,000Nまでの荷重を加えて貫入を測り、貫入が止まったらハンドルに回転を加えて地中にねじ込み、1mねじ込むのに必要な半回転数を測定する方法。

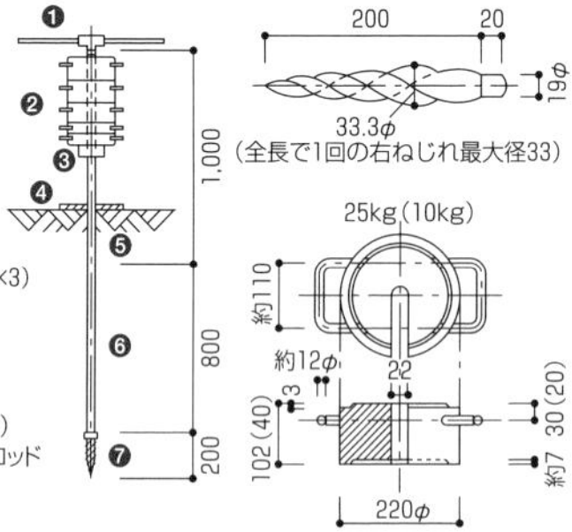

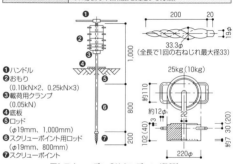

❶ハンドル
❷おもり
（0.10kN×2、0.25kN×3）
❸載荷用クランプ
（0.05kN）
❹底板
❺ロッド
（φ19mm、1,000mm）
❻スクリューポイント用ロッド
（φ19mm、800mm）
❼スクリューポイント

図1 スウェーデン式サウンディング試験

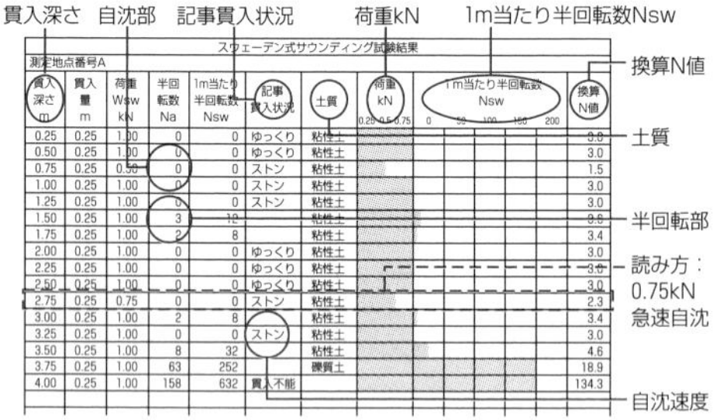

スウェーデン式サウンディング試験結果

測定地点番号A

貫入深さ m	貫入量 m	荷重 Wsw kN	半回転数 Na	1m当たり半回転数 Nsw	記事貫入状況	土質	換算N値
0.25	0.25	1.00	0	0	ゆっくり	粘性土	3.0
0.50	0.25	1.00	0	0	ゆっくり	粘性土	3.0
0.75	0.25	0.50	0	0	ストン	粘性土	1.5
1.00	0.25	1.00	0	0	ストン	粘性土	3.0
1.25	0.25	1.00	0	0	ストン	粘性土	3.0
1.50	0.25	1.00	3	12		粘性土	3.6
1.75	0.25	1.00	2	8		粘性土	3.4
2.00	0.25	1.00	0	0	ゆっくり	粘性土	3.0
2.25	0.25	1.00	0	0	ゆっくり	粘性土	3.0
2.50	0.25	1.00	0	0	ゆっくり	粘性土	3.0
2.75	0.25	0.75	0	0	ストン	粘性土	2.3
3.00	0.25	1.00	2	8		粘性土	3.4
3.25	0.25	1.00	0	0	ストン	粘性土	3.0
3.50	0.25	1.00	8	32		粘性土	4.6
3.75	0.25	1.00	63	252		礫質土	18.9
4.00	0.25	1.00	158	632	貫入不能		134.3

記入内容の例

図2「荷重kN」と「1m当たり半回転数Nsw」の合成グラフ①

「荷重kN」のグラフ
荷重を0.25kN単位で加え、自沈が起こるか調査する部分で、どの程度の荷重で沈下したかがわかる。この範囲でグラフが留まっていると、軟弱な地盤であると判断される。なお、非常に軟弱な場合は、測定単位深さの25cmを超えて一気に沈下してしまう場合もあり、このようなケースの場合は、データの読み取りに注意する。

「1m当たり半回転数Nsw」のグラフ
荷重1.00kNで自沈が起こらなかった場合、1m貫入させるのに必要な半回転数が表現される。この部分までグラフが伸びている場合は、比較的良い地盤層であると判断される。ただし、工場跡地などで、部分的にガリガリと音がした場合は、解体残物混入のおそれがある。

スウェーデン式サウンディング試験結果

測定地点番号A

貫入深さ m	貫入量 m	荷重 Wsw kN	半回転数 Na	1m当たり半回転数 Nsw	記事 貫入状況	土質	荷重 kN (0.25 0.5 0.75)	1m当たり半回転数 Nsw (0 50 100 150 200)	換算N値
0.25	0.25	1.00	4	16		粘性土			3.8
0.50	0.25	1.00	9	36		粘性土			4.8
0.75	0.25	1.00	7	28		粘性土			4.4
1.00	0.25	1.00	3	12		粘性土			3.6
1.25	0.25	1.00	4	16		粘性土			3.8
1.50	0.25	1.00	6	24		粘性土			4.2
1.75	0.25	1.00	4	16		粘性土			3.8
2.00	0.25	1.00	4	16		粘性土			3.8
2.25	0.25	1.00	6	24		粘性土			4.2
2.50	0.25	1.00	4	18		粘性土			3.8
2.75	0.25	1.00	3	12		粘性土			3.8
3.00	0.25	1.00	6	24		粘性土			4.2
3.25	0.25	1.00	9	38		粘性土			4.8
3.50	0.25	1.00	7	28		粘性土			4.4
4.00	0.25	1.00	8	32		粘性土			4.6
4.25	0.25	1.00	2	8		粘性土			3.4
4.50	0.25	1.00	5	20		粘性土			4.0
4.75	0.25	1.00	4	16		粘性土			3.8
5.00	0.25	1.00	15	60		粘性土			6.0
5.25	0.25	1.00	10	40		粘性土			5.0
5.50	0.25	1.00	5	20		粘性土			4.0
5.75	0.25	1.00	10	40		粘性土			5.0
6.00	0.25	1.00	7	28		粘性土			4.4
6.25	0.25	1.00	6	24		粘性土			4.2
6.50	0.25	1.00	13	52		砂質土			5.5
6.75	0.25	1.00	22	88		砂質土			7.9
7.00	0.25	1.00	26	104		砂質土			9.0
7.25	0.25	1.00	17	68		砂質土			6.6
7.50	0.25	1.00	9	36		砂質土			4.4
7.75	0.25	1.00	6	24		粘性土			4.2
8.00	0.25	1.00	3	12		粘性土			3.6
8.25	0.25	1.00	12	48		礫質土			5.2
8.50	0.25	1.00	147	588	貫入不能				330.3

徐々にずれるものは乱れているとはいわない

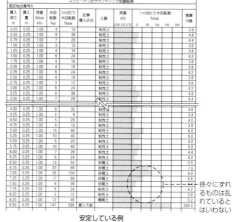

安定している例

スウェーデン式サウンディング試験結果

測定地点番号A

貫入深さ m	貫入量 m	荷重 Wsw kN	半回転数 Na	1m当たり半回転数 Nsw	記事 貫入状況	土質	荷重 kN (0.25 0.5 0.75)	1m当たり半回転数 Nsw (0 50 100 150 200)	換算N値
0.25	0.25	1.00	0	0	ゆっくり	粘性土			0.2
0.50	0.25	1.00	19	76	ガリガリ	粘性土			6.8
0.75	0.25	0.50	0	0		粘性土			3.0
1.00	0.25	1.00	0	0	ゆっくり	粘性土			3.0
1.25	0.25	1.00	0	0	ストン	粘性土			3.0
1.50	0.25	1.00	2	8		粘性土			3.4
1.75	0.25	1.00	2	8		粘性土			3.4
2.00	0.25	0.50	0	0	ストン	粘性土			1.5
2.25	0.25	0.50	0	0	ストン	粘性土			1.5
2.50	0.25	0.25	0	0	ストン	粘性土			0.8
2.75	0.25	0.50	0	0	ストン	粘性土			1.5
3.00	0.25	0.50	0	0	ストン	粘性土			1.5
3.25	0.25	1.00	0	0	ストン	粘性土			3.0
3.50	0.25	1.00	0			粘性土			3.0
5.25	0.25	1.00	11	44		粘性土			5.6
5.50	0.25	1.00	13	52		粘性土			5.8
5.75	0.25	1.00	14	56		粘性土			3.4
6.00	0.25	1.00	2	8	ゆっくり	粘性土			6.8
6.25	0.25	1.00	19	76	ストン	粘性土			1.5
6.50	0.25	0.75	0	0	ゆっくり	粘性土			3.0
6.75	0.25	1.00	0	0	ストン	粘性土			1.5
7.00	0.25	0.75	0	0	ゆっくり	粘性土			5.8
7.25	0.25	1.00	14	56	ゆっくり	粘性土			3.0
7.50	0.25	1.00	0	0	ストン	粘性土			1.5
7.75	0.25	0.75	0	0	ゆっくり	粘性土			3.0
8.00	0.25	1.00	0	0	ゆっくり	粘性土			1.5
8.25	0.25	0.75	0	0	ゆっくり	粘性土			6.8
8.50	0.25	1.00	19	76	ゆっくり	粘性土			3.0
8.75	0.25	1.00	0	0		粘性土			4.0
9.00	0.25	1.00	5	20		礫質土			9.5
9.25	0.25	1.00	28	112	貫入不能				104.2

軟弱かつ乱れている

乱れている

全体としては乱れている　部分的には軟弱かつ乱れている

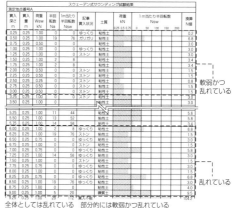

乱れている例

図3「荷重kN」と「1m当たり半回転数Nsw」の合成グラフ②

工事仕様のポイント

- 戸建住宅ではスウェーデン式サウンディング試験などによる地盤調査が一般的であるが、より高い精度で液状化リスクを判定する必要がある。
- 構造耐力上安全な木造住宅を建設する前提条件として、地盤調査により許容地耐力を確認し、地業を十分に行い、構造的に安全な基礎の設計をする必要がある。

② 基礎工事（1）

仕様書 35ページ Ⅱ-3.3.1

基礎の構造

表1 地盤に対応した基礎の構造

基礎の種類	地盤の長期に生ずる力に対する許容応力度
基礎ぐいを用いた構造	20kN/m²未満
べた基礎または基礎ぐいを用いた構造	20kN/m²以上30kN/m²未満
布基礎、べた基礎または基礎ぐいを用いた構造	30kN/m²以上

仕様書 フラット35技術基準 35ページ Ⅱ-3.3.2

布基礎

地面から基礎上端まで、または地面から土台下端までの高さは、400mm以上とする。

基礎の配筋

❶立上り部分の上・下主筋はD13以上とし、補強筋と緊結。
❷立上り部分の補強筋はD10以上とし、間隔は300mm以下。
❸底盤部分の主筋はD10以上、間隔は300mm以下とし、底盤の両端部のD10以上の補強筋と緊結。
❹換気孔を設ける場合は、その周辺にD10以上の補強筋で補強。

換気孔まわりの補強

❶D13の横筋とD10斜め筋で補強（人通口まわりも同様）。
❷D13の横筋の長さは、500mm＋換気孔の幅の長さ＋500mm。

人通口まわりの補強

❶補強用D13横筋の長さは、550mm＋人通口の幅の長さ＋550mm以上。
❷補強用D10斜め筋の定着長さは、400mm以上。

＊（　）内寸法は一般的な参考例。

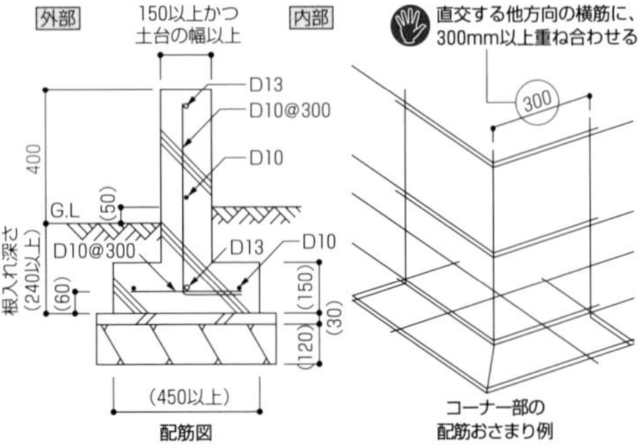

図1 布基礎詳細例①

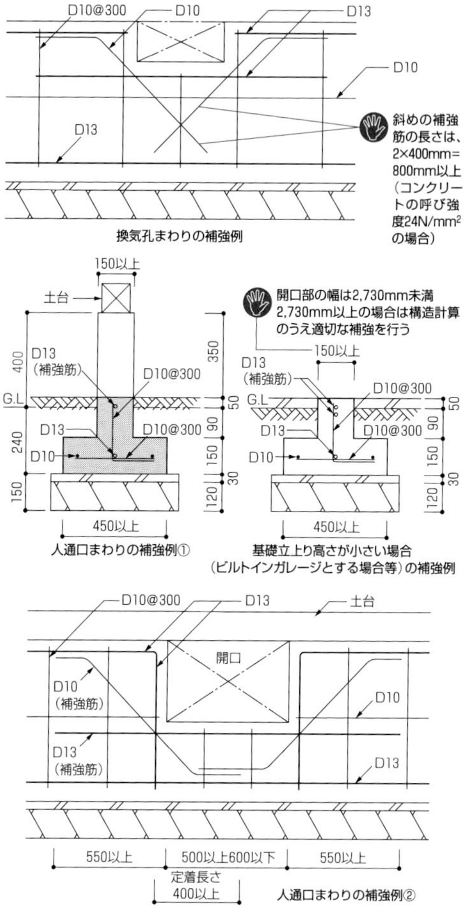

図2 布基礎詳細例②

工事仕様のポイント

- 基礎の構造は、地震時だけでなく、基礎の不同沈下を防止するため、地盤の許容応力度、土質、建設地の積雪条件等を考慮して設計を行い、基礎の種類、鉄筋の配置方法等を決定する。
- 床下点検がしやすいよう、人通口は正しい位置に設置する。
- 人通口の幅は500mm以上600mm以下、高さは330mm程度とし、設置位置は柱間隔が1,820mm以下の下部で、かつ柱から近いほうの人通口端部までの距離が300mm以内とする。

③ 基礎工事(2)

📖 仕様書　べた基礎・基礎ぐい

フラット35 技術基準
35ページ
Ⅱ-3.3.3

> 地面から基礎上端まで、または地面から土台下端までの高さは、400mm以上とする。

❶配管類のための穴の間隙に防蟻性のある材料を充填する。
❷施工中の基礎底盤の雨水を排水するため、適切な位置に水抜き孔を設け、工事完了後に適切にふさぐ。

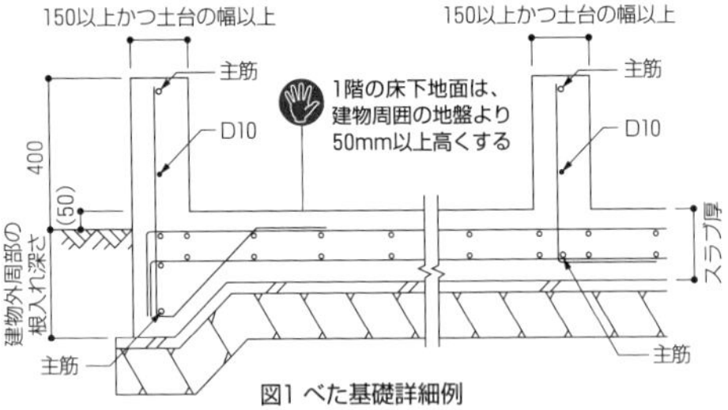

図1 べた基礎詳細例

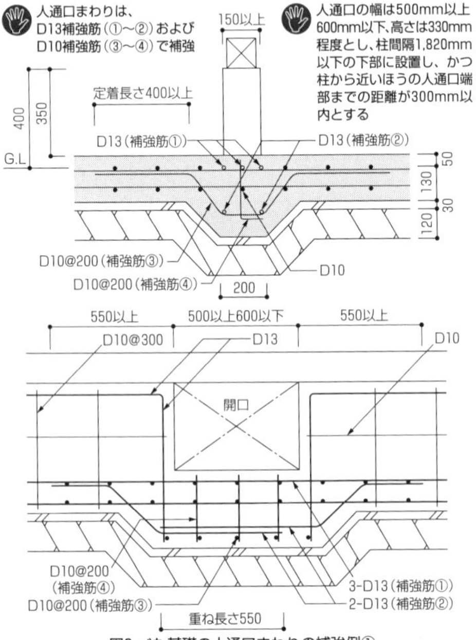

図2 べた基礎の人通口まわりの補強例①

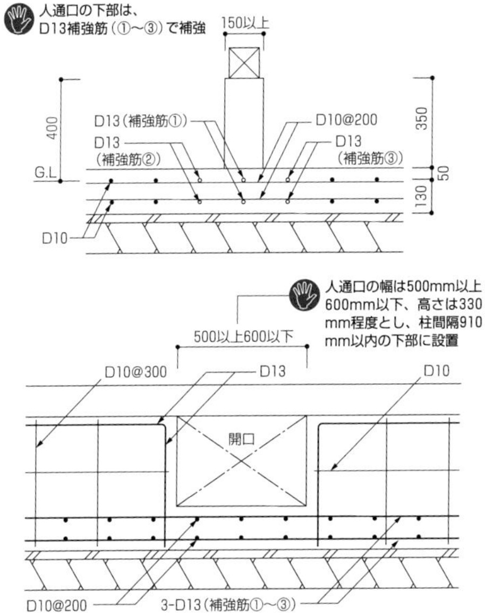

図3 べた基礎の人通口まわりの補強例②

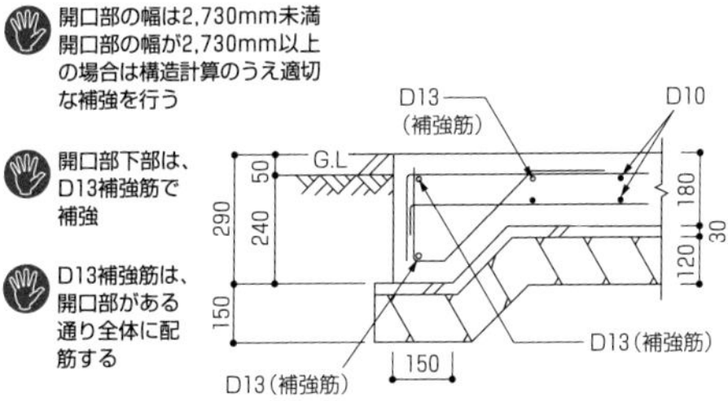

図4 べた基礎の基礎立上り高さが小さい場合
（ビルトインガレージとする場合等）の補強例

工事仕様のポイント

- べた基礎の場合、根入れ深さは120mm以上かつ凍結深度以上（行政庁が規定している場合）とする。
- 基礎の立上り高さを400mm以上にすることで、土台・床などの木部を地面からの湿気から隔離するとともに、降雨時の雨滴の跳ね返りから木部の腐朽や外壁の劣化を抑制する。
- べた基礎の基礎底盤の施工中の雨水を排水するため、適切な位置に水抜き孔を設け、工事完了後に適切にふさぐ。

④ 基礎工事（3）

📖 仕様書 35ページ Ⅱ-3.3.5　**土間コンクリート床**

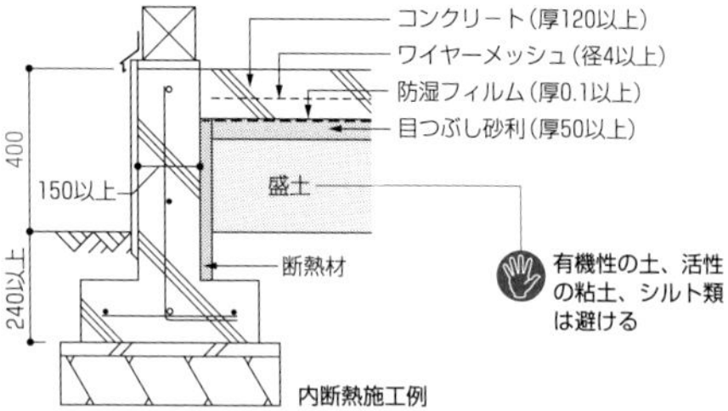

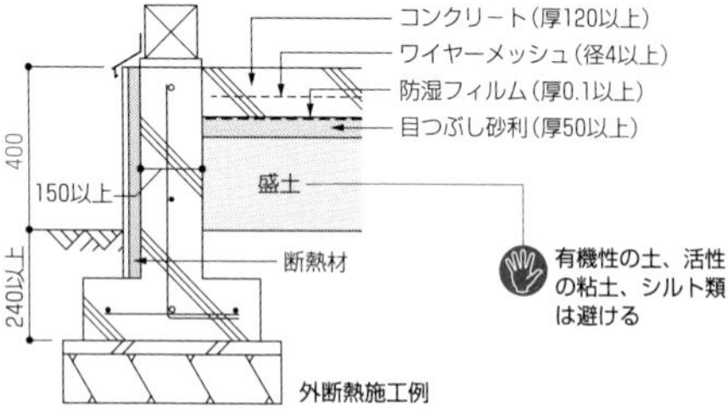

図1 土間コンクリート床

❶土間コンクリート床とは、盛土の上に、非構造スラブであるワイヤーメッシュ入りコンクリートスラブを設けるものをいう。

❷地中に埋めた断熱材は、一般的にシロアリの被害を受けやすいため、建設地周辺におけるシロアリの生息状況や被害状況を十分勘案して、詳細仕様を決定する。

❸内断熱施工の場合、コンクリート部分が熱橋となるため、土間床部分が大きいと断熱性に影響することに注意する。

❹住宅性能表示制度における断熱等性能等級4の住宅仕様基準に適合する住宅とする場合は、土間床等の外周部の断熱材は、基礎底盤上端から基礎天端まで連続して施工する必要がある。そのため、内断熱施工の場合でも、断熱材は土間コンクリート床を貫通して基礎天端まで施工する必要があることに注意する（137ページ・図2「基礎の内側に断熱材を施工する場合」を参照）。

📖 仕様書　座金

36ページ
Ⅱ-3.3.8

基礎や柱と土台等の横架材を緊結させるアンカーボルト等の座金は、右表の仕様の角座金または同等以上の座金を使用する。

表1 土台等の横架材に定着させるアンカーボルト等の座金の仕様

柱脚または柱頭接合部の短期許容引張耐力	座金の仕様
6.4kN以下	厚さ4.5mm、40mm×40mm
14.4kN以下	厚さ6.0mm、60mm×60mm
25.6kN以下	厚さ9.0mm、80mm×80mm

📖 仕様書　アンカーボルト①

36ページ
Ⅱ-3.3.9

アンカーボルトの埋込み位置

❶筋かいを設けた耐力壁では、その両端の柱の下部にそれぞれ近接した位置とする。
❷構造用合板等を張った耐力壁では、その両端の柱の下部にそれぞれ近接した位置とする。
❸土台切れの箇所、土台継手・仕口箇所の上木端部とし、当該箇所が出隅部分の場合はできるだけ柱に近接した位置とする。
❹上記❶、❷、❸以外の部分では、2階建以下の場合は間隔2.7m以内、3階建の場合は間隔2.0m以内とする。

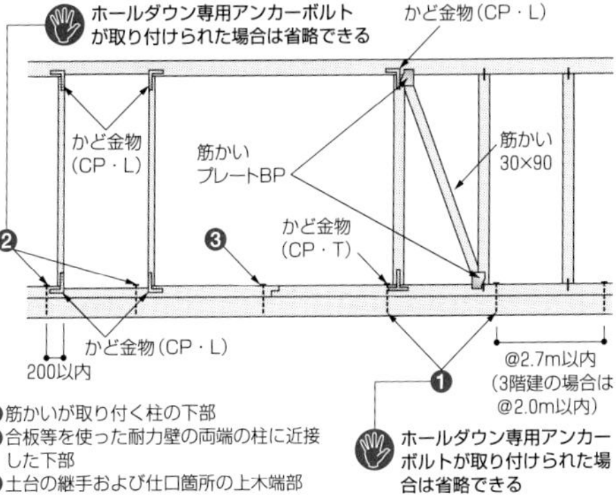

図2 アンカーボルトの埋込み位置

工事仕様のポイント

☞ コンクリートは、JIS A 5308(レディーミクストコンクリート)に規定されたレディーミクストコンクリートとする。
☞ 呼び強度およびスランプは特記による。特記がない場合のスランプは18cm、呼び強度は24N/mm^{2}とする。
☞ 異形鉄筋は、JIS G 3112(鉄筋コンクリート用棒鋼)に適合するものとする。
☞ 鉄筋の径(d)は、異形鉄筋では呼び名に用いた数値とする。

⑤ 基礎工事(4)

仕様書 36ページ Ⅱ-3.3.9

アンカーボルト②
アンカーボルトの据付け方法

❶アンカーボルトの心出しは、型板を用いて基準墨に正しく合わせ、適切な機器などで正確に行う。
❷埋込み長さは250mm以上とし、アンカーボルトの先端は、土台の上端よりナットの外にねじが3山以上出るように固定。ただし、座彫り座金には、3山未満であっても耐力上支障がないものもある。
❸アンカーボルトの保持・埋込みは、アンカーボルトを鉄筋などを用いて組み立て、適切な補助材で型枠の類に固定し、コンクリート打込みを行う。

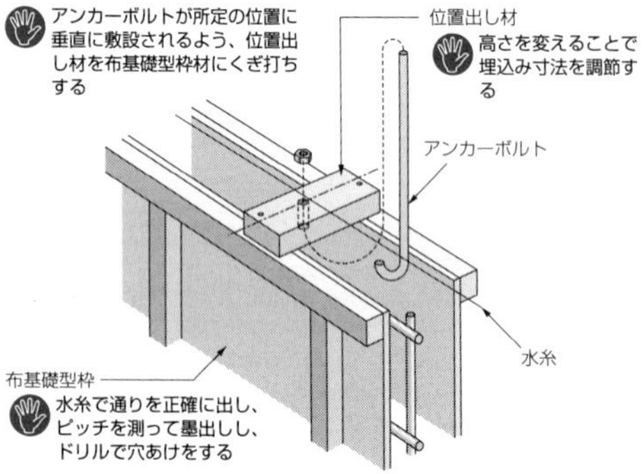

図1 アンカーボルトの据付け方法

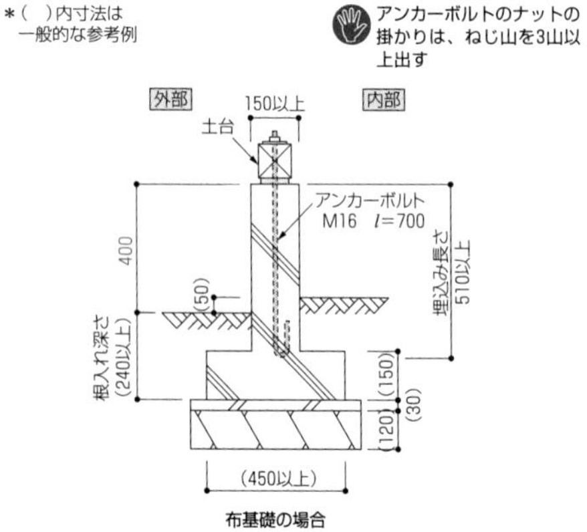

図2 アンカーボルトM16の埋込み長さの確保①

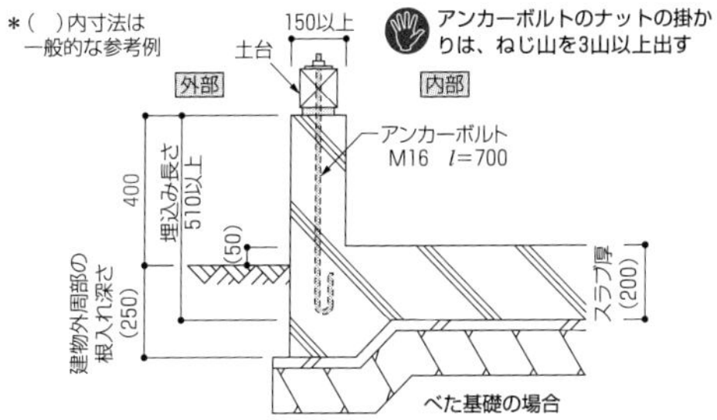

図3 アンカーボルトM16の埋込み長さの確保②

仕様書 37ページ Ⅱ-3.3.10

ホールダウン専用アンカーボルト

ホールダウン専用アンカーボルトの埋設方法

ホールダウン金物をホールダウン専用アンカーボルトで緊結する場合、コンクリートへの埋込み長さは、表1による。

表1 ホールダウン専用アンカーボルトのコンクリートへの埋込み長さ

柱脚部の短期許容耐力	アンカーボルトのコンクリート基礎への埋込み長さ
25kN以下	360mm
25kNを超え35.5kN以下	510mm

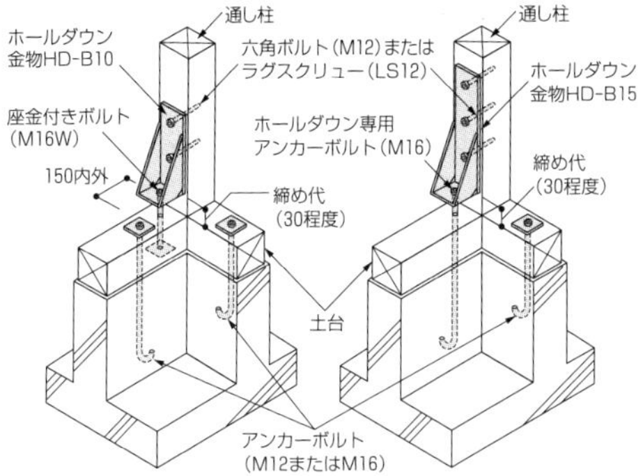

図4 アンカーボルト　図5 ホールダウン専用アンカーボルト

工事仕様のポイント

- アンカーボルト、ホールダウン専用アンカーボルトは、品質および性能が明示された良質なものを使用する。
- アンカーボルトは、衝撃などにより有害な曲がりを生じないよう取り扱い、布、ビニルテープなどを巻いて養生を行う。
- ホールダウン金物（10kN以下）を土台用専用座金ボルトで緊結する場合、土台用専用座金付きボルトの心より150mm内外にアンカーボルトを埋め込む。

❻ 基礎工事（5）

仕様書 床下換気

フラット35 技術基準
37ページ
Ⅱ-3.3.11

床下空間が生じる場合の床下換気措置は、次のイ、ロのいずれかによる。ただし、床下空間が生じない場合や基礎断熱工事（24ページ）を行う場合は、床下換気孔を設置しない。

イ.外周部の基礎には、有効換気面積300cm²以上の床下換気孔を間隔4m以内ごとに設ける。

ロ.ねこ土台を使用する場合は、外周部の土台の全周にわたって、1m当たり有効面積75cm²以上の換気孔を設ける。

床下換気孔の施工

❶床下のコーナー部は、換気不足（湿気のこもり）になりがちなので、その箇所に換気孔を設けるのが効果的である。
❷床下がつねに乾燥している状態を保つために、換気孔はできるだけ高い位置に設ける。
❸外周部布基礎の換気孔から雨水が流入しないように、換気孔下端は外下がりに勾配をつける。
❹間仕切り壁の下部が布基礎の場合は、通風、点検のために換気孔を必ず設ける。
❺基礎を強固に保つため、換気孔まわりは斜め筋等により有効に補強する。

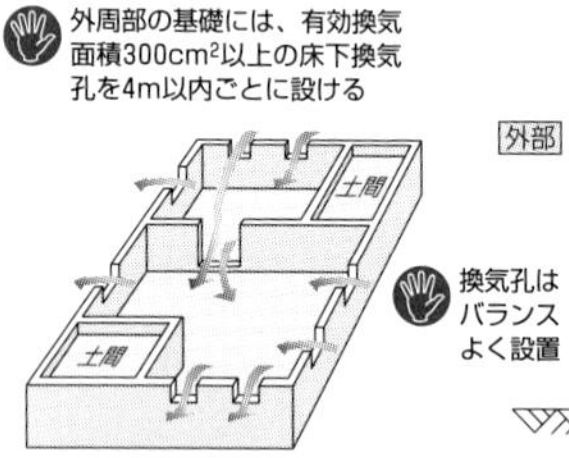

床下換気孔の換気計画（良い例）

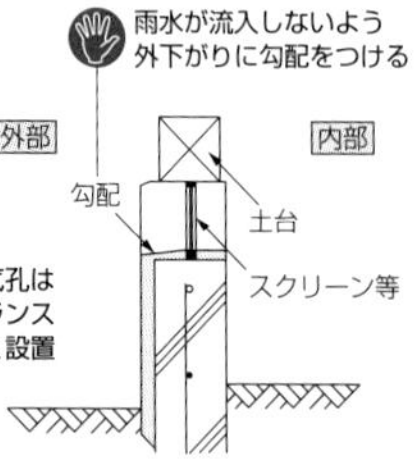

床下換気孔断面図

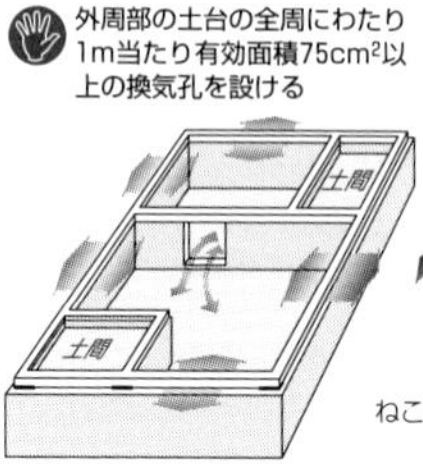

ねこ土台の換気計画

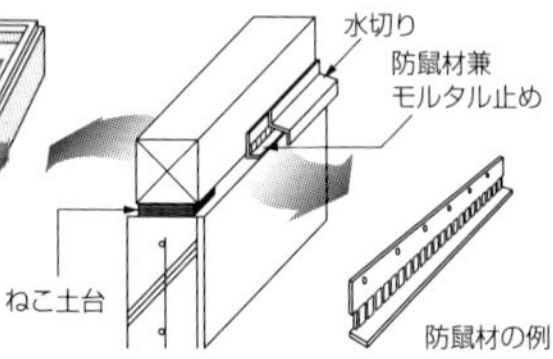

ねこ土台による換気まわりの詳細図

図1 床下換気

仕様書 基礎コンクリートの養生

37ページ
Ⅱ-3.3.13

❶コンクリート打込み終了後は、直射日光、寒気、風雨などを避けるため、シートなどを用いて養生する。
❷普通ポルトランドセメントを用いる場合の型枠の存置期間は、気温15℃以上の場合は3日以上、5℃以上15℃未満の場合は5日以上とする。なお、やむを得ず寒冷期に施工する場合は、気温に応じて適切な養生を行い、工事監理者の指示を受ける。
❸コンクリート打込み後1日間は、その上を歩行したり、重量物を載せてはならない。

仕様書 床下防湿

フラット35技術基準
37ページ
Ⅱ-3.3.15

床下防湿措置は、次の1、2のいずれかまたは両方による。ただし、基礎の構造をべた基礎とした場合、床下防湿措置は不要とする。
1.防湿用のコンクリートを施工する場合
床下地面全面に厚さ60mm以上のコンクリートを打設する。
2.防湿フィルムを施工する場合
床下地面全面にJIS A 6930(住宅用プラスチック系防湿フィルム)、JIS Z 1702(包装用ポリエチレンフィルム)もしくはJIS K 6781(農業用ポリエチレンフィルム)に適合するもの、またはこれらと同等以上の効力を有する防湿フィルムで厚さ0.1mm以上のものを敷き詰める。

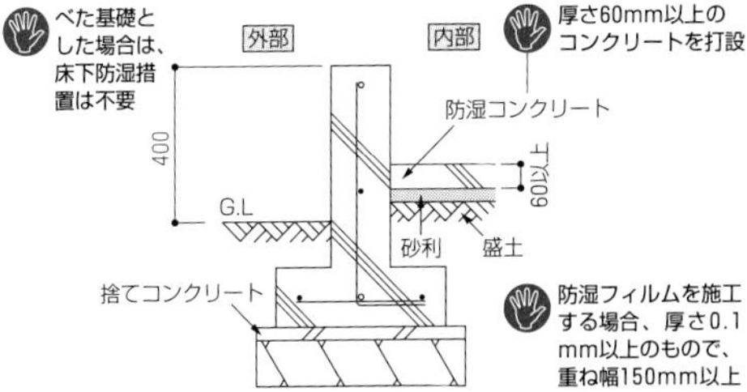

図2 床下防湿コンクリート

工事仕様のポイント

☞ 床下換気孔の施工にあたっては、4mの等間隔で機械的に換気孔を設けるのではなく、柱の位置等にも配慮したうえで、4m以内の間隔で有効な床下換気が行えるように、バランスよく換気孔を設置すること。
☞ ねこ土台によって床下換気孔を確保する場合には、構造上支障が生じないよう、ねこ部分の間隔、アンカーボルトの位置等について十分検討することが必要である。

⑦ 基礎断熱工事（1）

仕様書　基礎断熱工法

フラット35 技術基準
50ページ
Ⅱ-3.4.1

本項でいう基礎断熱工法とは、床に断熱材を施工せず、基礎の外側、内側または両側に、地面に垂直に断熱材を施工し、床下換気孔を設けない工法をいう。

基礎断熱工法を採用する際の注意点

❶床下地面からの防湿措置
水蒸気の滞留、結露が発生しないよう、防湿を入念に行う。

❷シロアリ対策
地中に埋めた断熱材は、シロアリの被害を受けやすいため、建設地周辺のシロアリの生息状況や被害状況等を調査する。

❸居住空間の適切な温湿度管理
居住空間が高湿度であると、床下空間も高湿度となる。

❹排水管からの漏水・雨水対策

❺床下空間の定期点検実施

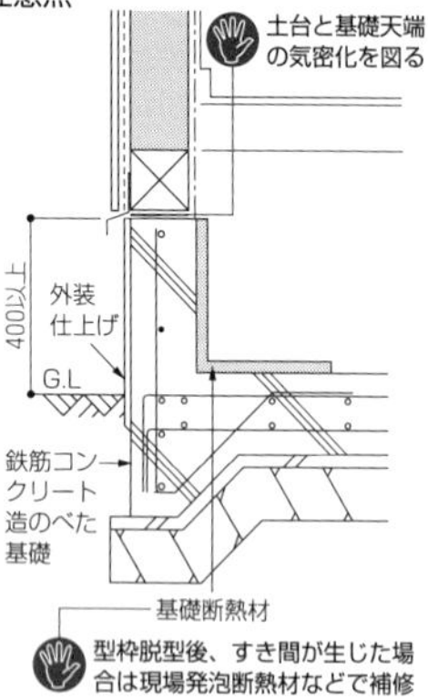

図1 床下地面の防蟻措置が必要な地域における基礎断熱工法（内側施工＋べた基礎仕様）

仕様書　基礎における断熱材の施工

50ページ
Ⅱ-3.4.2

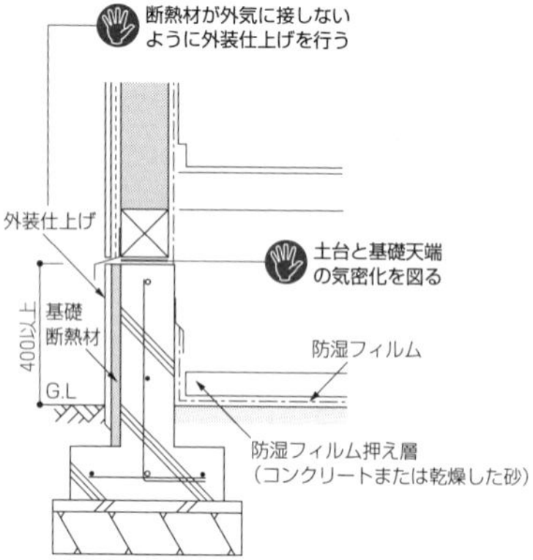

床下防湿フィルムによる防湿仕様

図2 床下地面の防蟻措置が不要な地域における基礎断熱工法①

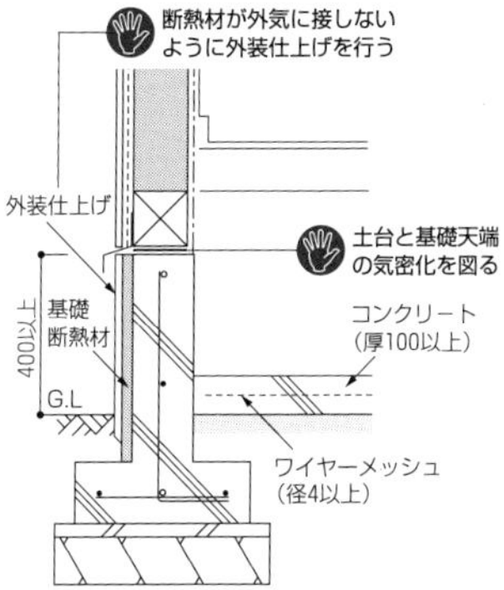

コンクリート打設による防湿仕様

図3 床下地面の防蟻措置が不要な地域における基礎断熱工法②

仕様書 断熱材の施工位置

フラット35技術基準
50ページ
Ⅱ-3.4.3

基礎に施工する断熱材の施工位置は、次のいずれかとする。
1. 基礎の内側
2. 基礎の外側
3. 基礎の両側（内側と外側両方）

仕様書 断熱材の熱抵抗値または厚さ

フラット35技術基準
50ページ
Ⅱ-3.4.4

基礎に施工する断熱材の熱抵抗値または厚さは、地域の区分および断熱材の種類（76ページ「断熱材の種類」参照）に応じ、次表に掲げる数値以上とする。ただし、使用する断熱材に、その断熱材の熱抵抗値が表示されている場合には、必要な熱抵抗値に適合していること。

表1 断熱材の熱抵抗値と種類・厚さ

地域の区分	必要な熱抵抗値 (m²・K/W)	断熱材の種類・厚さ(mm)						
		A-1	A-2	B	C	D	E	F
1・2	1.2	65	60	55	50	45	35	30
3〜7	0.6	35	30	30	25	25	20	15
8								

工事仕様のポイント

- 基礎の断熱材施工後、断熱材どうしの間にすき間が生じると熱的な弱点となり、耐久性上支障となるおそれのある結露発生の要因となる。したがって、型枠脱型後に、断熱材どうしの間にすき間が生じている場合は、現場発泡ウレタン材などで補修を行う。
- 地中に埋めた断熱材は、シロアリの被害を受けやすいため、基礎断熱工法の採用に際しては、建設地周辺のシロアリの生息状況や被害状況等を十分勘案して、採用、不採用や詳細仕様を決定する。

⑧ 基礎断熱工事(2)

📖 仕様書　床下防湿・防蟻措置

フラット35 技術基準
50ページ
Ⅱ-3.4.5

床下地面には、次のいずれかの措置を講ずる。ただし、床下地面の防蟻措置が必要な地域(北海道、青森県、岩手県、秋田県、宮城県、山形県、福島県、新潟県、富山県、石川県および福井県以外の地域)に建設する住宅では、3または4に限る。

1. 床下全面にJIS A 6930(住宅用プラスチック系防湿フィルム)、JIS Z 1702(包装用ポリエチレンフィルム)もしくはJIS K 6781(農業用ポリエチレンフィルム)に適合するもの、またはこれらと同等以上の効力を有する防湿フィルムで厚さ0.1mm以上のものを敷き詰める。なお、防湿フィルムの重ね幅は300mm以上とし、防湿フィルムの全面をコンクリートまたは乾燥した砂等で押さえ、押えの厚さは50mm以上とする。
2. 床下全面に、厚さ100mm以上のコンクリートを打設する。
3. 鉄筋コンクリート造のべた基礎(厚さは100mm以上で、防湿コンクリートを兼ねる)とする。
4. 基礎と鉄筋により一体となって基礎の内周部の地盤上に、一様に打設されたコンクリート(厚さ100mm以上で防湿コンクリートを兼ねる)でおおう。

表1 防湿フィルムを乾燥した砂で押さえる場合の留意点

	留意点
設計・施工	①防湿フィルムの施工にあたっては、あらかじめ地面に飛散する木片等を除去したうえ、地面を十分締め固め、平滑にし、フィルムの上に乾燥した砂を全面にかつ均一に敷き詰める。 ②配管工事、木工事など、床下空間で作業を行う場合は、敷き詰めた砂を乱さないように、また防湿フィルムが破損しないように十分注意する。 ③地面やフィルム面、押え砂に木くず等が混入しないように清掃を行う。 ④施工時の天候に留意し、万一雨水等により地面や押え砂が濡れた場合は、十分乾燥させる。 ⑤床組最下面と押え砂上面とは、300mm程度以上の床下空間を確保することが望ましい。
維持管理	①配管や床の点検、修繕など床下にて作業を行う際には、地盤防湿性能が低下しないよう、十分留意して行う。 ②修繕等の工事で押え砂や防湿フィルムを取り除く場合は、工事施工後、元通りに戻しておく。

コンクリートの乾燥

コンクリートを使用して床下防湿措置を講ずる場合、施工直後はコンクリート中に含まれた水分が蒸発することにより、床下空間の湿度が高くなり、結露やカビ等の発生する危険性が高くなる。したがって、床下のコンクリートが十分乾燥してから床仕上げを行う等、十分注意することが必要である。

べた基礎等による防蟻措置

基礎断熱工法では、床下空間の換気は屋外ではなく、上部の居住空間との間で行われるため、シロアリの被害が想定される地域では、薬剤による土壌処理に代わる効力を有するよう、上記「床下防湿・防蟻措置」の3または4とする。

⑨ 地下室

📖 仕様書 53ページ Ⅱ-3.5

地下室の設計・施工

建築基準法施行令第22条の2、平成12年建設省告示第1430号

居室が以下の❶から❸のいずれかに適合しているもの

❶地下室の開口部が、次の1、2のいずれかの場所に面しているとともに、換気に有効な部分の面積が、当該居室の床面積に対して1/20以上であること。
1. イから二のすべてに適合するからぼり
(イ) 底面が開口部より低い位置にあり、雨水を排水する設備が設けられているもの。
(ロ) 上部が外気に開放されているもの。
(ハ) 地下室の外壁から、その壁に面するからぼりの周壁までの水平距離が1m以上で、開口部の下端からからぼりの上端までの垂直距離が4/10以上であること。
(ニ) 地下室の壁に沿った水平方向の長さが2m以上であり、かつ、開口部からの高さ以上であること。
2. 開口部の前面に、当該住宅の建設敷地内で開口部の下端よりも高い位置に地面がない場所

❷換気設備（建築基準法施行令第20条の2に規定するもの）を設置する。

❸湿度調節設備を設置する。

直接土に接する外壁、床、屋根には、次の❶または❷のいずれか（屋根は❶）に適合する防水措置を講じる（ただし、常水面以上の部分にあっては、耐水材料で造り、かつ、材料の接合部およびコンクリートの打継ぎをする部分に防水措置を講ずる場合を除く）

❶埋戻しその他、工事中に防水層がき裂、破断等の損傷をしないよう保護層を設ける。また、下地の種類、土圧、水圧等の状況等に応じ、防水層に割れ、すき間が生じないよう、継目等に十分な重ね合せをする。

❷直接土に接する部分を耐水材料で造り、かつ、直接土に接する部分と居室に面する部分の間に、居室内への水の浸透を防止するための空隙（当該空隙に浸透した水を排水する設備が設けられているもの）を設ける。

工事仕様のポイント

☞ 基礎断熱工法では、床下空間の換気は屋外ではなく、主に上部の居住空間との間で行われるため、シロアリ被害が想定される地域では、鉄筋コンクリート造のべた基礎（厚さ100mm以上）か、基礎と鉄筋により一体となって基礎の内周部の地盤上に、一様に打設されたコンクリート（厚さ100mm以上）でおおう。

☞ 地下室の設計、施工にあたり、外周部基礎壁に沿って断熱材を施工する際は、結露やシロアリの被害にも留意する。

2 木工事一般事項

① 材料、仕上げ

仕様書
55ページ
Ⅱ-4.1.1

木材の品質

製材のJASに適合する構造用製材

建築構造用として使用される針葉樹の構造用製材を対象とし、その使用される部位や断面寸法によって、甲種（構造用Ⅰ）、甲種（構造用Ⅱ）、乙種の3種類に分類される。甲種は主として高い曲げ性能を必要とする部分に使用され、乙種は主として圧縮性能を必要とする部分に使用される。また、乾燥基準を3区分とし、含水率15％以下をD15、20％以下をD20、25％以下をD25としている。したがって、製材のJASに適合する構造用製材または広葉樹製材を使用する場合には、この規格による。

仕様書
55ページ
Ⅱ-4.1.3

集成材・単板積層材（LVL）・直交集成板（CLT）

集成材には、造作用集成材、化粧ばり造作用集成材、構造用集成材、化粧ばり構造用集成柱の4種類がある。単板積層材は、切削した単板を繊維方向に平行に積層接着した木質材料で、造作用と構造用の2種類に分類される。直交集成板は、ひき板や小角材を繊維方向に平行にして幅方向に並べたものを、互いに直角にして積層接着し、3層以上の構造をもたせたものをいう。

仕様書
55ページ
Ⅱ-4.1.4

各種ボード類／構造用合板

建築物の構造上および耐久性上、主要な部分に使用されるものとして開発されたものを構造用合板という。構造用合板は、他の合板に比べて高い接着性能が要求される。

仕様書
55ページ
Ⅱ-4.1.5

くぎ

表1 くぎの種類および寸法　(mm)

くぎの種類	長さ	胴部径	頭部径	備考
N38、NZ38	38	2.15	5.1	JIS A 5508 N：鉄丸くぎ NZ：めっき鉄丸くぎ
N45、NZ45	45	2.45	5.8	
N50、NZ50	50	2.75	6.6	
N65、NZ65	65	3.05	7.3	
N75、NZ75	75	3.40	7.9	
N90、NZ90	90	3.75	8.8	
N100、NZ100	100	4.20	9.8	
CN45、CNZ45	44.5	2.51	6.35	JIS A 5508 CN：太め鉄丸くぎ CNZ：めっき太め鉄丸くぎ
CN50、CNZ50	50.8	2.87	6.76	
CN55、CNZ55	57.2	2.87	6.76	
CN65、CNZ65	63.5	3.33	7.14	
CN70、CNZ70	69.9	3.33	7.14	
CN75、CNZ75	76.2	3.76	7.92	
CN85、CNZ85	82.6	3.76	7.92	
CN90、CNZ90	88.9	4.11	8.74	
CN100、CNZ100	101.6	4.88	10.31	
ZN40	38.1	3.33	7.14	JIS A 5508 溶融亜鉛めっき太め鉄丸くぎ
ZN65	63.5	3.33	7.14	
ZN90	88.9	4.11	8.74	
GNF32	31.8	2.34	7.54	JIS A 5508 せっこうボード用くぎ
GNF40	38.1	2.34	7.54	
GNF50	50.8	2.45	7.54	
GNC32	31.8	2.34	7.54	
GNC40	38.1	2.34	7.54	
SF45	45	2.45	5.6	JIS A 5508 SF：ステンレス鋼くぎ
SN45	44.5	3.05	11.13	JIS A 5508 SN：シージングボード用くぎ
SN40	38.1	3.05	11.13	

📖 仕様書 73ページ Ⅱ-4.2.2

仕上げその他

継手

木構造においては、継手は最大の弱点となる。したがって、継手が平面的にも立体的にも1箇所に集中することは、構造物の耐力が低下するため、継手の位置は乱(千鳥)に配置したほうがよい。

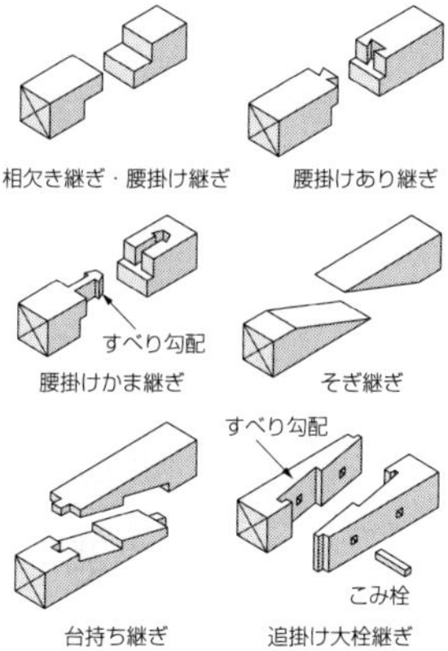

図1 一般慣用による継手の種類

仕口

仕口の一種にほぞ差し工法がある。これは、柱または横架材にほぞ穴をつけ、これにほぞ加工した材を差し込み、くさび締め、くぎ、こみ栓などによって結合する方法である。
ほぞは、材の断面が欠き取られるが、断面欠除が大きくなる場合、例えば、1本の柱に四方から横架材が取り付けられる場合には、柱の断面を大きくするか、あるいは金物で補強することが必要である。

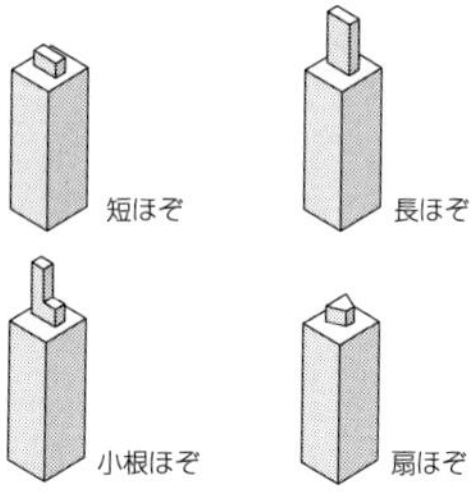

図2 ほぞの種類

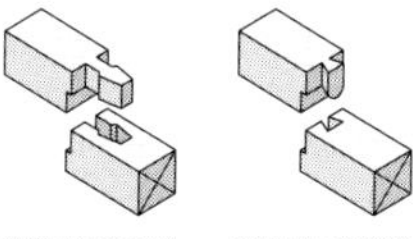

図3 プレカットによる代表的な継手の例

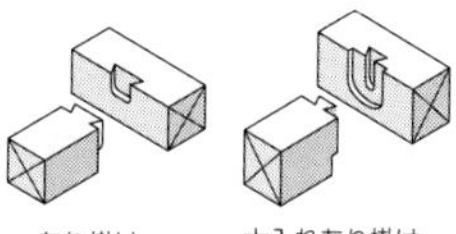

図4 プレカットによる代表的な仕口の例

工事仕様のポイント

- ☞ 木材の接合部を金物によって補強する場合には、木材が十分乾燥していることを確かめること。
- ☞ 接合金物に使用するくぎ等は、接合金物と同等以上の防錆処理されたものを使用する。
- ☞ 土台、けたなどで継ぎ伸しの都合上、やむを得ず短材を使用する場合の長さは、土台にあっては1m内外、その他にあっては2m内外とする。

② 木部の防腐・防蟻措置（1）

仕様書　土台の防腐・防蟻措置

フラット35 技術基準
75ページ
Ⅱ-4.3.1

1. 土台の防腐・防蟻措置（北海道および青森県にあっては防腐措置のみ。以下、「木部の防腐・防蟻措置」において同じ）は、次のいずれかによる。
   イ. ヒノキ、ヒバ、ベイヒ、ベイヒバ、クリ、ケヤキ、ベイスギ、タイワンヒノキ、コウヤマキ、サワラ、ネズコ、イチイ、カヤ、ウェスタンレッドシーダー、インセンスシーダーまたはセンペルセコイヤを用いた製材、もしくはこれらの樹種を使用した構造用集成材または構造用単板積層材を用いる。
   ロ. JASに定める保存処理性能区分K3相当以上の防腐・防蟻処理材（北海道および青森県にあっては、K2相当以上の防腐処理材）を用いる。
2. 土台に接する外壁の下端には、水切りを設ける。

仕様書　土台以外の木部の防腐・防蟻措置

フラット35 技術基準
75ページ
Ⅱ-4.3.2

1. 地面からの高さが1m以内の外壁の軸組（土台および室内側に露出した部分を除く）の防腐・防蟻措置は、次のいずれかによる。
   イ. ヒノキ、ヒバ、ベイヒ、ケヤキ、タイワンヒノキ、スギ、カラマツ、ベイスギ、クリ、ダフリカカラマツ、ベイヒバ、コウヤマキ、サワラ、ネズコ、イチイ、カヤ、クヌギ、ミズナラ、ベイマツ（ダグラスファー）、ウェスタンレッドシーダー、アピトン、ウェスタンラーチ、カプール、ケンパス、セランガンバツ、タマラック、パシフィックコーストイエローシーダー、サイプレスパイン、ボンゴシ、イペ、ジャラ、インセンスシーダーまたはセンペルセコイヤを用いた製材、もしくはこれらの樹種を使用した化粧ばり構造用集成柱、構造用集成材または構造用単板積層材を用いる。
   ロ. 外壁内に通気層を設け、壁体内通気を可能とする構造とする（80ページ「外壁に通気層を設け壁体内通気を可能とする構造」参照）。
   ハ. 外壁材を板張りとし、直接通気を可能とする構造とする。
   ニ. 軒の出を90cm以上とし、かつ柱が直接外気に接する構造（真壁構造）とする。
   ホ. 断面寸法120mm×120mm以上の製材、化粧ばり構造用集成柱、構造用集成材または構造用単板積層材を用いる。
   ヘ. 防腐・防蟻に有効な薬剤を塗布、加圧注入、浸漬もしくは吹き付けした、または防腐・防蟻に有効な接着剤を混入した製材、化粧ばり構造用集成柱、構造用集成材または構造用単板積層材を用いる。
2. 地面からの高さが1m以内の外壁の木質系下地材（室内側

に露出した部分を除く）の防腐・防蟻措置は、次のいずれかによる。

イ.ヒノキ、ヒバ、ベイヒ、ケヤキ、タイワンヒノキ、スギ、カラマツ、ベイスギ、クリ、ダフリカカラマツ、ベイヒバ、コウヤマキ、サワラ、ネズコ、イチイ、カヤ、クヌギ、ミズナラ、ベイマツ（ダグラスファー）、ウェスタンレッドシーダー、アピトン、ウェスタンラーチ、カプール、ケンパス、セランガンバツ、タマラック、パシフィックコーストイエローシーダー、サイプレスパイン、ボンゴシ、イペ、ジャラ、インセンスシーダーまたはセンペルセコイヤを用いた下地材を用いる。

ロ.外壁内に通気層を設け、壁体内通気を可能とする構造とする（80ページ「外壁に通気層を設け壁体内通気を可能とする構造」参照）。

ハ.外壁材を板張りとし、直接通気を可能とする構造とする。

ニ.軒の出を90cm以上とし、かつ柱が直接外気に接する構造（真壁構造）とする。

ホ.防腐・防蟻に有効な薬剤を塗布、加圧注入、浸漬もしくは吹き付けした、または防腐・防蟻に有効な接着剤を混入した製材、合板のJASに規定する構造用合板、構造用パネルのJASに規定する構造用パネル、JIS A 5908（パーティクルボード）に規定するパーテイクルボード（Pタイプ）、またはJIS A 5905（繊維板）に規定するミディアムデンシティファイバーボード（Pタイプ）を用いる。

防腐・防蟻が必要な木部

木造住宅は、地面からの高さが1m以内の範囲にある軸組（柱、枠材、筋かい、耐力面材等を含む）、枠組、木質パネル等が劣化を受けやすいため、防腐・防蟻措置を講ずること。

水切りの設置

水切りの設置は土台の劣化対策の一つで、目的は以下のとおり。

❶壁体内結露水など、壁体内に浸入した水の適切な排出
❷雨水の跳ね上がりおよび毛細管現象等による土台への水の浸入防止

工事仕様のポイント

☞ 土台には、ヒノキ、ヒバ、ベイヒ、ベイヒバ等を用いた製材、またはこれらの樹種を使用した構造用集成材等か、JASに定めるK3相当以上の防腐・防蟻処理材（北海道、青森県にあってはK2相当以上の防腐処理材）のいずれかを使用する。

☞ 土台に接する外壁の下端には、水切りを設置する*。

☞ 地面から高さ1m以内にある外壁の軸組（柱、筋かい、耐力面材等を含む）、枠組、木質パネル等は、防腐・防蟻措置を講ずる。

*水切り設置の際、透湿防水シートを土台と水切りとの間に挟むと、シートを伝い落ちた水が土台に達する可能性があるため、透湿防水シートの下端は水切りの上に被せて施工する。

③ 木部の防腐・防蟻措置（2）

📖 仕様書 75ページ Ⅱ-4.3　木部の防腐・防蟻措置

表1 部位別使用樹種例

部位			参考（一般的に用いられる樹種例）
軸組	土台		ヒノキ・ベイヒ・ヒバ・ベイヒバ・コウヤマキ・クリ・ケヤキ・保存処理製材・土台用加圧式防腐処理木材
	火打土台		スギ・ベイマツ・ベイツガ・ヒノキ・ヒバ・カラマツ
	柱	見えがかり	ヒノキ・スギ・ベイツガ・化粧ばり構造用集成柱
		見えがくれ	スギ・ベイツガ
	胴差し		アカマツ・クロマツ・ベイマツ・ベイツガ・スギ・カラマツ
	けた		アカマツ・クロマツ・ベイマツ・ベイツガ・スギ・カラマツ
	筋かい		スギ・ベイツガ
	その他		スギ・アカマツ・クロマツ・ベイマツ・ベイツガ
床組	はり		アカマツ・クロマツ・ベイマツ・カラマツ・ベイツガ
	大引き		ヒノキ・スギ・アカマツ・クロマツ・ベイマツ・カラマツ・ベイツガ
	根太		スギ・アカマツ・クロマツ・ベイマツ・ベイツガ・カラマツ
	火打ちばり		スギ・ベイマツ・ベイツガ
	その他		スギ・アカマツ・クロマツ・ベイマツ・ベイツガ・カラマツ
小屋組	はり	丸太	アカマツ・クロマツ・ベイマツ
		その他	アカマツ・クロマツ・ベイマツ・カラマツ
	母屋		スギ・アカマツ・クロマツ・ベイマツ・ベイツガ・カラマツ
	たる木		スギ・アカマツ・クロマツ・ベイマツ・ベイツガ・カラマツ
	その他		スギ・アカマツ・クロマツ・ベイマツ・ベイツガ・カラマツ
造作材	生地あらわし		ヒノキ・スギ・アカマツ・クロマツ・ベイマツ・ベイツガ・スプルース・防虫処理ラワン・化粧ばり造作用集成材
	表面塗装		スギ・アカマツ・クロマツ・ベイマツ・ベイツガ・スプルース・防虫処理ラワン

表2 心材の耐腐朽性・耐蟻性比較表

区分	樹種
耐腐朽性・耐蟻性が大のもの	ヒバ・コウヤマキ・ベイヒバ
耐腐朽性が大、耐蟻性が中のもの	ヒノキ・ケヤキ・ベイヒ
耐腐朽性が大、耐蟻性が小のもの	クリ・ベイスギ
耐腐朽性・耐蟻性が中のもの	スギ・カラマツ
耐腐朽性が中、耐蟻性が小のもの	ベイマツ・ダフリカカラマツ
耐腐朽性・耐蟻性が小のもの	アカマツ・クロマツ・ベイツガ

木材の耐腐朽性・耐蟻性

住宅に用いる木材は、耐腐朽性はもちろんのこと、耐蟻性の高いものを選択することが、建物を長持ちさせる重要なポイントである。

特に土台は、その環境から考えると、日本の大部分の地域において、腐朽菌とシロアリの被害をつねに受ける可能性をもっている。樹種の選択にあたっては、耐腐朽性・耐蟻性の高い樹種を選択することが望ましい。

木部防腐剤塗り

建築物の木材が腐朽しやすい箇所に塗布して腐朽を防ぐのが目的であるため、目的外のところには塗らないほうがよい。例えば、防腐・防蟻処理土台は、すでに防腐・防蟻剤を注入してあるので、土台の木口、ほぞおよびほぞ穴等、加工部分以外は塗る必要はない。

加圧式防腐・防蟻処理木材

加圧式防腐・防蟻処理木材は、工場において、注薬罐中に置かれた木材に薬液を加圧して注入する方法によって製造される。この処理木材は、加圧式防腐・防蟻処理土台として市販されているが、JAS製品としては、表3のとおり4種類があり、それぞれ性能区分が示されている。なお、保存処理K1は、広葉樹防虫辺材用で、一般には「防虫処理ラワン」と呼ばれている。

表3 加圧式防腐・防蟻処理木材（JAS製品）

<table>
<tr><th>表示方法</th><th>性能区分</th><th>性能の目安</th><th>使用する薬剤名（記号）</th></tr>
<tr><td>保存処理K2</td><td>K2</td><td>気候が比較的寒冷な地域における住宅部材用</td><td rowspan="2">第四級アンモニウム化合物系（AAC-1）
第四級アンモニウム・非エステルピレスロイド化合物系（SAAC）
ほう酸・第四級アンモニウム化合物系（BAAC）
銅・第四級アンモニウム化合物系（ACQ-1）（ACQ-2）
銅・アゾール化合物系（CUAZ）
アゾール・ネオニコチノイド化合物系（AZN）
脂肪酸金属塩系（NCU-E）（NZN-E）（VZN-E）
ナフテン酸金属塩系（NCU-O）（NZN-O）</td></tr>
<tr><td>保存処理K3</td><td>K3</td><td>土台等住宅部材用</td></tr>
<tr><td>保存処理K4</td><td>K4</td><td>土台等住宅部材用</td><td>上記のほか、クレオソート油（A）</td></tr>
<tr><td>保存処理K5</td><td>K5</td><td>屋外または接地用（鉄道の枕木等の用途）</td><td>銅・第四級アンモニウム化合物系（ACQ-1）（ACQ-2）
脂肪酸金属塩系（NCU-E）
ナフテン酸金属塩系（NCU-O）
クレオソート油（A）</td></tr>
</table>

＊林産物に関するJASのうち、保存処理について定められているものは、従前は「製材」、「枠組壁工法構造用製材および枠組壁工法構造用たて継ぎ材」のみであったが、平成29年10月の改正で「合板」、「集成材」および「単板積層材」についても保存処理の規定が追加された。

工事仕様のポイント

☞ 地面から高さ1m以内にある土台以外の外壁の軸組の防腐・防蟻措置は、次のいずれかとする。①ヒノキ、ヒバ等を用いた製材、またはこれらの樹種を使用した構造用集成材等、②外壁内に通気層を設けた構造、③外壁材を板張りとした、直接通気が可能な構造、④軒の出90cm以上で、かつ柱が直接外気に接する構造（真壁構造）、⑤断面寸法120mm×120m以上の製材、構造用集成材等、⑥薬剤処理を施した製材、構造用集成材等。

④ 床下地面の防蟻措置、浴室等の防水措置

仕様書 床下地面の防蟻措置

フラット35技術基準
76ページ
Ⅱ-4.4.1

床下地面に講じる防蟻措置は、次のいずれかによる。ただし、北海道、青森県、岩手県、秋田県、宮城県、山形県、福島県、新潟県、富山県、石川県および福井県においては、地面に講ずる防蟻措置を省略することができる。

イ.鉄筋コンクリート造のべた基礎

ロ.地面を一様に打設したコンクリート（布基礎と鉄筋により一体となったものに限る）でおおう。

ハ.薬剤により、布基礎内周部および束石の周囲の土壌処理を行う。

表1 建設地別の防腐・防蟻処理および土壌処理の適用区分

区分	建設地	木材：加圧注入処理木材	木材：現場で行う処理	土壌
Ⅰ	沖縄、九州、四国、中国、近畿の各地方および愛知、静岡の各県	製材の日本農林規格の保存処理K3材以上	塗布または吹付けによる防腐・防蟻処理	土壌処理を行う
Ⅱ	関東地方および岐阜、長野、山梨の各県	製材の日本農林規格の保存処理K3材以上、またはJIS規格による木材		ほとんどの地域で土壌処理を行う
Ⅲ	福井、石川、富山、新潟、山形、秋田、岩手、宮城、福島の各県			一部の地域で土壌処理を行う
Ⅳ	北海道地方および青森県	製材の日本農林規格の保存処理K2材以上、またはJIS規格による木材	塗布または吹付けによる防腐または防腐・防蟻処理	必要に応じて土壌処理を行う

＊『木造建築物等防腐・防蟻・防虫処理技術指針』（公益社団法人日本しろあり対策協会）より抜粋

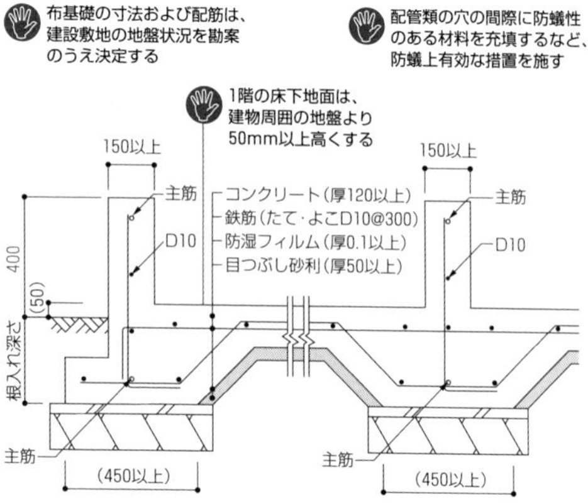

防蟻用に打設したコンクリートの例

図1 土壌処理と同等以上の効力を有する例①

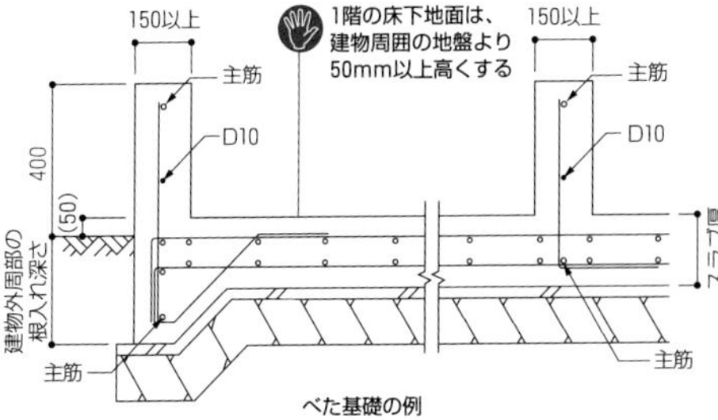

図2 土壌処理と同等以上の効力を有する例②

仕様書 浴室等の防水措置

フラット35技術基準
77ページ
Ⅱ-4.5

1. 浴室の壁の軸組等（木質の下地材・室内側に露出した部分を含む）、床組（地上2階以上の階にある場合は、下地材を含む）および天井は、次のいずれかの防水措置を行う。ただし、1階の浴室まわりを鉄筋コンクリート造の腰壁またはコンクリートブロック造の腰壁とした部分は除く。
   イ. 浴室ユニットとする。
   ロ. 浴室の壁の軸組等、床組および天井に対して、防水上有効な仕上げを行う。
   ハ. 浴室の壁の軸組等、床組および天井に対して、30ページ「土台以外の木部の防腐・防蟻措置」の1のイからへのいずれかおよび2のイからホのいずれかによる防腐・防蟻措置を行う。
2. 脱衣室の壁の軸組等（木質の下地材・室内側に露出した部分を含む）および床組（地上2階以上の階にある場合は、下地材を含む）は、次のいずれかの防水措置を行う。
   イ. 脱衣室の壁の軸組等および床組に対して、防水紙、ビニル壁紙、シージングせっこうボード、ビニル床シートまたは耐水合板（普通合板1類、構造用合板特類または1類）を用いる。
   ロ. 脱衣室の壁の軸組等および床組に対して、30ページ「土台以外の木部の防腐・防蟻措置」の1のイからへのいずれかおよび2のイからホのいずれかによる防腐・防蟻措置を行う。

工事仕様のポイント

- 床下地面の防蟻措置は、①RC造のべた基礎、②布基礎と鉄筋により一体となったコンクリートでおおう、③土壌処理、のいずれか。
- 脱衣室の壁の軸組等、床組の防水措置は、①防水紙、ビニル壁紙、シージングせっこうボード、ビニル床シート、耐水合板（普通合板1類、構造用合板特類か1類）、②防腐・防蟻措置、のいずれか。

3 木造躯体工事

① 軸組

📖 仕様書
82ページ
Ⅱ-5.1.2

土台

断面寸法

柱と同じ寸法以上かつ105mm×105mm以上とし、120mm×120mmを標準とする。

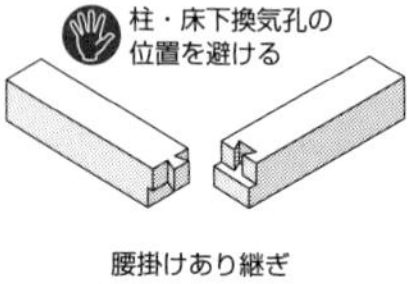

図1 土台の継手

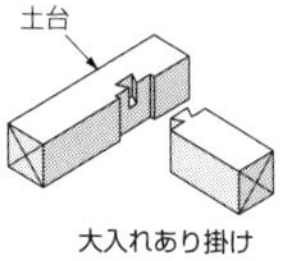

図2 土台T字取合い仕口

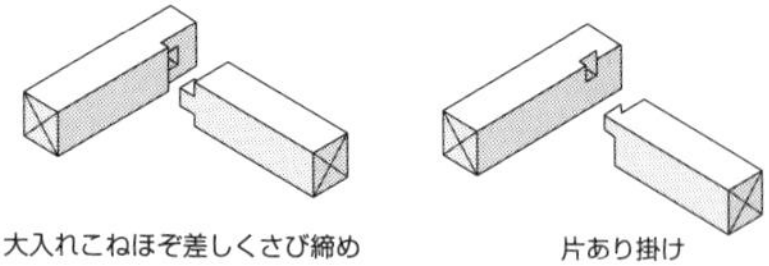

図3 土台すみ仕口

📖 仕様書
82ページ
Ⅱ-5.1.3

火打土台

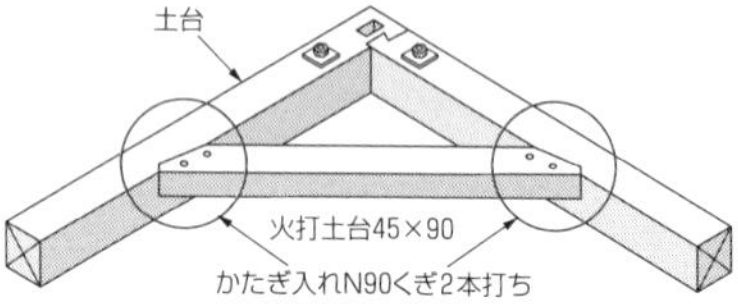

図4 火打土台仕口

📖 仕様書
82ページ
Ⅱ-5.1.4

柱

断面寸法

❶105mm×105mm以上とし、120mm×120mmを標準とする。
❷通し柱は120mm×120mm以上とする。

階数が2以上の住宅における通し柱であるすみ柱の断面寸法

135mm×135mm以上。ただし、次のいずれかの場合は120mm×120mm以上にできる。

❶ヒノキ、ヒバ、ベイヒ、ベイヒバ等を用いた製材、またはこれらの樹種を使用した構造用集成材等
❷薬剤処理を施した製材、構造用集成材等
❸軒の出が90cm以上で、柱が直接外気に接する構造（真壁構造）
❹外壁内に通気層を設け、壁体内通気を可能とする構造
❺外壁材を板張りとし、直接通気を可能とする構造

すべての柱の断面寸法を105mm×105mm以上にできる場合

土台、すみ柱、最下階の外壁の柱（室内の見えがかりを除く）をJASに定めるK3相当以上の防腐・防蟻処理材等を使用。

仕様書 胴差し

83ページ
Ⅱ-5.1.6

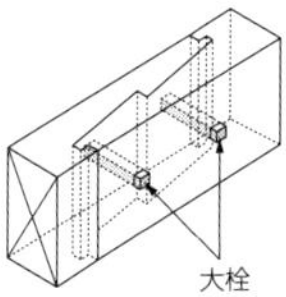

追掛け大栓継ぎ
図5 胴差しの継手

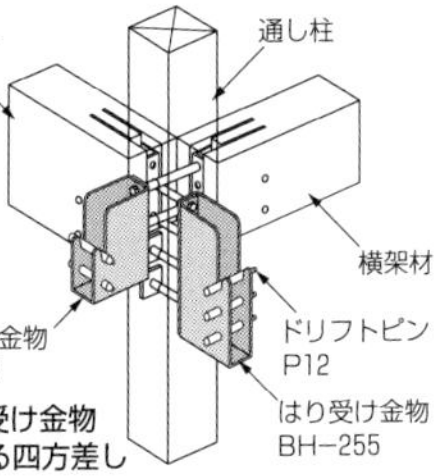

図6 はり受け金物による四方差し

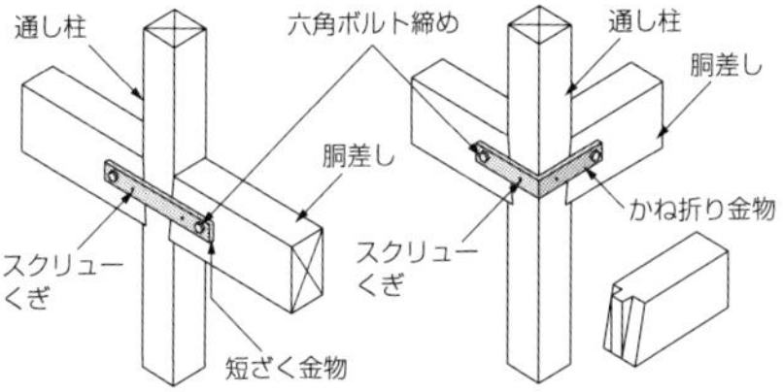

かたぎ大入れ短ほぞ差し
図7 通し柱と胴差しとの仕口

仕様書 木造筋かい

84ページ
Ⅱ-5.1.9

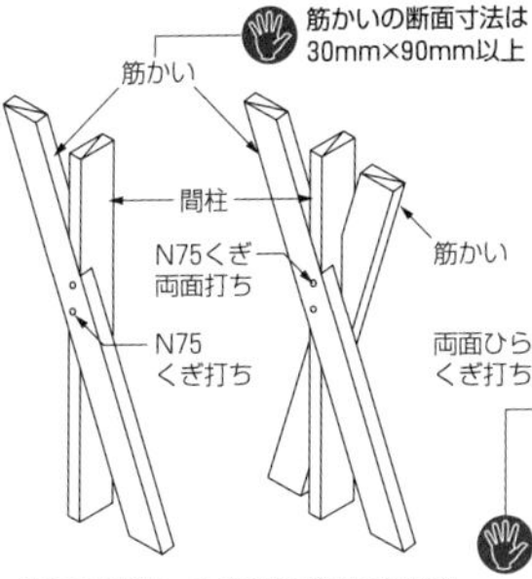

図8 筋かいと間柱の交差部

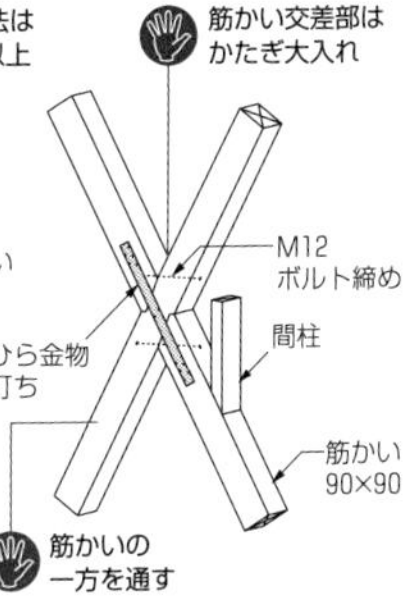

図9 90mm×90mm以上を用いたたすき掛け筋かい

工事仕様のポイント

- はり、胴差しなどの取合い部分や、面材耐力壁を構成するために構造用合板等を柱に取り付ける場合には、必要最小限の範囲で柱を欠き込む。
- 外装仕上材の剥落等を生じにくくするためには、下地面材や胴縁を間柱にしっかり留め付ける必要がある。また、留め付ける際に、間柱の割れや接合具の打ち損じなどを防ぐために、十分な寸法を確保すること。

② 軸組の仕口（1）

📖 仕様書 87ページ Ⅱ-5.2.1

筋かい端部の仕口

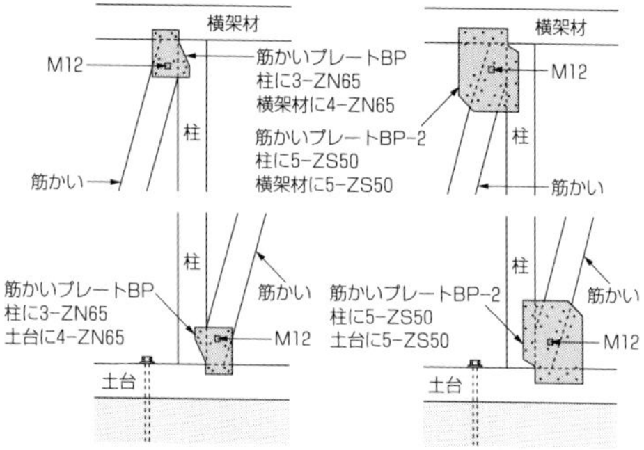

厚さ30mm以上で幅90mm以上の木製筋かい　　厚さ45mm以上で幅90mm以上の木製筋かい

＊M12（六角ボルト）は、JIS B 1180（六角ボルト）に規定するうち、強度区分4.6に適合する径12mmのボルトまたはこれと同等以上の品質を有するもの。

図1 筋かい端部の仕口

📖 仕様書 87ページ Ⅱ-5.2.2

耐力壁となる軸組の柱と横架材の仕口①

＊図中のイ～ヌの仕口の詳細は、40～43ページを参照。

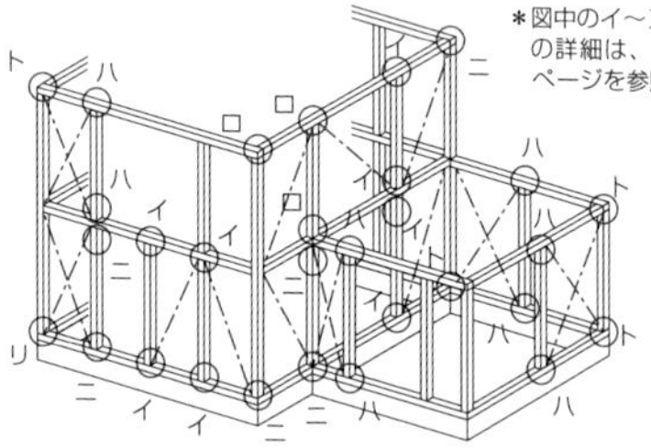

30mm×90mm以上の木製筋かい

＊図中のイ～ヌの仕口の詳細は、40～43ページを参照。

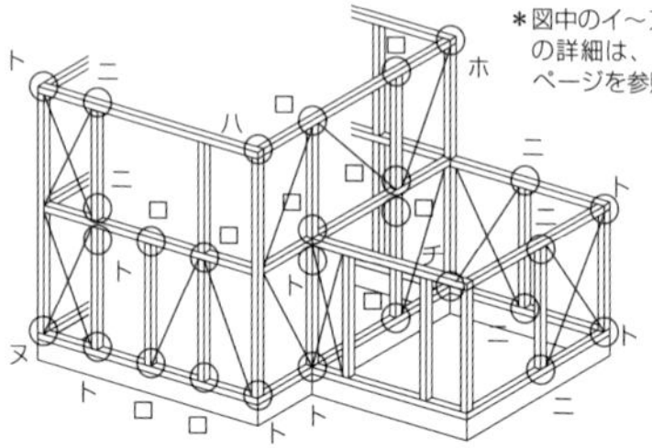

45mm×90mm以上の木製筋かい

図2 軸組の種類による筋かい端部および柱脚・柱頭の緊結方法の例

表1 軸組の仕口

<table>
<tr><th colspan="2" rowspan="2">柱の位置
軸組の種類</th><th colspan="2">平屋部分または最上階の柱</th><th colspan="3">その他の柱</th></tr>
<tr><th>出隅の柱</th><th>その他の軸組端部の柱</th><th>上階および当該階の柱がともに出隅の柱の場合</th><th>上階の柱が出隅であり、当該階の柱が出隅の柱でない場合</th><th>上階および当該階の柱がともに出隅の柱でない場合</th></tr>
<tr><td rowspan="2">厚さ30mm以上、幅90mm以上の木材の筋かいを入れた軸組</td><td>筋かいの下部が取り付く柱</td><td>ロの仕口</td><td>イの仕口</td><td rowspan="2">ニの仕口</td><td rowspan="2">ロの仕口</td><td rowspan="2">イの仕口</td></tr>
<tr><td>その他の柱</td><td>ニの仕口</td><td>ロの仕口</td></tr>
<tr><td rowspan="2">厚さ45mm以上、幅90mm以上の木材の筋かいを入れた軸組</td><td>筋かいの下部が取り付く柱</td><td>ハの仕口</td><td rowspan="2">ロの仕口</td><td rowspan="2">トの仕口</td><td rowspan="2">ハの仕口</td><td rowspan="2">ロの仕口</td></tr>
<tr><td>その他の柱</td><td>ホの仕口</td></tr>
<tr><td rowspan="3">右に掲げる面材を大壁耐力壁*または真壁耐力壁*による方法で打ち付けた壁を設けた軸組</td><td>構造用合板、化粧ばり構造用合板（特類で厚さ7.5mm以上）</td><td rowspan="3">ホの仕口</td><td rowspan="3">ロの仕口</td><td rowspan="3">チの仕口</td><td rowspan="3">への仕口</td><td rowspan="3">ハの仕口</td></tr>
<tr><td>パーティクルボード（曲げ強さの区分が8タイプ以外）厚さ12mm以上</td></tr>
<tr><td>構造用パーティクルボード、構造用MDF、構造用パネル</td></tr>
<tr><td colspan="2">厚さ30mm以上、幅90mm以上の木材の筋かいをたすき掛けに入れた軸組</td><td>トの仕口</td><td>ハの仕口</td><td>リの仕口</td><td>トの仕口</td><td>ニの仕口</td></tr>
<tr><td colspan="2">厚さ45mm以上、幅90mm以上の木材の筋かいをたすき掛けに入れた軸組</td><td>トの仕口</td><td>ニの仕口</td><td>ヌの仕口</td><td>チの仕口</td><td>トの仕口</td></tr>
</table>

注）表中のイからヌまでの仕口は、40〜43ページによる。
＊構造用面材による大壁耐力壁および真壁耐力壁の種類等

<table>
<tr><th rowspan="2">面材耐力壁の種類</th><th rowspan="2">材　　料</th><th colspan="2">くぎ打ちの方法</th></tr>
<tr><th>種類</th><th>間隔</th></tr>
<tr><td>構造用合板</td><td>合板のJASに適合するもので、種類は特類とし、厚さは7.5mm以上とする。</td><td rowspan="3">N50</td><td rowspan="3">15cm以下</td></tr>
<tr><td>パーティクルボード</td><td>JIS A 5908-1994（パーティクルボード）に適合するもので、種類は曲げ強さの区分が8タイプ以外のものとし、厚さは12mm以上とする。</td></tr>
<tr><td>構造用パネル</td><td>構造用パネルのJASに適合するもの。</td></tr>
</table>

工事仕様のポイント

☞ 地震時の被害を少なくするためには、筋かい端部について適切な緊結方法を用い、筋かいを入れた壁に、耐力壁としての十分な性能を発揮させせることが重要である。

☞ 接合金物は、亜鉛めっき処理など防錆措置を施したもの*を使用することが望ましいが、異種金属（亜鉛めっきされているものとされていないもの、ステンレスと鉄等）の電位差による腐食が起こらないよう、金物を選択する際には注意が必要である。

＊亜鉛めっきを施したものとして、Zマーク表示金物がある（206ページ参照）。

軸組の種類による筋かい端部および柱脚・柱頭の緊結方法の例／詳細①

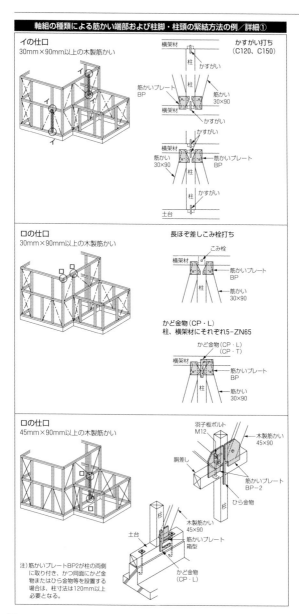

イの仕口
30mm×90mm以上の木製筋かい

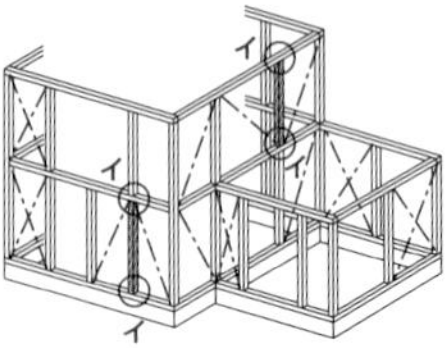

かすがい打ち
（C120、C150）

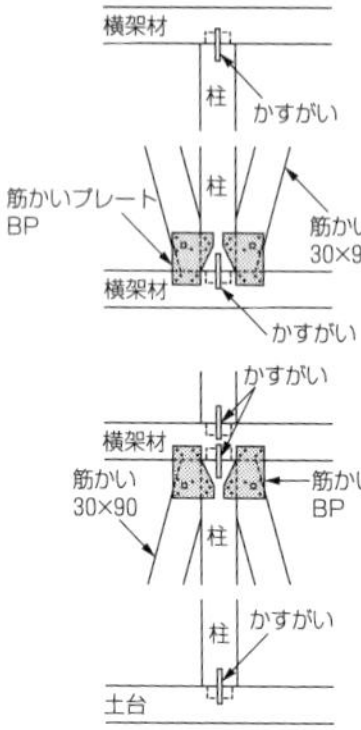

ロの仕口
30mm×90mm以上の木製筋かい

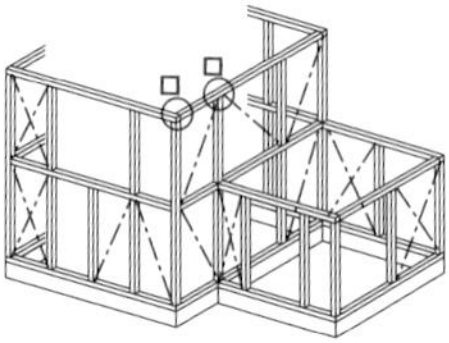

長ほぞ差しこみ栓打ち

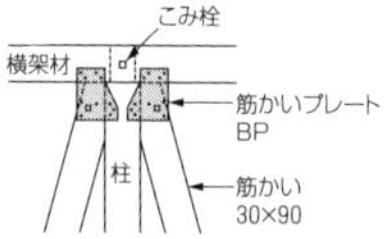

かど金物（CP・L）
柱、横架材にそれぞれ5-ZN65

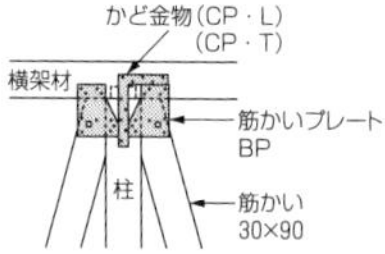

ロの仕口
45mm×90mm以上の木製筋かい

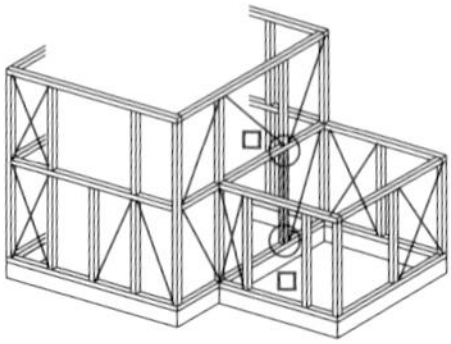

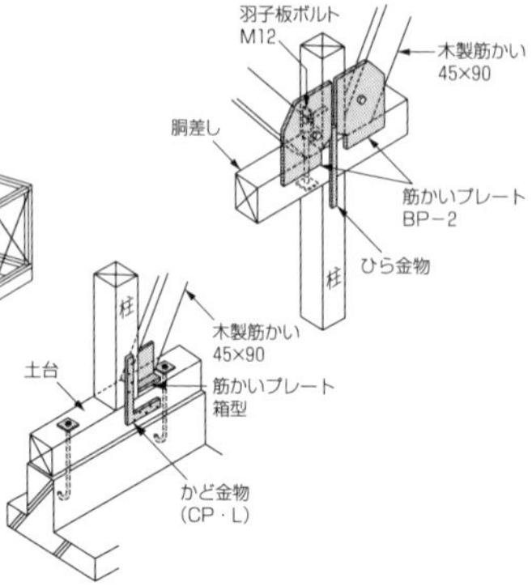

注）筋かいプレートBP2が柱の両側に取り付き、かつ同面にかど金物またはひら金物等を設置する場合は、柱寸法は120mm以上必要となる。

軸組の種類による筋かい端部および柱脚・柱頭の緊結方法の例／詳細②

ハの仕口
30mm×90mm以上の木製筋かい

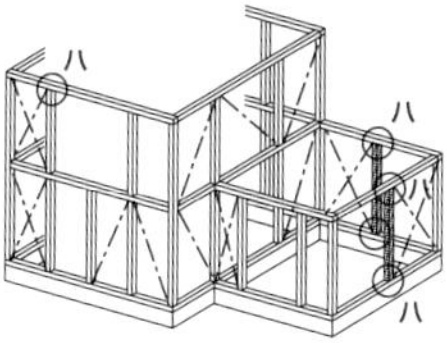

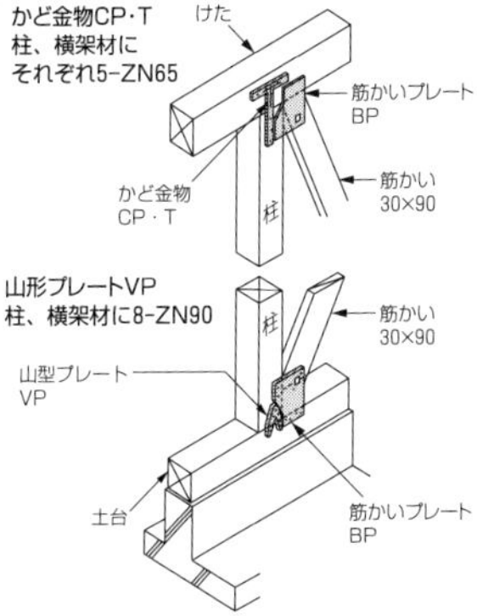

ニの仕口
30mm×90mm以上の木製筋かい

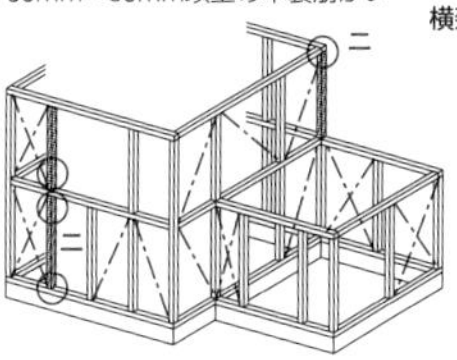

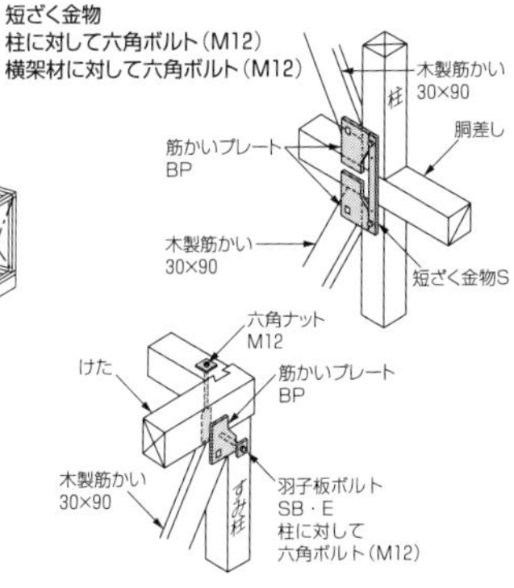

ニの仕口
45mm×90mm以上の木製筋かい

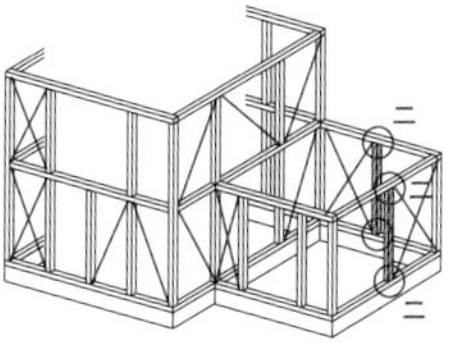

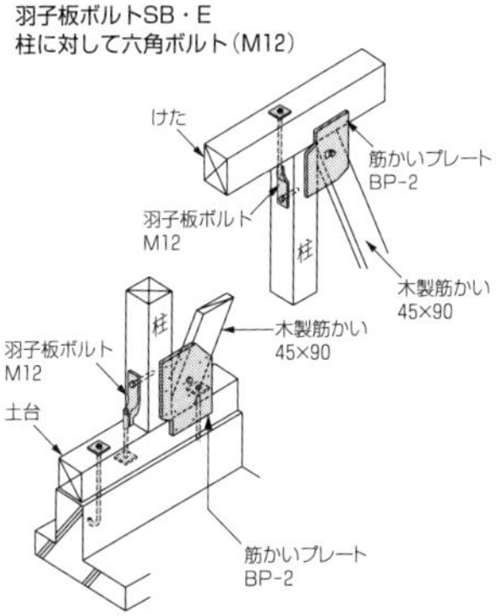

軸組の種類による筋かい端部および柱脚・柱頭の緊結方法の例／詳細③

ホの仕口

45mm×90mm以上の木製筋かい

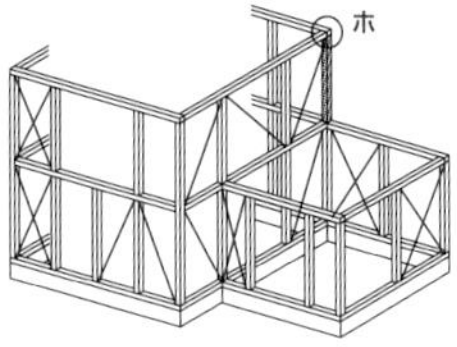

羽子板ボルトSB・E
柱に対して六角ボルト（M12）
ZS50くぎ打ち

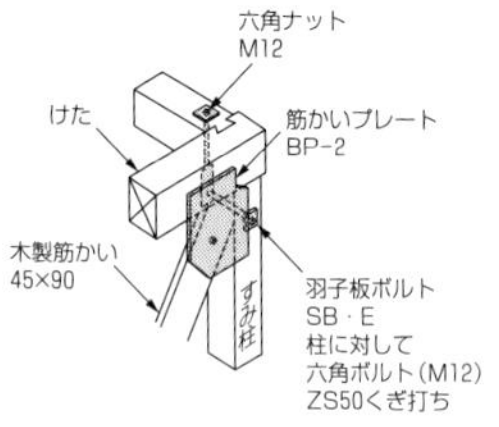

への仕口

45mm×90mm以上の木製筋かい

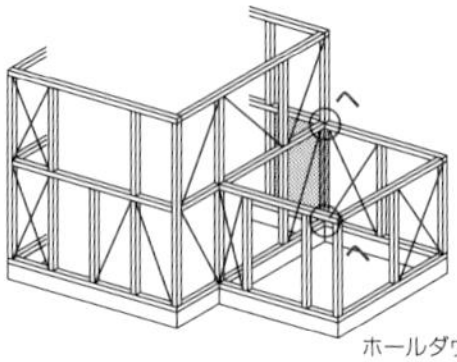

ホールダウン金物
S-HD10

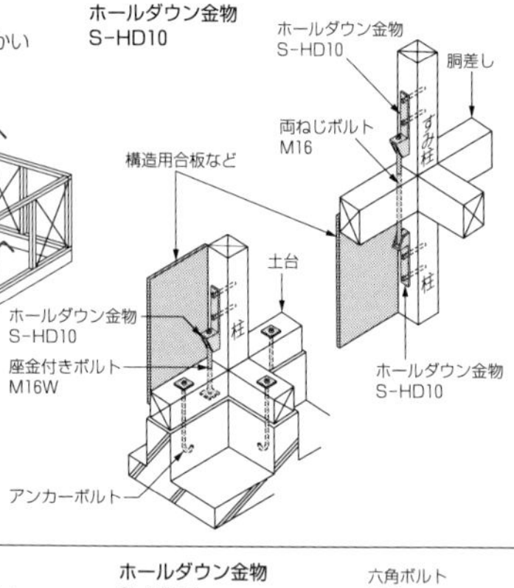

トの仕口

45mm×90mm以上の木製筋かい

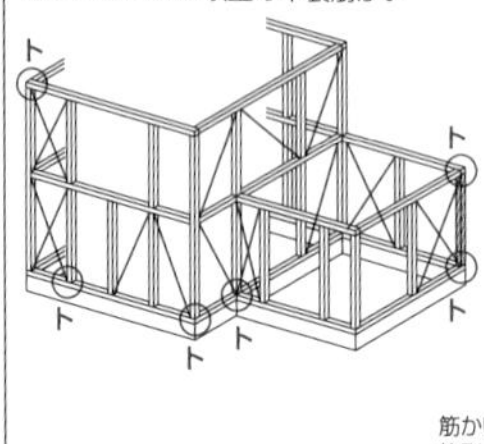

ホールダウン金物
S-HD15

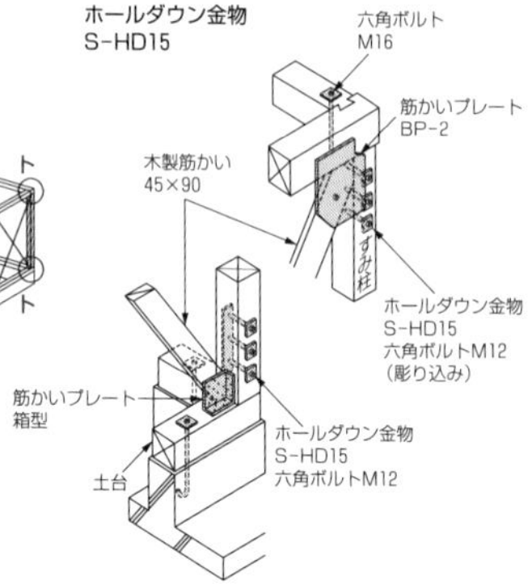

軸組の種類による筋かい端部および柱脚・柱頭の緊結方法の例／詳細④

チの仕口
45mm×90mm以上の木製筋かい

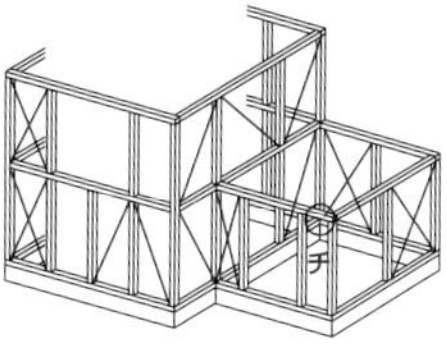

ホールダウン金物
S-HD20

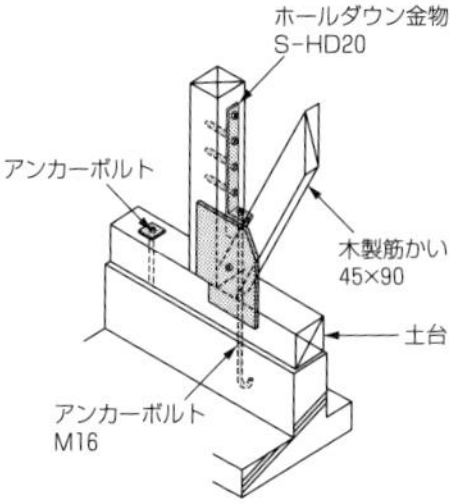

リの仕口
30mm×90mm以上の木製筋かい

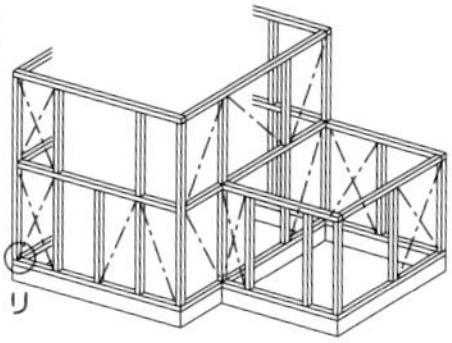

ホールダウン金物
S-HD25

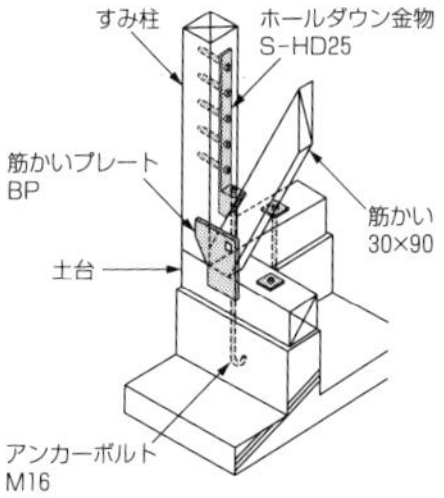

ヌの仕口
45mm×90mm以上の木製筋かい

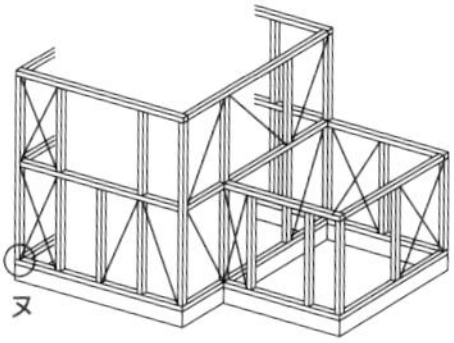

ホールダウン金物
2S-HD15

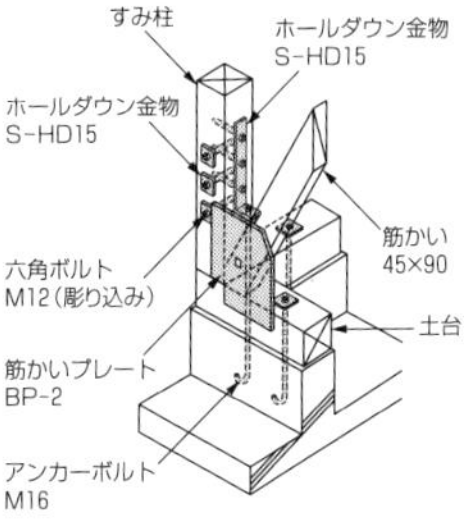

③ 軸組の仕口（2）

仕様書 87ページ Ⅱ-5.2.2

耐力壁となる軸組の柱と横架材の仕口②

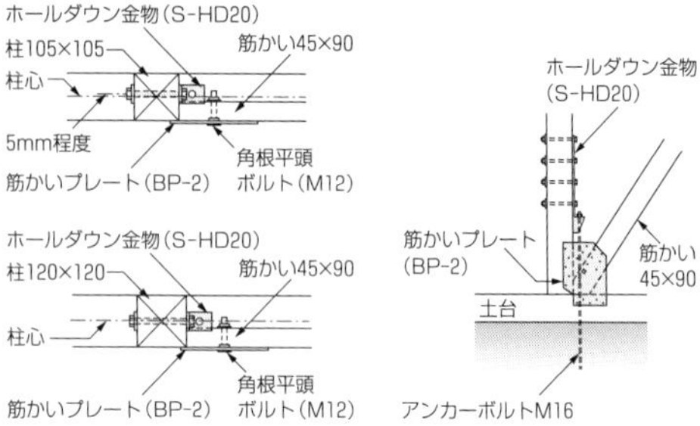

図1 筋かいプレートとホールダウン金物のおさめ方

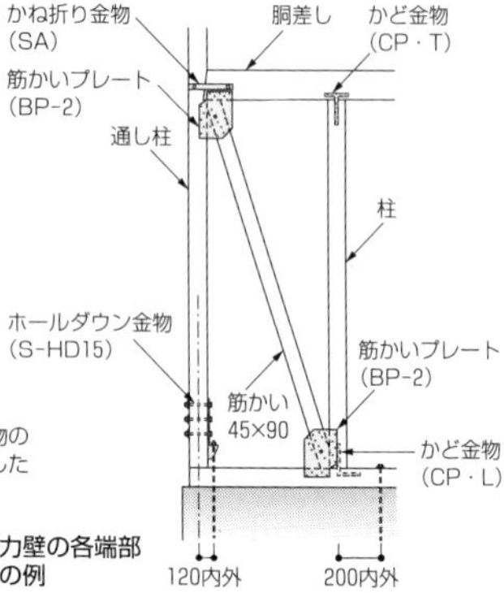

注）継手・仕口の接合金物の接合方法は一例を示したものである。

図2 筋かいを用いた耐力壁の各端部における接合方法の例

仕様書 97ページ Ⅱ-5.2.3

耐力壁でない軸組の柱と横架材の仕口

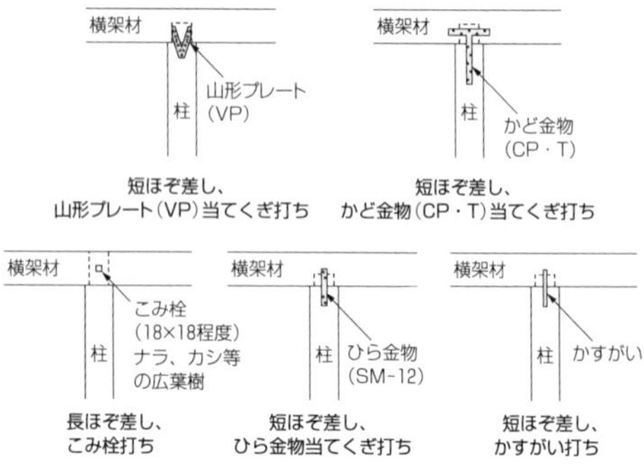

図3 耐力壁でない軸組の柱と横架材の仕口

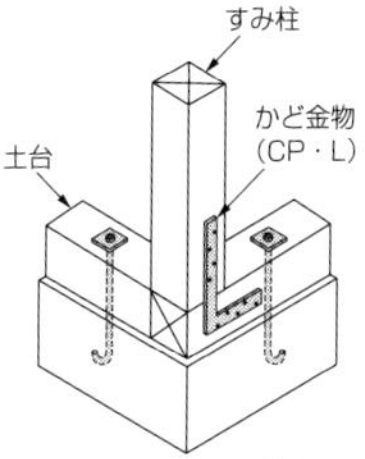

扇ほぞ差し・短ほぞ差し、
かど金物当てくぎ打ち

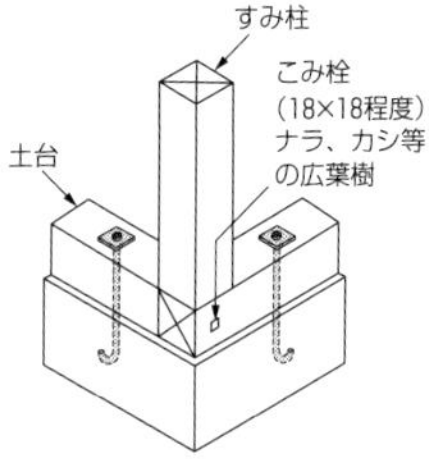

長ほぞ差し、こみ栓打ち

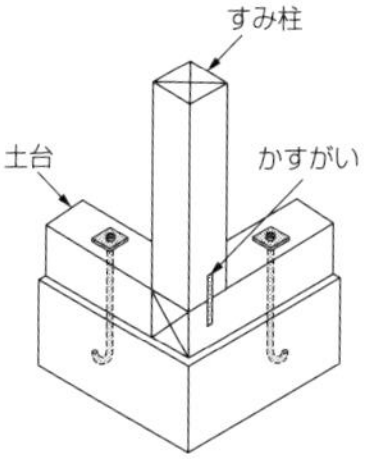

扇ほぞ差し・短ほぞ差し、
かすがい打ち

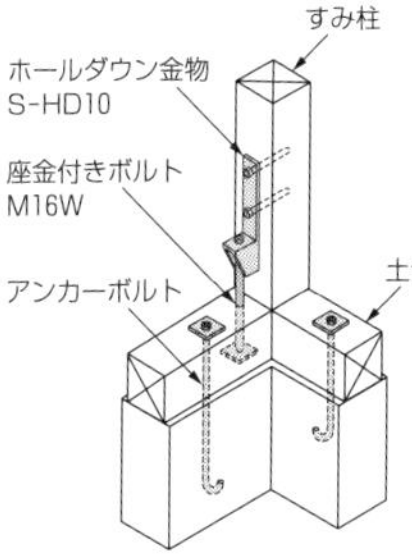

ホールダウン金物による緊結

図4 耐力壁でない軸組のすみ柱と土台の仕口

工事仕様のポイント

☞ 平成12年建設省告示第1460号で要求されている性能を満たす接合金物には、①告示で規定されている鋼板の厚さや寸法、くぎの本数などの仕様と一致するもの、②告示の仕様と一致していないが、同等以上の耐力をもつ接合金物の2種類がある。

④ 大壁造の面材耐力壁（1）

仕様書 大壁耐力壁の種類等

99ページ
Ⅱ-5.3.1

表1 構造用面材による大壁耐力壁の種類等

<table>
<tr><th colspan="4">耐力壁の種類</th><th rowspan="2">倍率</th></tr>
<tr><th>材　料</th><th>断　面</th><th>くぎ</th><th>くぎの間隔</th></tr>
<tr><td>構造用パーティクルボード
（JIS A 5908−2015に規定するもの）</td><td rowspan="2">—</td><td rowspan="2">N50</td><td rowspan="4">外周部分
7.5cm以下
その他の部分
15cm以下</td><td rowspan="2">4.3</td></tr>
<tr><td>構造用MDF
（JIS A 5905−2014に規定するもの）</td></tr>
<tr><td>構造用合板
化粧ばり構造用合板
（合板のJASに規定する特類であるもの）</td><td rowspan="2">厚さ9mm以上</td><td>CN50</td><td rowspan="2">3.7</td></tr>
<tr><td>構造用パネル
（構造用パネルのJASに規定するもの）</td><td>N50</td></tr>
<tr><td>構造用合板
化粧ばり構造用合板
（合板のJASに規定する特類であるもの）</td><td>厚さ7.5mm以上</td><td rowspan="7">N50</td><td rowspan="10">15cm以下</td><td rowspan="5">2.5</td></tr>
<tr><td>パーティクルボード
（JIS A 5908−1994に適合するもので曲げ強さによる区分が8タイプ以外のもの）</td><td>厚さ12mm以上</td></tr>
<tr><td>構造用パーティクルボード
（JIS A 5908−2015に規定するもの）</td><td rowspan="3">—</td></tr>
<tr><td>構造用MDF
（JIS A 5905−2014に規定するもの）</td></tr>
<tr><td>構造用パネル
（構造用パネルのJASに規定するもの）</td></tr>
<tr><td>ハードボード
（JIS A 5907−1977に定める450または350のもの）</td><td>厚さ5mm以上</td><td rowspan="2">2.0</td></tr>
<tr><td>硬質木片セメント板
（JIS A 5417−1985に定める0.9Cであるもの）</td><td rowspan="5">厚さ12mm以上</td></tr>
<tr><td>構造用せっこうボードA種
（JIS A 6901−2005に定めるもので、屋外に面する壁以外に用いる場合に限る）</td><td rowspan="3">GNF40
GNC40</td><td>1.7</td></tr>
<tr><td>構造用せっこうボードB種
（JIS A 6901−2005に定めるもので、屋外に面する壁以外に用いる場合に限る）</td><td>1.2</td></tr>
<tr><td>せっこうボード
強化せっこうボード
（JIS A 6901−2005に定めるもので、屋外に面する壁以外に用いる場合に限る）</td><td>0.9</td></tr>
<tr><td>シージングボード
（JIS A 5905−1979に定めるシージングインシュレーションボードに限る）</td><td>SN40</td><td>外周部分
10cm以下
その他の部分
20cm以下</td><td rowspan="2">1.0</td></tr>
<tr><td>ラスシート
（JIS A 5524−1977に定めるもの）</td><td>角波亜鉛鉄板部分
厚さ0.4mm以上
メタルラス部分
厚さ0.6mm以上</td><td>N38</td><td>15cm以下</td></tr>
</table>

注1）断面寸法15mm×45mm以上の胴縁を、310mm以内の間隔で、柱および間柱ならびにはり、けた、土台その他の横架材にN50くぎで打ち付け、その上に上表の構造用面材をN32くぎで間隔150mm以内に平打ちした場合の壁倍率は、すべて0.5とする。
　2）面材耐力壁、土塗り壁、木ずりまたは筋かいと併用する場合は、それぞれの壁の倍率を加算することができる。ただし、加算した場合の壁の倍率は、5倍を限度とする。

📖 仕様書　構造用面材の張り方

100ページ
Ⅱ-5.3.3

❶構造用合板、化粧ばり構造用合板、シージングボードは、3'×9'版（910mm×2,730mm）を縦張りとし、やむを得ず3'×6'版（910mm×1,820mm）を用いる場合は、縦張りまたは横張りとする。
❷構造用パーティクルボード、パーティクルボード、構造用パネル、ハードボードは、構造用合板と同様の張り方とし、胴差し部分以外の継目部分は2〜3mmの間隔をあける。
❸硬質木片セメント板は、壁軸組に防水テープを張るか、壁全面に防水紙を張り、その上から3'×9'版（910mm×2,730mm）を縦張りとする。

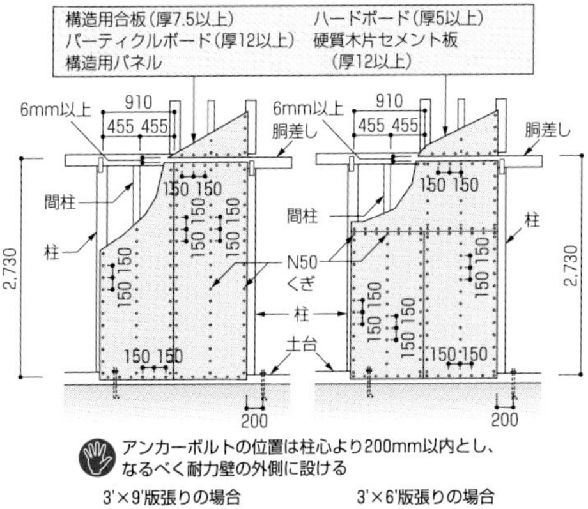

＊右図は、大壁造の面材耐力壁において、面材の四隅を切り欠いて、山形プレート（VP）を柱と横架材に直接くぎ打ちする施工方法の例。この場合、切り欠いた部分により、隅部のくぎ1本をくぎ打ちできないため、図のように近傍に増し打ちすることが必要。

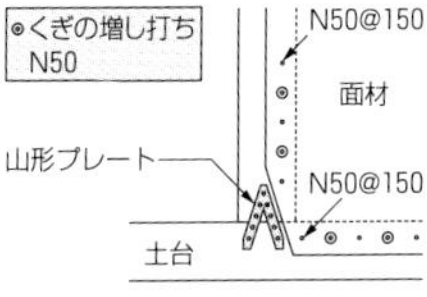

柱脚部の施工例

図1 大壁耐力壁における構造用面材の張り方
（倍率2.5または2.0の場合）

工事仕様のポイント

☞ 昭和56年建設省告示第1100号は、平成30年の改正により壁倍率が3倍を超える仕様が追加された。胴差し、はり、けたおよび土台等の横架材に確実に留め付けられなければ、大壁造の耐力壁として認められないため、注意が必要である。
☞ 構造用合板等の面材を用いた一体の耐力壁の場合、その両端の柱の上下端部を補強金物やこみ栓打ち等により横架材に緊結する。

⑤ 大壁造の面材耐力壁(2)

仕様書 100ページ Ⅱ-5.3.4

床勝ちとなる大壁耐力壁の仕様

表1 床勝ちとなる大壁耐力壁の種類等

<table>
<tr><th colspan="4">耐力壁の種類</th><th colspan="3">受け材</th><th rowspan="2">倍率</th></tr>
<tr><th>材　料</th><th>断面</th><th>くぎ</th><th>くぎの間隔</th><th>大きさ</th><th>くぎ</th><th>くぎの間隔</th></tr>
<tr><td>構造用パーティクルボード
(JIS A 5908-2015に規定するもの)</td><td rowspan="2">—</td><td rowspan="2">N50</td><td rowspan="4">外周部分
7.5cm
以下
その他の
部分
15cm
以下</td><td rowspan="4">厚さ
30mm
以上
幅
60mm
以上</td><td rowspan="12">N75</td><td rowspan="4">12cm
以下</td><td rowspan="2">4.3</td></tr>
<tr><td>構造用MDF
(JIS A 5905-2014に規定するもの)</td></tr>
<tr><td>構造用合板
化粧ばり構造用合板
(合板のJASに規定する特類であるもの)</td><td rowspan="2">厚さ
9mm
以上</td><td>CN50</td><td rowspan="2">3.7</td></tr>
<tr><td>構造用パネル
(構造用パネルのJASに規定するもの)</td><td rowspan="6">N50</td></tr>
<tr><td>構造用合板
化粧ばり構造用合板
(合板のJASに規定する特類であるもの)</td><td>厚さ
7.5mm
以上</td><td rowspan="8">15cm
以下</td><td rowspan="8">厚さ
30mm
以上
幅
40mm
以上</td><td rowspan="5">20cm
以下</td><td rowspan="5">2.5</td></tr>
<tr><td>パーティクルボード
(JIS A 5908-1994に適合するもので曲げ強さによる区分が8タイプ以外のもの)</td><td>厚さ
12mm
以上</td></tr>
<tr><td>構造用パネル
(構造用パネルのJASに規定するもの)</td><td rowspan="3">—</td></tr>
<tr><td>構造用パーティクルボード
(JIS A 5908-2015に規定するもの)</td></tr>
<tr><td>構造用MDF
(JIS A 5905-2014に規定するもの)</td></tr>
<tr><td>構造用せっこうボードA種
(JIS A 6901-2005に定めるもので、屋外に面する壁以外に用いる場合に限る)</td><td rowspan="3">厚さ
12mm
以上</td><td rowspan="3">GNF40
GNC40</td><td rowspan="3">30cm
以下</td><td>1.6</td></tr>
<tr><td>構造用せっこうボードB種
(JIS A 6901-2005に定めるもので、屋外に面する壁以外に用いる場合に限る)</td><td>1.0</td></tr>
<tr><td>せっこうボード
強化せっこうボード
(JIS A 6901-2005に定めるもので、屋外に面する壁以外に用いる場合に限る)</td><td>0.9</td></tr>
</table>

注）面材耐力壁、土塗り壁、木ずりまたは筋かいと併用する場合は、それぞれの壁の倍率を加算することができる。ただし、加算した場合の壁の倍率は、5倍を限度とする。

床勝ちとなる大壁耐力壁の工法

❶受け材は、表1にある大きさの木材とし、床下地板の上から土台、はり、けた、その他の横架材に、表1のとおり、くぎで平打ちとする。

❷構造用面材は、柱、間柱および土台、はり、けた、その他の横架材と受け材に、確実にくぎで留め付ける。
その他の工法については、次による。
①1階および2階部の上下同位置に構造用面材の耐力壁を設ける場合は、胴差し部において、構造用面材相互間に原則として、6mm以上のあきを設ける。

②構造用面材は横張りまたは縦張りとする場合で、やむを得ずはり、柱等以外で継ぐ場合は、間柱および胴縁等の断面は、45mm×100mm以上とする。
❸構造用面材の張り方は、表1に掲げる面材耐力壁の種類に応じて、47ページ「構造用面材の張り方」による。

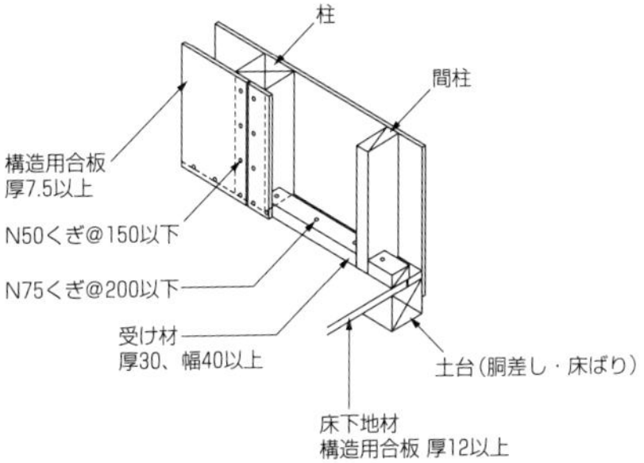

構造用合板による壁倍率2.5の片側床勝ち仕様の例

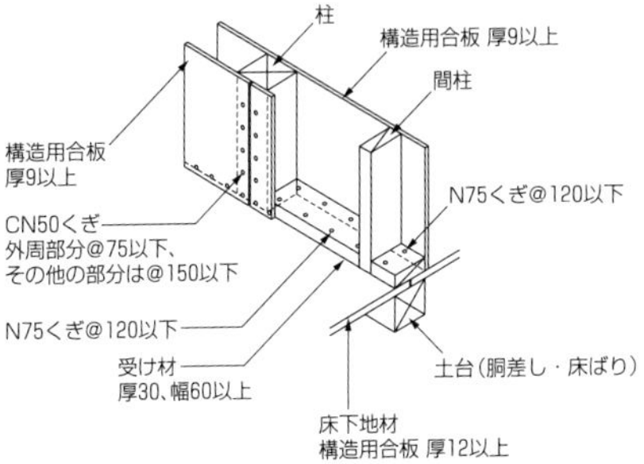

構造用合板による壁倍率3.7の仕様の例

図1 床勝ちとなる大壁耐力壁の下端部の接合方法の例

工事仕様のポイント

☞ 床勝ちとなる大壁耐力壁の仕様によるものは、耐力壁としての倍率が設定できる。
☞ 面材耐力壁との従来の筋かい耐力壁等を併用する場合の壁倍率は、5倍を限度とし、両者を加算することができる。

6 真壁造の面材耐力壁／受け材タイプ

📖 仕様書 102ページ Ⅱ-5.4.1

真壁耐力壁の種類等（受け材タイプ）

表1 構造用面材による真壁耐力壁の種類等

<table>
<tr><th colspan="4">耐力壁の種類</th><th colspan="3">受け材</th><th rowspan="2">倍率</th></tr>
<tr><th>材　料</th><th>断面</th><th>くぎ</th><th>くぎの間隔</th><th>大きさ</th><th>くぎ</th><th>くぎの間隔</th></tr>
<tr><td>構造用パーティクルボード
（JIS A 5908-2015に規定するもの）</td><td rowspan="2">—</td><td rowspan="2">N50</td><td rowspan="4">外周部分
7.5cm
以下
その他の部分
15cm
以下</td><td rowspan="13">厚さ
30mm
以上
幅
40mm
以上</td><td rowspan="13">N75</td><td rowspan="2">12cm
以下</td><td rowspan="2">4.0</td></tr>
<tr><td>構造用MDF
（JIS A 5905-2014に規定するもの）</td></tr>
<tr><td>構造用合板
化粧ばり構造用合板
（合板のJASに規定する特類であるもの）</td><td rowspan="2">厚さ
9mm
以上</td><td>CN50</td><td rowspan="2">20cm
以下</td><td rowspan="2">3.3</td></tr>
<tr><td>構造用パネル
（構造用パネルのJASに規定するもの）</td><td rowspan="6">N50</td></tr>
<tr><td>構造用合板
化粧ばり構造用合板
（合板のJASに規定する特類であるもの）</td><td>厚さ
7.5mm
以上</td><td rowspan="9">15cm
以下</td><td rowspan="9">30cm
以下</td><td rowspan="5">2.5</td></tr>
<tr><td>パーティクルボード
（JIS A 5908-1994に適合するもので曲げ強さによる区分が8タイプ以外のもの）</td><td>厚さ
12mm
以上</td></tr>
<tr><td>構造用パネル
（構造用パネルのJASに規定するもの）</td><td rowspan="3">—</td></tr>
<tr><td>構造用パーティクルボード
（JIS A 5908-2015に規定するもの）</td></tr>
<tr><td>構造用MDF
（JIS A 5905-2014に規定するもの）</td></tr>
<tr><td>せっこうラスボード
（JIS A 6906-1983に規定するもの）</td><td>厚さ9mm以上でJIS A 6904-1976に定めるせっこうプラスターを15mm以上塗ったもの</td><td>GNF32
GNC32</td><td>1.5</td></tr>
<tr><td>構造用せっこうボードA種
（JIS A 6901-2005に定めるもので、屋外に面する壁以外に用いる場合に限る）</td><td rowspan="3">厚さ
12mm
以上</td><td rowspan="3">GNF40
GNC40</td><td>1.5</td></tr>
<tr><td>構造用せっこうボードB種
（JIS A 6901-2005に定めるもので、屋外に面する壁以外に用いる場合に限る）</td><td>1.3</td></tr>
<tr><td>せっこうボード
強化せっこうボード
（JIS A 6901-2005に定めるもので、屋外に面する壁以外に用いる場合に限る）</td><td>1.0</td></tr>
</table>

注）面材耐力壁、木ずりまたは筋かいと併用する場合は、それぞれの壁の倍率を加算することができる。ただし、加算した場合の壁の倍率は、5倍を限度とする。

📖 仕様書 103ページ Ⅱ-5.4.3

構造用面材の張り方（受け材タイプ）

❶構造用合板、化粧ばり構造用合板、構造用パーティクルボード、パーティクルボード、構造用パネルの張り方は、3'×

9'版（910mm×2,730mm）を縦張りとする。やむを得ず3'×6'版（910mm×1,820mm）を用いる場合は、縦張りまたは横張りとする。

❷せっこうラスボードの張り方は、3'×8'版（910mm×2,420mm）を縦張りとし、やむを得ず3'×6'版（910mm×1,820mm）を用いる場合は、縦張りまたは横張りとする。

❸構造用せっこうボードA種・B種、せっこうボード、強化せっこうボードの張り方は、3'×8'版（910mm×2,420mm）を縦張りとし、やむを得ず3'×6'版（910mm×1,820mm）を用いる場合は、縦張りまたは横張りとする。

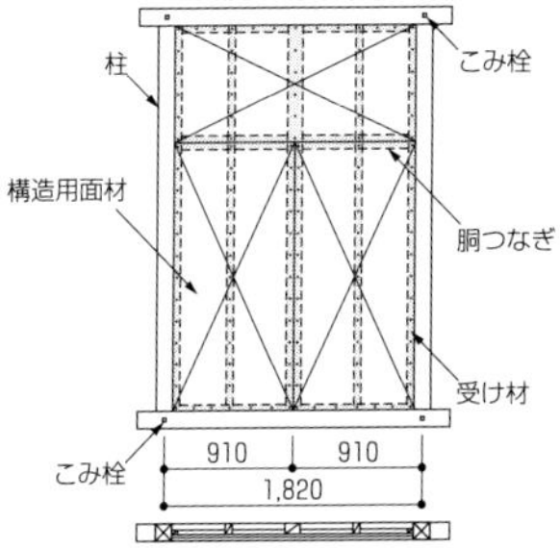

図1 真壁造における構造用面材の張り方

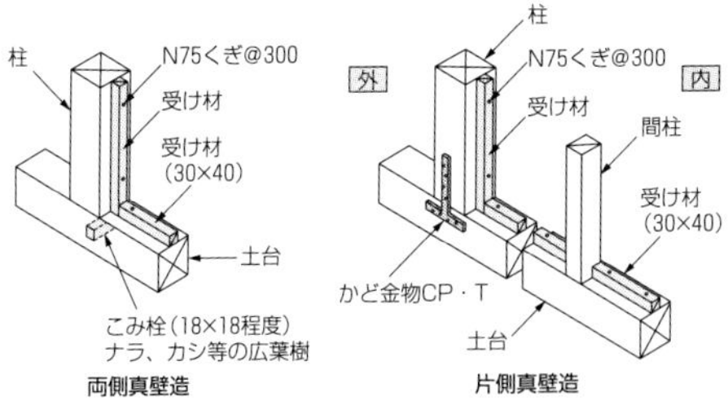

＊柱と土台の仕口は、告示に定める留付け方法によること
（上図は平屋建で壁倍率2.5倍以下の場合の例）。

図2 構造用面材を用いた真壁造における柱上下端部の接合方法の例

工事仕様のポイント

☞ 面材を両面に張る場合、受け材寸法と受け材を留め付けるくぎの間隔は、壁倍率に応じる（例えば壁倍率が5倍となる場合は、受け材の寸法30mm×60mm程度、くぎの間隔@120mm程度）。

☞ 構造用面材の下地に受け材を用いる際のポイントは以下のとおり。
①構造用面材は、受け材や間柱、胴つなぎ等に留め付ける。
②構造用面材を受け材以外で継ぐ場合、間柱または胴つなぎ等の断面は、45mm×65mm以上とする。

⑦ 真壁造の面材耐力壁／貫タイプ

仕様書 102ページ Ⅱ-5.4.1 **真壁耐力壁の種類等（貫タイプ）**

表1 構造用面材による真壁耐力壁の種類等

<table>
<tr><th colspan="4">耐力壁の種類</th><th rowspan="2">倍率</th></tr>
<tr><th>材　料</th><th>断　面</th><th>くぎ</th><th>くぎの間隔</th></tr>
<tr><td>構造用合板
化粧ばり構造用合板
（合板のJASに規定する特類であるもの）</td><td>厚さ
7.5mm以上</td><td rowspan="3">N50</td><td rowspan="7">15cm以下</td><td rowspan="3">1.5</td></tr>
<tr><td>パーティクルボード
（JIS A 5908-1994に適合するもので曲げ強さによる区分が8タイプ以外のもの）</td><td>厚さ
12mm以上</td></tr>
<tr><td>構造用パネル
（構造用パネルのJASに規定するもの）</td><td>ー</td></tr>
<tr><td>せっこうラスボード
（JIS A 6906-1983に規定するもの）</td><td>厚さ9mm以上でJIS A 6904-1976に定めるせっこうプラスターを15mm以上塗ったもの</td><td rowspan="4">GNF32
GNC32</td><td>1.0</td></tr>
<tr><td>構造用せっこうボードA種
（JIS A 6901-2005に定めるもので、屋外に面する壁以外に用いる場合に限る）</td><td rowspan="3">厚さ
12mm以上</td><td>0.8</td></tr>
<tr><td>構造用せっこうボードB種
（JIS A 6901-2005に定めるもので、屋外に面する壁以外に用いる場合に限る）</td><td>0.7</td></tr>
<tr><td>せっこうボード
強化せっこうボード
（JIS A 6901-2005に定めるもので、屋外に面する壁以外に用いる場合に限る）</td><td>0.5</td></tr>
</table>

注）面材耐力壁、木ずりまたは筋かいと併用する場合は、それぞれの壁の倍率を加算することができる。ただし、加算した場合の壁の倍率は、5倍を限度とする。

仕様書 103ページ Ⅱ-5.4.3 **構造用面材の張り方（貫タイプ）**

❶構造用合板、化粧ばり構造用合板、パーティクルボード、構造用パネルの張り方は、原則として横張りとする。
❷せっこうラスボードの張り方は、原則として横張りとする。
❸構造用せっこうボードA種・B種、せっこうボード、強化せっこうボードの張り方は、原則として横張りとする。

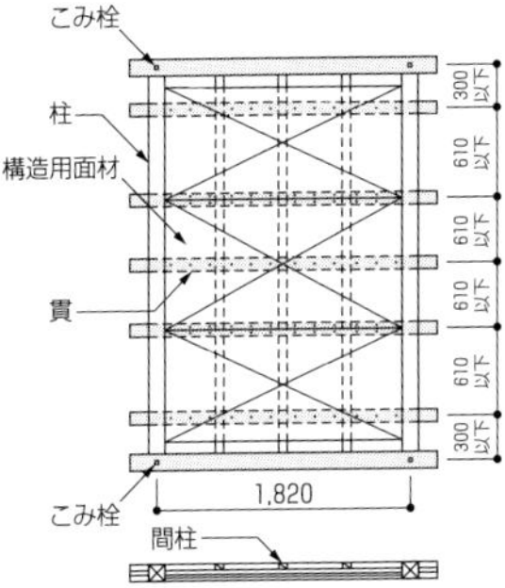

図1 真壁造における構造用面材の張り方

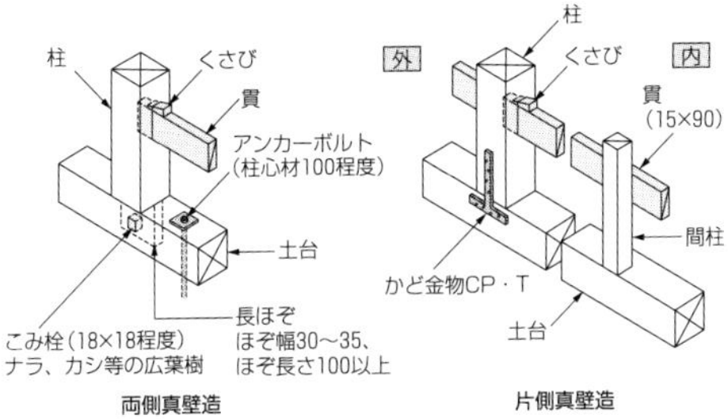

＊柱と土台の仕口は、告示に定める留付け方法によること
(上図は平屋建で壁倍率2.5倍以下の場合の例)。

図2 構造用面材を用いた真壁造における柱上下端部の接合方法の例

memo

工事仕様のポイント

☞ 構造用面材の下地に貫を用いる際のポイントは以下のとおり。
①貫は5本以上設け、構造用面材を確実に留め付ける
②最上段の貫とその直上の横架材との間隔および最下段の貫とその直下の横架材との間隔はおおよそ30cm以下、その他の貫の間隔は61cm以下とする
③構造用面材を継ぐ場合は貫上で行う

⑧ 小屋組

仕様書 小屋ばり

109ページ
Ⅱ-5.5.2

❶末口135mm以上の丸太の継手は、受け材上で台持ち継ぎとし、下木にだぼ2本を植え込み、かすがい両面打ちとするかまたは六角ボルト2本締めとする。受け材当たりは渡りあごとし、手ちがいかすがい打ちとする。

❷末口135mm未満の丸太の継手は、受け材上でやりちがいとし、六角ボルト2本締めとする。受け材当たりは渡りあごとし、手ちがいかすがい打ちとする。

❸製材または構造用集成材（製材等）を用いる場合の継手は、柱より持ち出し、追掛け大栓継ぎとする。または、はりせいが120mm程度のものは、大材を待ち出し腰掛けかま継ぎとし、短ざく金物両面当て、六角ボルト締めとする。

❹軒げたまたは敷げたとの仕口は、かぶとあり掛けまたは渡りあごとし、いずれも羽子板ボルト締めとする。また、上端ぞろえとする場合の仕口は、大入れあり掛けとし、羽子板ボルト締めとする。

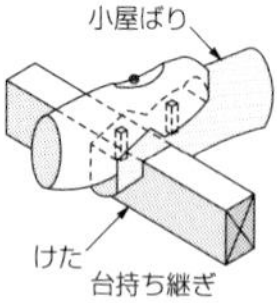

図1 小屋ばりの継手

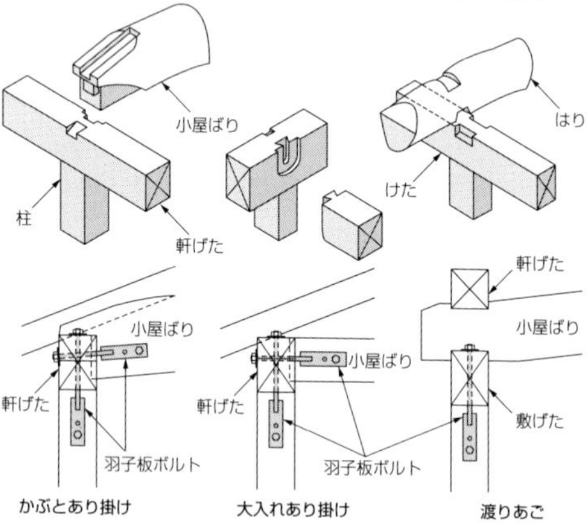

＊羽子板ボルトについては、施工性を考えて、軒げたとはり、軒げたと柱を一定間隔ごとに交互に緊結する。

図2 小屋ばりと軒げたとの仕口

仕様書 小屋束

109ページ
Ⅱ-5.5.3

❶断面寸法は90mm×90mmとするが、多雪区域は105mm×105mmとする。

❷上部・下部の仕口は、短ほぞ差しとし、かすがい両面打ちまたはひら金物当てくぎ打ちとする。

仕様書 109ページ Ⅱ-5.5.4

むな木・母屋

❶母屋の断面寸法は90mm×90mm以上とするが、多雪区域は105mm×105mmとする。
❷むな木の断面寸法は母屋の断面寸法以上とし、たる木当たりの欠き込み等を考慮して適切なものとする。
❸継手は、束の位置を避け、束より持ち出して、腰掛けかま継ぎまたは腰掛けあり継ぎとし、N75くぎ2本打ちとする。
❹T字部の仕口は、大入れあり掛けとし、上端よりかすがい打ちとする。

仕様書 109ページ Ⅱ-5.5.5

けた行筋かい・振止め

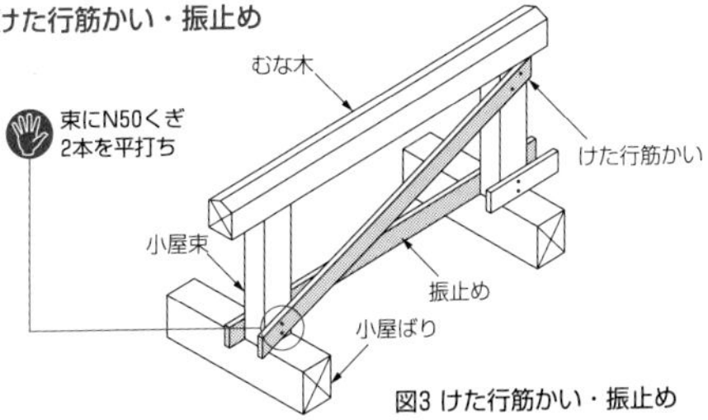

図3 けた行筋かい・振止め

仕様書 109ページ Ⅱ-5.5.6

たる木

❶断面寸法は、荷重の状態、軒の出等を勘案して、適切なものとする。
❷継手は、乱に配置し、母屋上端でそぎ継ぎとし、くぎ2本打ちとする。
❸軒先部以外の留付けは、受け材当たりN75くぎで両面を斜め打ちとする。ただし、たる木のせいが45mm程度の場合は、N100くぎを脳天打ちとすることができる。
❹軒先部の留付けは、けたへひねり金物、折曲げ金物またはくら金物を当て、くぎ打ちとし、すべてのたる木を留め付ける。
❺かわら棒ぶき屋根の場合のたる木間隔は、かわら棒の留付け幅と同一とする。

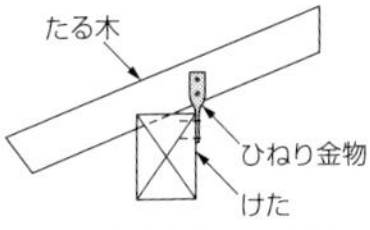

図4 たる木とひねり金物

工事仕様のポイント

- 屋根は雨仕舞のよい形状とする。また、屋根勾配は屋根ふき材と流れ長さに適した勾配を確保し、かつ、1/10以上とする。
- 軒の出およびけらばの出は、壁体内通気を可能とする構造でない場合は以下のいずれかとする。①60cm以上、②30cm以上、かつ外壁に雨水の浸入を防止する有効な仕上げを施す。
- 雨がかり防止のため、軒の出およびけらばの出を十分に確保することが有効である。

⑨ 床組(1)

仕様書 大引き
113ページ
Ⅱ-5.8.1

❶断面寸法は、90mm×90mm以上。
❷継手は、床束心から150mm内外持ち出し、相欠き継ぎのうえN75くぎ2本打ちとするか、または腰掛けあり継ぎとする。
❸仕口は次による。
①土台との取合いは、大入れあり掛け、腰掛けまたは乗せ掛けとし、いずれもN75くぎ2本斜め打ち。
②柱との取合いは、添え木を柱に取り付けたのち、乗せ掛けとするか、柱に大入れとし、いずれもN75くぎ2本を斜め打ち。

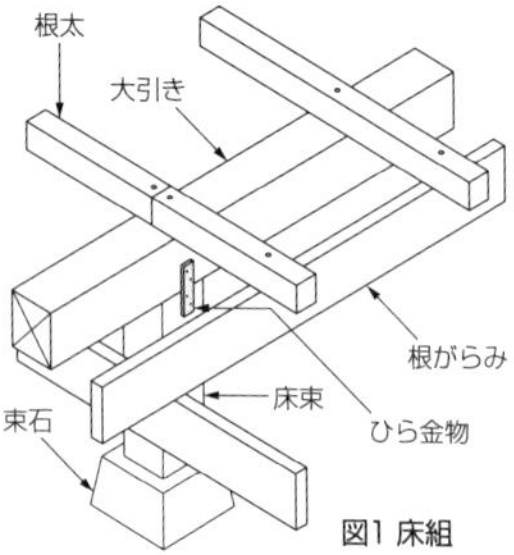

図1 床組

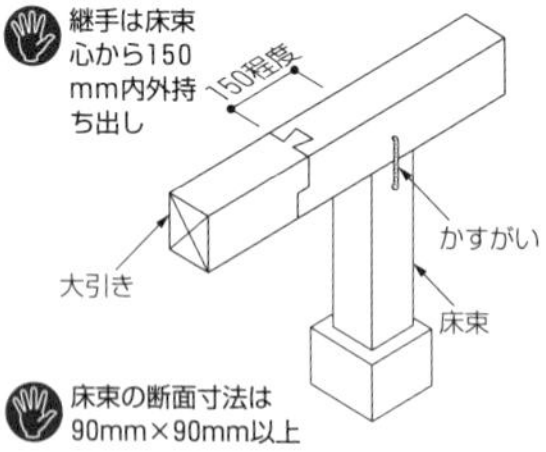

図2 大引きの継手

仕様書 根太
113ページ
Ⅱ-5.8.4

表1 根太の断面寸法 (mm)

断面寸法	大引き・2階床ばりの間隔
45×45以上	―
45×60以上	900内外
45×105以上	1,800内外

表2 根太間隔 (mm)

部 位	間 隔
畳 床	450内外
その他	300内外

❶継手は、受け材心で突付け継ぎとし、N90くぎを平打ち。
❷はり、大引きとの取合いは、置渡しとし、N75くぎ2本斜め打ち。ただし、根太のせいが90mm以上の場合は、大入れまたは渡りあご掛けとし、N75くぎ2本を斜め打ち。
❸床組に根太を用いない場合は、57ページ「根太を用いない床組で、直接、床下地板を床ばりまたは胴差しに留め付ける場合の取合い」による。

仕様書 2階床ばり
114ページ
Ⅱ-5.8.5

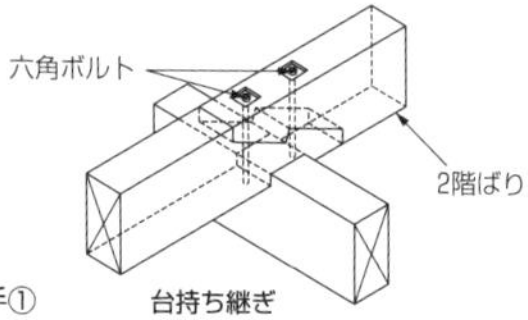

図3 2階床ばりの継手①

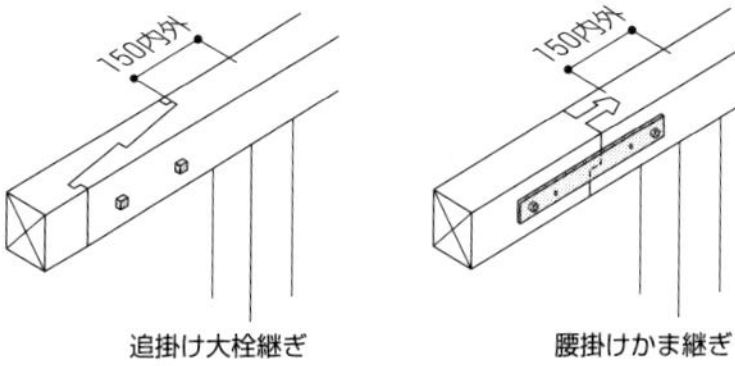

図4 2階床ばりの継手②

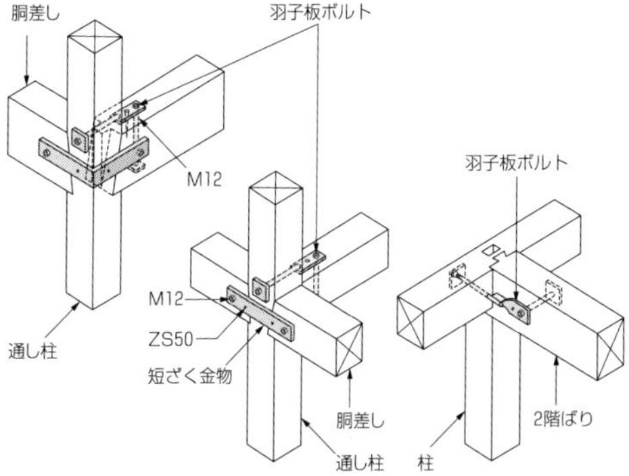

図5 通し柱と2階床ばりとの取合い　　図6 T字接合

📖 仕様書 114ページ II-5.8.7

火打ちばりによる床組の補強方法

注）Lは750mm程度が望ましい。

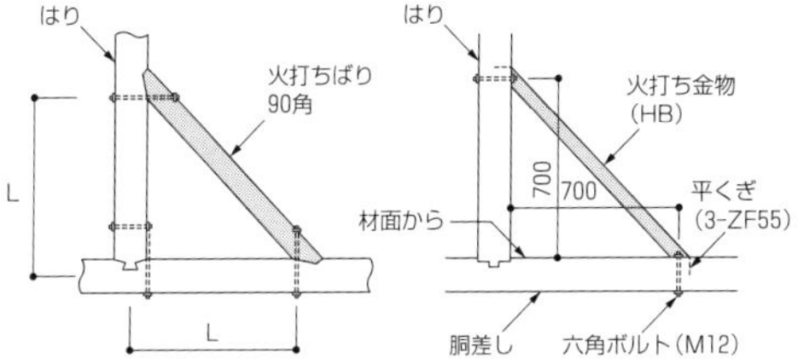

図7 火打ちばり　　図8 鋼製火打ち

工事仕様のポイント

☞ 木製床束とする場合、断面寸法は90mm×90mm以上とする。

☞ 木製床束とする場合、上部仕口は、次のいずれかとする。①大引きに突付けとし、N75くぎを斜めうちのうえ、ひら金物を当て、くぎ打ちまたはかすがい打ちとする、②大引きへ一部びんた延ばしとし、N65くぎ2本を平打ちする、③大引きに目違いほぞ差しとし、N75くぎ2本斜め打ちとする。また、下部は束石に突付けとし、根がらみを床束に添え付けくぎ打ちとする。

⑩ 床組(2)

📖 仕様書
114ページ
Ⅱ-5.8.8

構造用面材による床組の補強方法①
床ばりの断面寸法・配置および床組の補強方法

❶床ばりの断面寸法は105mm×105mm以上とし、1,820mm内外の間隔で、張り間方向またはけた行方向に配置する。
❷床ばり、胴差しと柱の仕口、床ばりと胴差しの仕口は、金物、ボルトを用いて緊結して補強する。

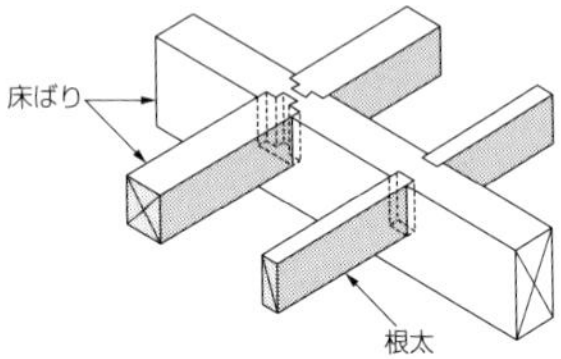

図1 床組の補強方法(床ばりの取付け)

根太を設けた床組で、根太と床ばりおよび胴差しの上端高さが同じ場合の取合い

床下地板の品質は、次のいずれかによる。
①JASに適合する構造用合板で、種類1類、厚さ12mm以上。
②パーティクルボードのJISに適合するもので、曲げ強さは13タイプ以上、耐水性は耐水1または耐水2、厚さ15mm以上。
③JASに適合する構造用パネル

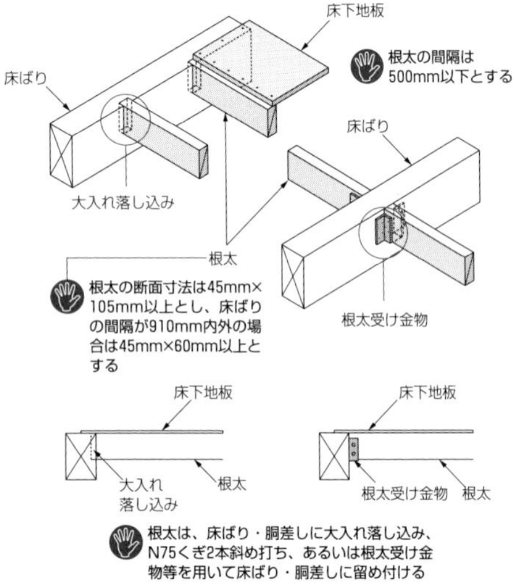

図2 根太と床ばりの上端高さが同じ場合の根太の取付け

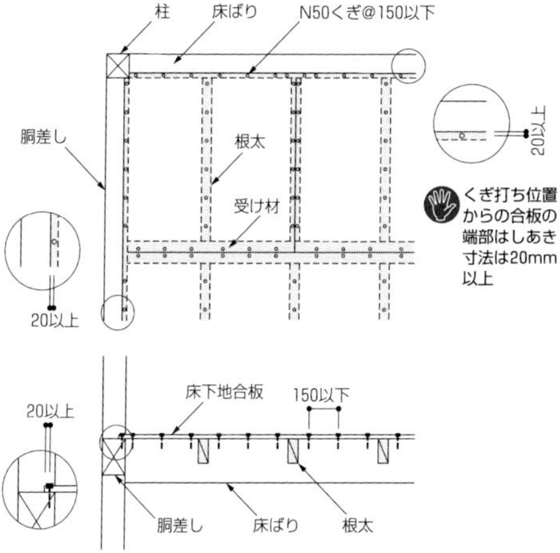

図3 根太と床ばり（胴差し）の上端高さが同じ場合の下地板の取付け

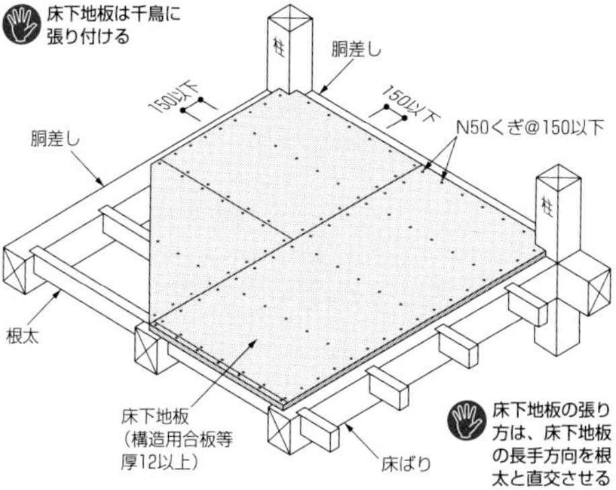

図4 根太、床ばり、胴差しの上端高さが同じ場合の
構造用面材による床組補強例

工事仕様のポイント

- 構造用面材で床組を補強する場合、断面寸法105mm×105mm以上の床ばりを、1,820mm内外の間隔で、張り間方向またはけた行方向に配置する。
- 根太を設けた床組において、根太と床ばりおよび胴差しの上端高さが同じであっても異なっていても、床下地板の張り方は、床下地板の長手方向を根太と直交させ、かつ千鳥張りとし、胴差しおよび床ばりに20mm以上のせてくぎ打ちする。

⑪ 床組(3)

仕様書 114ページ Ⅱ-5.8.8

構造用面材による床組の補強方法②

根太を設けた床組で、根太と床ばりおよび胴差しの上端高さが異なる場合の取合い

床下地板の品質は、次のいずれかによる。

①JASに適合する構造用合板で、種類1類、厚さ12mm以上。

②パーティクルボードのJISに適合するもので、曲げ強さは13タイプ以上、耐水性は耐水1または耐水2、厚さ15mm以上。

③JASに適合する構造用パネル

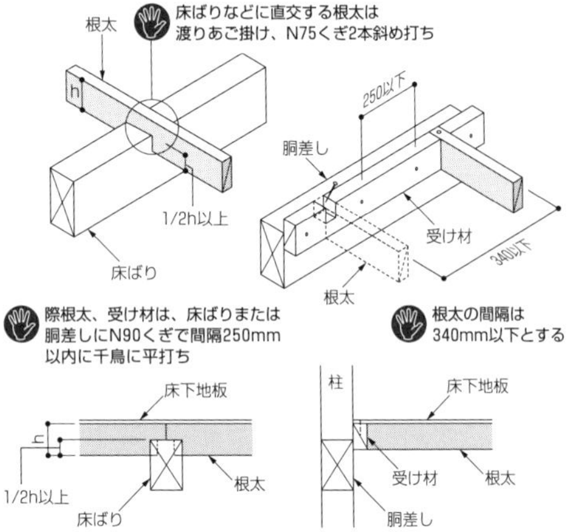

図1 根太、床ばり、胴差しの上端高さが異なる場合の根太の取付け例

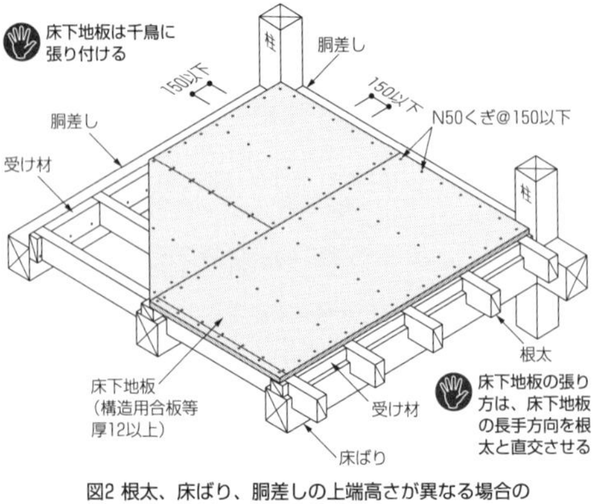

図2 根太、床ばり、胴差しの上端高さが異なる場合の構造用面材による床組補強例

根太を用いない床組で、直接、床下地板を床ばりまたは胴差しに留め付ける場合の取合い

床下地板の品質は、合板のJASに適合する構造用合板で、厚さ24mm以上とする。

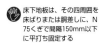

床下地板は、その四周囲を床ばりまたは胴差しに、N75くぎで間隔150mm以下に平打ち固定する

床下地板にさね加工を施した構造用合板を用いる場合、床ばりまたは胴差しに構造用合板の短辺の外周部分に各1列、その間に1列以上になるように、N75くぎで間隔150mm以下に平打ち固定する（はり等の横架材の間隔が1m以下に限る）

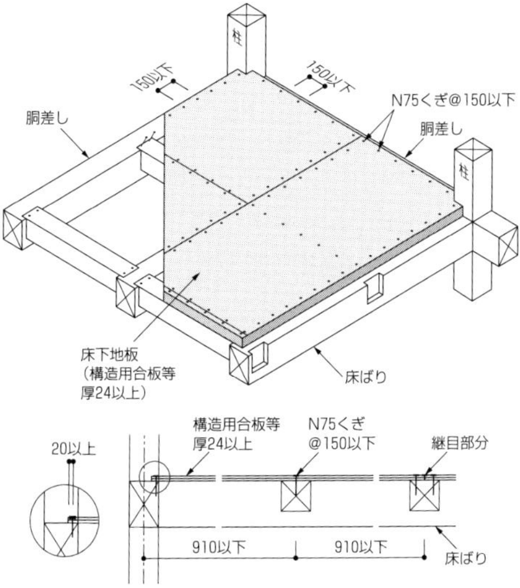

図3 根太を用いない床組補強例

工事仕様のポイント

☞ 根太を設けた床組において、根太と床ばりおよび胴差しの上端高さが同じ場合は、根太の間隔を500mm以下とし、根太と床ばりおよび胴差しの上端高さが異なる場合は、根太の間隔を340mm以下とする。

☞ 床根太間の断熱材の施工において、床の断熱材を床根太間に充填する際は、断熱材の厚さによっては、床根太のせいを高くすることが必要となる。

⑫ ひさし、バルコニー、住戸間の界壁

仕様書 陸ひさし
121ページ
Ⅱ-5.9.1

型板の取付けは、柱の側面を15mm程度欠き取ったのち、型板を柱にはめ込み、N65くぎ5本を平打ちする。なお、間柱へは、型板を添え付け、N65くぎ5本を平打ちする。

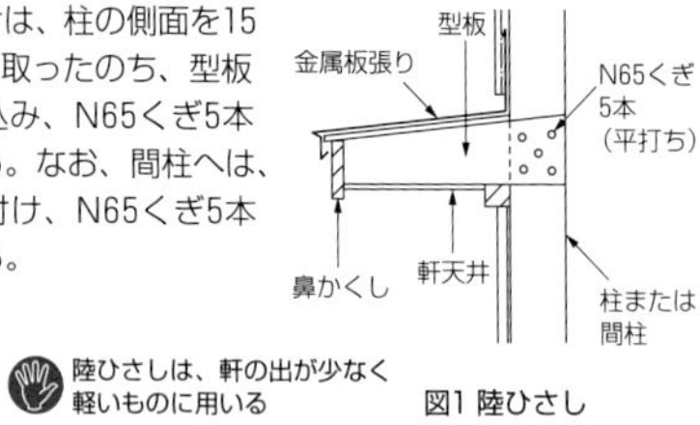

図1 陸ひさし

仕様書 腕木ひさし
121ページ
Ⅱ-5.9.2

腕木と柱の仕口(次のいずれかによる)

❶ 柱へ下げかまほぞ差しとし、上端よりくさび締めのうえ、くさび抜け止めくぎ打ちとする。
❷ 柱へ短ほぞ差しとし、上端より斜めくぎ打ちとする。

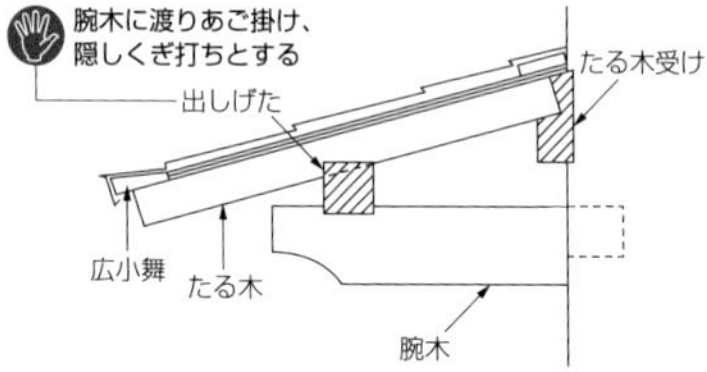

図2 腕木ひさし

仕様書 跳出しバルコニー
121ページ
Ⅱ-5.10.1

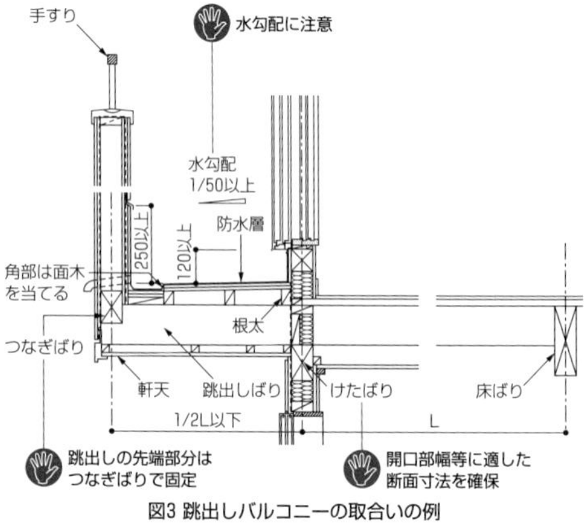

図3 跳出しバルコニーの取合いの例

📖 仕様書 住戸間の界壁

フラット35
技術基準

123ページ
II-5.11

連続建ての住戸間の界壁の仕様は、次によることとし、小屋裏または天井裏まで達せしめる。

1. 界壁の厚さ(仕上材料の厚さを含まないものとする)を100mm以上とする。
2. 界壁の内部に、次のいずれかを充填する。
   ①厚さが25mm以上のグラスウール(かさ比重0.02以上)
   ②厚さが25mm以上のロックウール(かさ比重0.04以上)
3. 界壁の両面は、厚さが12mm以上のせっこうボードを2枚張りとする。
4. せっこうボードの留付けは、次表による。

表1 界壁に用いるせっこうボードの取付け方法

		留め金具の種類と長さ				留付け間隔	
		GNFくぎ	木ねじ	ステープル	タッピンねじ	周辺部	中間部
2枚張り*2	1枚目	40mm以上				150mm以下*1	200mm以下*1
	2枚目	50mm以上					

*1 防火被覆材を面材耐力壁として使用するときの間隔は、せっこうボードの場合は周辺部・中間部ともに150mm以下とし、せっこうボード以外の材料の場合は特記による。
*2 2枚目に張る防火被覆材は、1枚目の防火被覆材と目地が重ならないように割り付ける。
注) 防火被覆材は、目地や取合い部分の裏面に当て木(標準断面寸法は30mm×40mm)を設けて留め付ける。なお、間柱その他の構造材をもって当て木とすることができる。

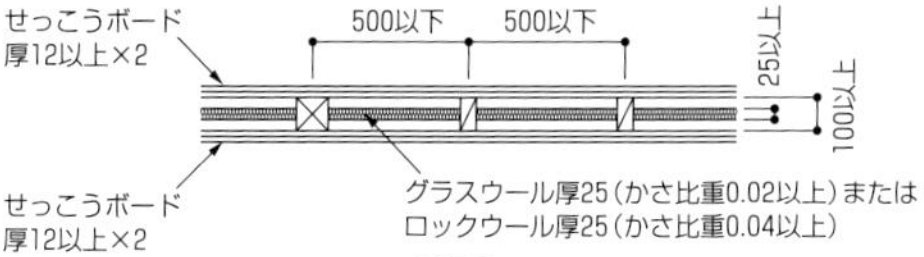

平面図

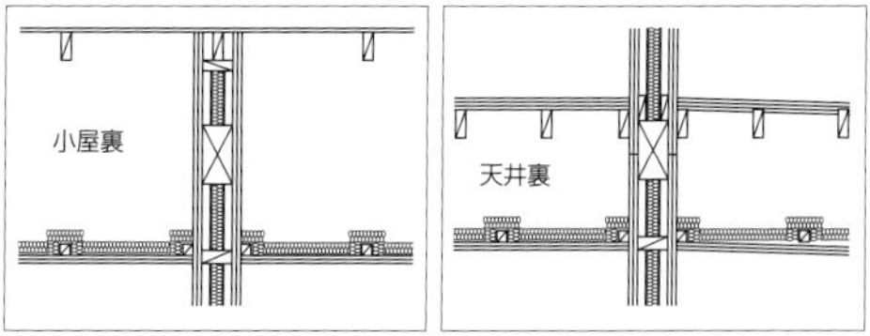

断面図

*1 階床部の取合いは105ページ・図2参照。

図4 連続建ての住戸間の界壁*

工事仕様のポイント

- ☞ 跳出しバルコニーの外壁心からの跳出し長さは、おおむね1m以下とする。
- ☞ 跳出し長さは、屋内側の床ばりスパンの1/2以下とする。
- ☞ バルコニーの水勾配が両方向となる場合の下地板の頂部継目部分は、防水上の弱点になりやすいため、適切な目地処理を施す。
- ☞ バルコニー下地板に一定の防火性能が求められる場合は、防火性能の高い防水下地板の使用を検討する。

① 下ぶき

📖 仕様書
124ページ
Ⅱ-6.2.1

材料

アスファルトルーフィング

JIS A 6005（アスファルトルーフィングフェルト）に適合するアスファルトルーフィング940（従来の1巻22kg相当）以上、または改質アスファルトルーフィングとする。

合成高分子系ルーフィング

JIS A 6008（合成高分子系ルーフィングシート）に適合するものとする。

📖 仕様書
124ページ
Ⅱ-6.2.2

アスファルトルーフィングのふき方

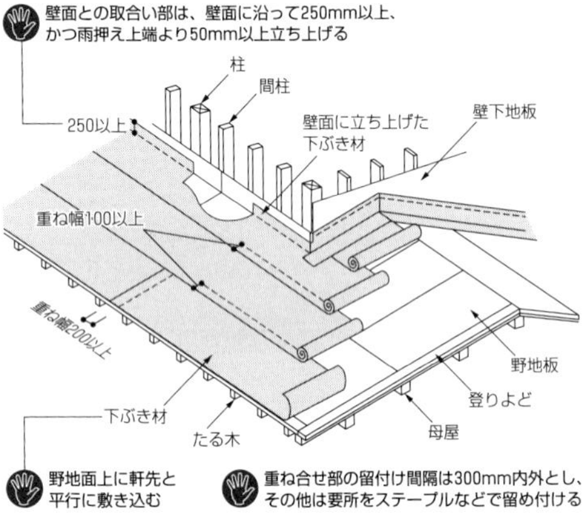

図1 下ぶき工法例

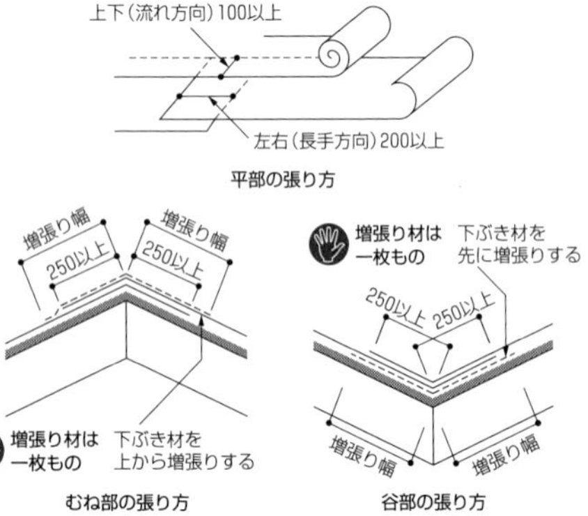

図2 下ぶき材の各部位の張り方例

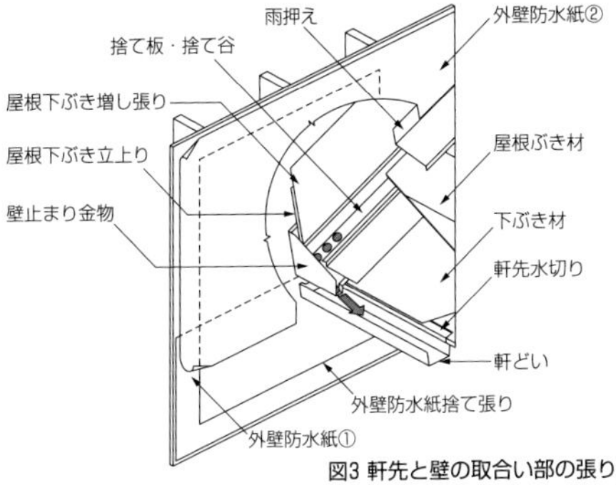

図3 軒先と壁の取合い部の張り方

屋根まわりの雨漏りの発生しやすい箇所の施工

むね部や谷部の増張り（図2）のほか、水切り・雨押えの材料を所要寸法に裁ち、板端はすべて折り返して要所をくぎ打ちシーリング処理とし、壁際立上りは下地材裏に60mm以上立ち上げ、雨仕舞よく施工するなど、適切な下ぶき補強を行う。また、屋根ふき材の留付けに用いる緊結くぎ等が下ぶき材を貫通し、そこから浸水した事例もあるため、注意する必要がある。

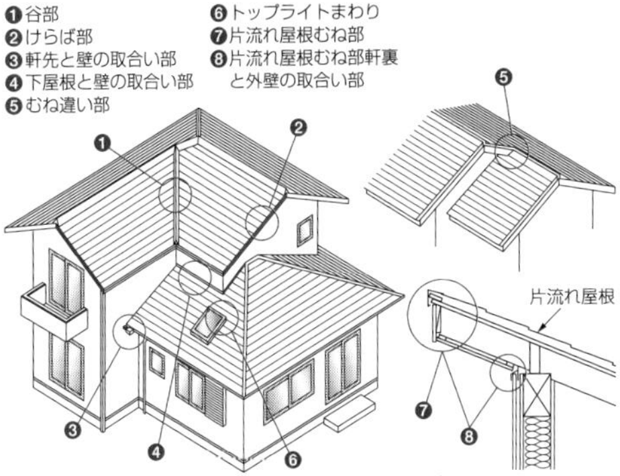

図4 雨漏りの発生しやすい箇所

工事仕様のポイント

- ☞ アスファルトルーフィングは、野地面上に軒先と平行に敷き込み、上下（流れ方向）は100mm以上、左右（長手方向）は200mm以上重ね合わせる。
- ☞ 下ぶき材を増張りする際、むね部は上から、谷部は先に施工する。
- ☞ 屋根まわりで雨漏りの発生しやすい箇所では、適切な下ぶき補強を行う。
- ☞ 下ぶき材を留め付けるステープルの足長さは、16mm程度とする。

② 屋根ぶき材料・工法(1)

仕様書 128ページ II-6.3.1

金属板ぶき/材料

表1 金属板の品質

規格(屋根用)	名称
JIS G 3312	塗装溶融亜鉛めっき鋼板及び鋼帯
JIS G 3318	塗装溶融亜鉛−5%アルミニウム合金めっき鋼板及び鋼帯
JIS G 3321	溶融55%アルミニウム−亜鉛合金めっき鋼板及び鋼帯
JIS G 3322	塗装溶融55%アルミニウム−亜鉛合金めっき鋼板及び鋼帯
JIS G 3320	塗装ステンレス鋼板及び鋼帯
JIS K 6744	ポリ塩化ビニル被覆金属板及び金属帯
JIS H 3100	銅及び銅合金の板並びに条

表2 金属板の板厚

部位	板厚
ふき板 (塗装ステンレス鋼板および銅および銅合金の板および条を用いる場合*)	0.35mm以上 (*0.30mm以上)
谷の部分およびそのつり子等の部分	0.40mm以上

仕様書 128ページ II-6.3.2

金属板ぶき/加工

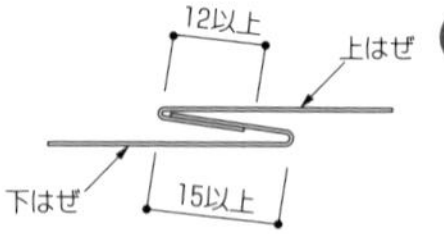

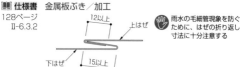

雨水の毛細管現象を防ぐために、はぜの折り返し寸法に十分注意する

図1 はぜの名称と折り返し幅

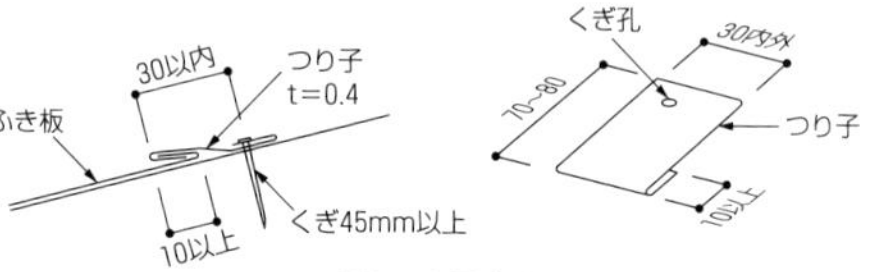

図2 つり子止め

仕様書 129ページ II-6.3.3

金属板ぶき/心木ありかわら棒ぶき

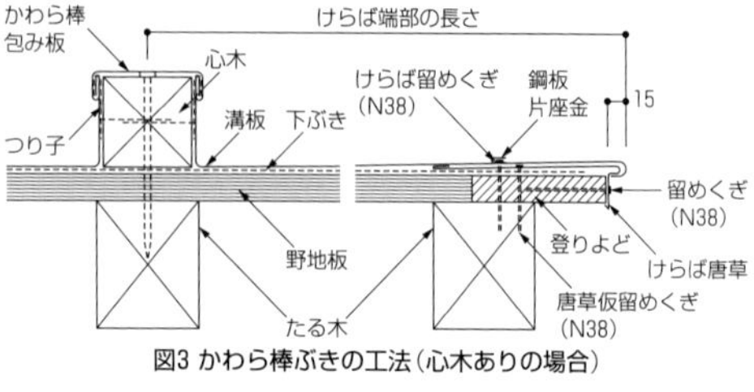

図3 かわら棒ぶきの工法(心木ありの場合)

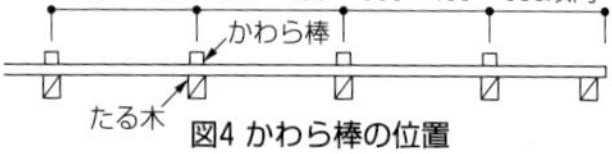

図4 かわら棒の位置

かわら棒の間隔は強風地域では350mm以下

仕様書 130ページ II-6.3.4 金属板ぶき／心木なしかわら棒ぶき

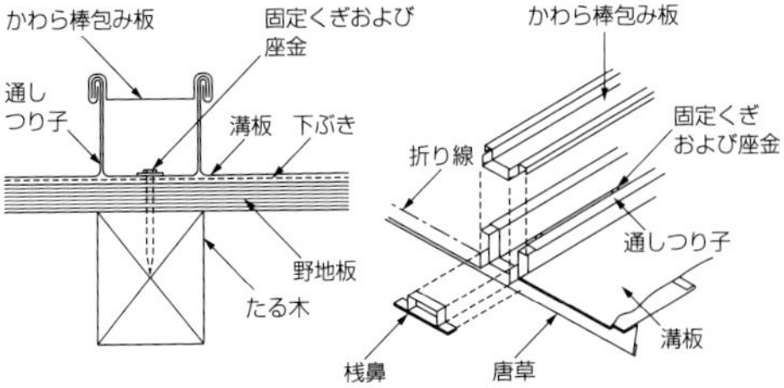

図5 かわら棒ぶきの工法（心木なしの場合）

仕様書 130ページ II-6.3.5 金属板ぶき／一文字ぶき

❶ふき板の四周は一重はぜとする。下はぜは18mm、上はぜは15mm程度とする。
❷つり子はふき板と同じ材で、幅30mm、長さ70mmとする。
❸つり子は野地板に打ち留めとし、取付け箇所はふき板1枚につき2箇所以上とする。

ふき板の標準切断寸法は224mm×914mm

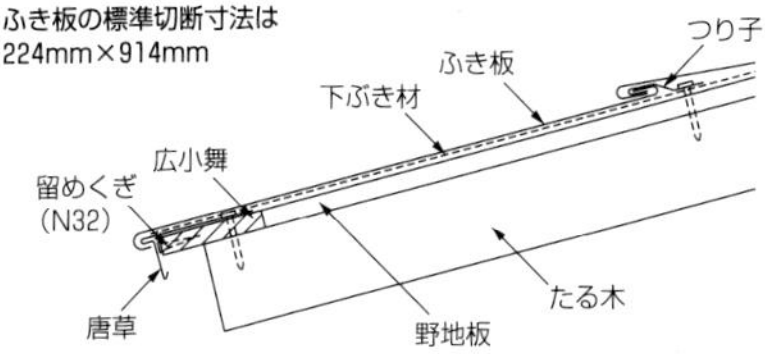

図6 一文字ぶき（銅板以外）の軒部のおさまり

ふき板（銅板）の標準切断寸法は182.5mm×606mm

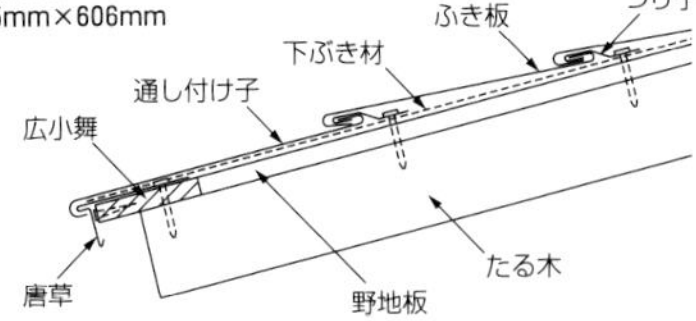

図7 一文字ぶき（銅板）の軒部のおさまり

工事仕様のポイント

- かわら棒の間隔は350mmまたは450mmとし、強風地域では実状に応じて間隔を狭くする。
- 心木ありかわら棒ぶきでは、心木の留付け間隔を軒先、けらば、むね付近では300mm内外、その他の部分は600mm以内とする。
- 心木なしかわら棒ぶきでは、くぎの留付け間隔を軒先、けらば、むね付近では200mm内外、その他の部分は400mm以内とする。
- 一文字ぶきで隣り合うふき板は一重はぜ継手とし、千鳥に設ける。

③ 屋根ぶき材料・工法（2）

仕様書 130ページ Ⅱ-6.3.7

金属板ぶき／むね部分

むね部分では、溝板端部を八千代折りで立ち上げ、水返しをつける

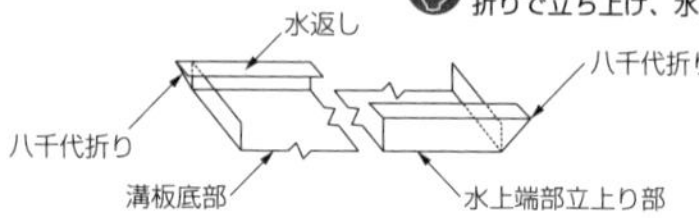

図1 八千代折り

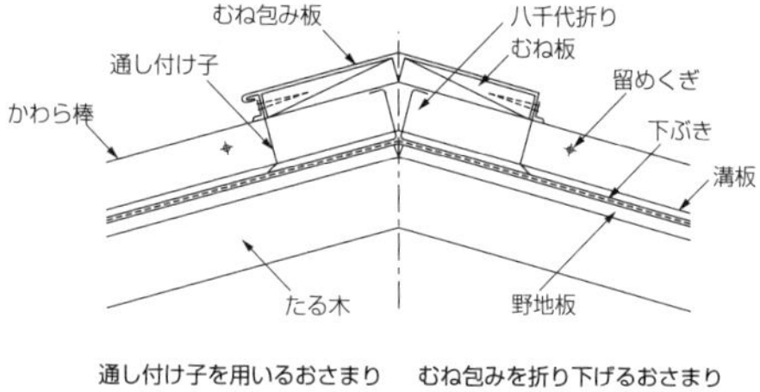

図2 かわら棒ぶきのむね部分のおさまり

仕様書 131ページ Ⅱ-6.3.8

金属板ぶき／壁との取合い

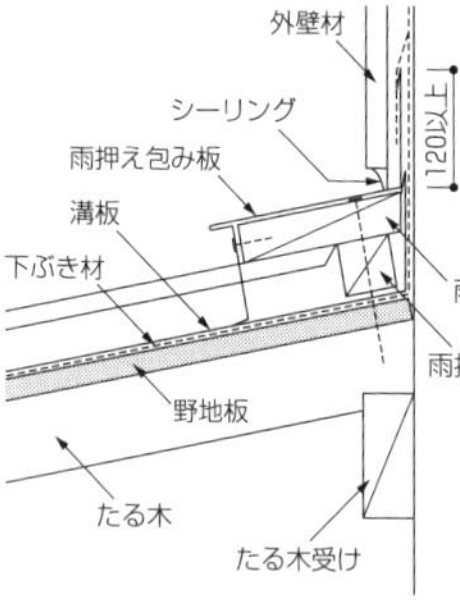

図3 水上部分と壁との取合い

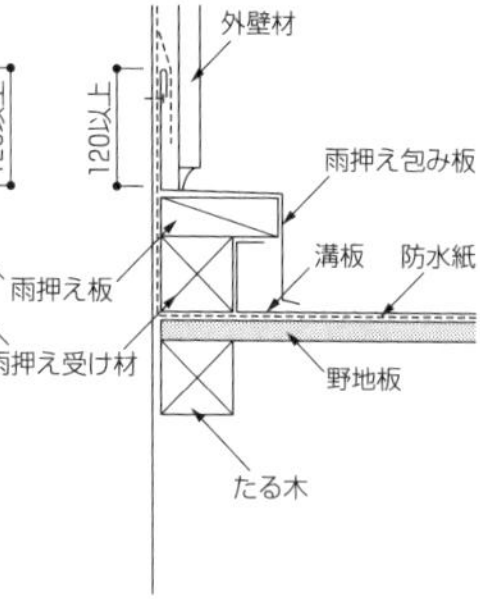

図4 流れ方向の壁との取合い

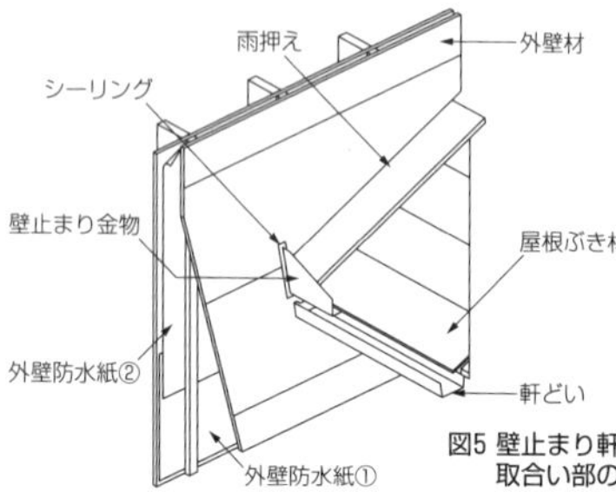

図5 壁止まり軒先と外壁の取合い部の施工例

📖 仕様書　金属板ぶき／軒先・けらば

132ページ
Ⅱ-6.3.9

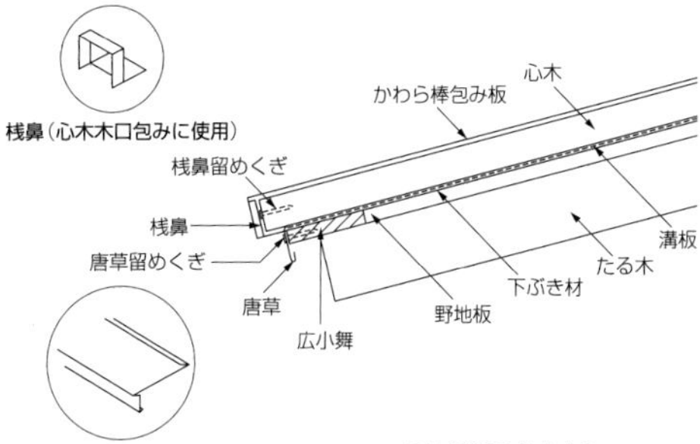

図6 軒部のおさまり

📖 仕様書　金属板ぶき／谷ぶき

133ページ
Ⅱ-6.3.10

❶谷ぶき板は、ふき板と同種の板を用いて全長通しぶきとする。
❷屋根のふき板または溝板は、谷縁で谷ぶき板の二重はぜ部分につかみ込んでおさめる。

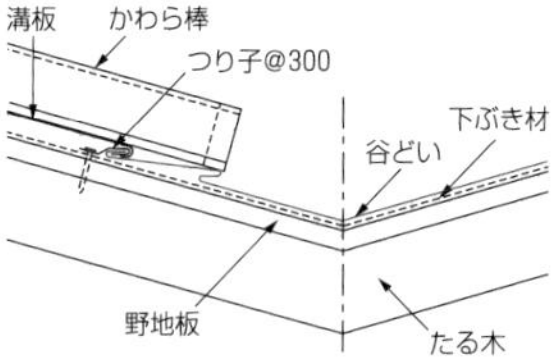

図7 かわら棒ぶき二重はぜ谷どいのおさまり

📖 仕様書　粘土がわらぶき／材料

137ページ
Ⅱ-6.4.1

JIS A 5208（粘土がわら）に適合するもの、またはこれと同等以上の性能を有するものとする。なお、役物その他はでき合い形で、いずれも留付け穴付きとする。

表1 くぎ・緊結線の種類　(mm)

	種類・長さ・径
くぎ	銅・ステンレス（長さ45～65、径2.4内外）
ねじ	ステンレス（長さ45～95）
緊結線	銅・ステンレス（径0.9以上）

工事仕様のポイント

☞ 金属板ぶきの屋根は、軽量性、雨仕舞および耐候性の点で優れているが、断熱性、遮音性で難点があるため、屋根下地あるいは屋根裏に断熱材および遮音材を入れて施工する必要がある。
☞ 谷ぶきは、入隅にできるものと、「際谷」と称して壁際で一種のといの役目を果たすものがある。いずれの場合も、雨漏りを防ぐため、一枚の板で端から端まで設ける必要がある。また、下ぶきを谷ぶき部分に、さらに一枚増しぶきするのもよい。

④ 屋根ぶき材料・工法(3)

仕様書
137ページ
Ⅱ-6.4.2

粘土がわらぶき／一般工法

留付け(緊結)

❶桟がわら、軒がわら、袖がわら、谷縁がわらは、1枚ごとにくぎまたはねじで留め付けるか、緊結線で緊結する。
❷むね積みは、のしがわらを互いに緊結線で緊結し、かんむりがわらまたは丸がわらを次のいずれかにより固定する。
また、むね部において、割付けを目的に一部を切断して用いるかわらは、くぎまたは緊結線で固定するか接着する。
①鉄筋コーチボルトおよび横鉄筋を用い、のしがわら相互の緊結線を横鉄筋に緊結する、②むね補強用金物に取り付けたむね補強用芯材に、くぎ、ねじまたは緊結線で留め付ける。
❸洋形がわらのむね施工で、かんむりがわらを施工する場合は、ふき土を詰め、むね補強金物に取り付けたむね補強用芯材に、くぎまたはねじで留め付ける。
❹鬼がわらは、その重量に耐えられるよう入念に緊結する。

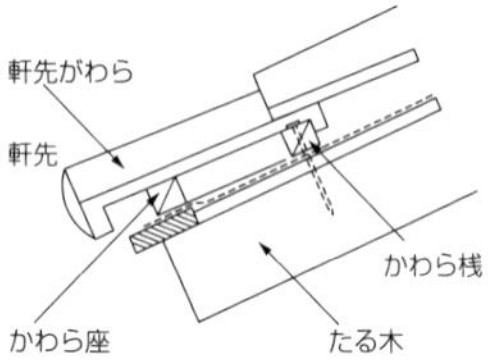

図1 軒先の留付け

風の強い地域の場合

特に強風が予想される地域、または軒高さが7～8mを超える場合には、平部の全部のかわらを緊結する。

のしがわらの積み重ね

のしがわらを積み重ねる際は、本むね7段以下、すみむね5段以下を原則とする。それ以上の段数を積む場合、建物全体の耐震性を考えての設計が必要となる。

かわらの割付け

屋根面に対するかわらの割付けは、半端が出ないように考慮して行うものとし、割付けに伴って軒、妻の出の修正が必要となる場合は、設計者との協議に基づいて行うものとする。
また、本むね・すみむねまわりなどで、切断して用いるかわらにくぎ打ち用の孔がない場合は、孔あけ加工等を行い、固定できるようにする。

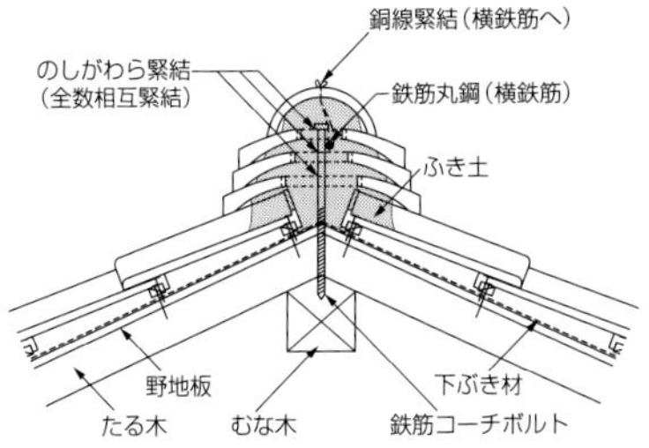

緊結線による留付け例

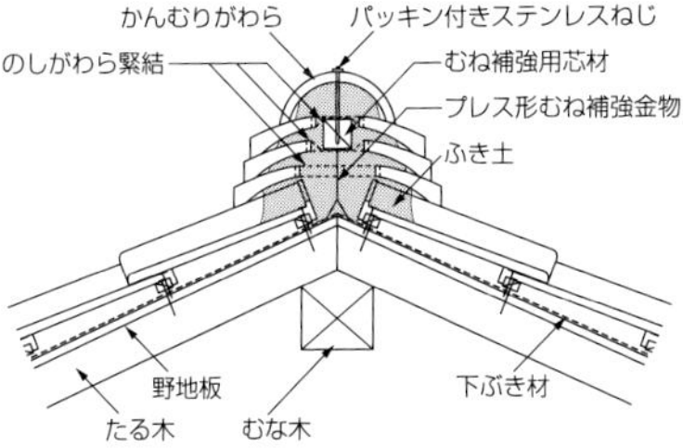

むね補強金物とねじによる留付け例

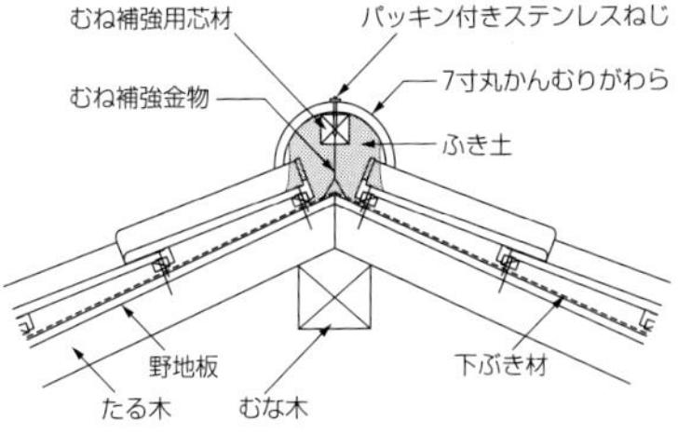

むね補強金物とねじによる留付け例

図2 むねのおさまり

工事仕様のポイント

- 一般社団法人全日本瓦工事業連盟等により発行された『瓦屋根標準設計・施工ガイドライン』(監修:独立行政法人建築研究所)では、法令に準拠した構造性能を確認するための標準試験方法、構造計算規定への対応方法ならびに法令の仕様規定より優れた標準施工方法が紹介されている。
- 粘土がわらぶきでは、屋根勾配が5寸を超える急勾配の場合は、かわらのくぎの打ち増しを行う。

⑤ 屋根ぶき材料・工法（4）

📖 仕様書 138ページ Ⅱ-6.4.3

粘土がわらぶき／谷ぶきおよび壁との取合い

流れ部分の壁面との取合い

流れ方向の壁際に設ける捨て谷は、谷ぶき板を雨押え板下端まで立ち上げ、間隔600mm内外にくぎ留めする。

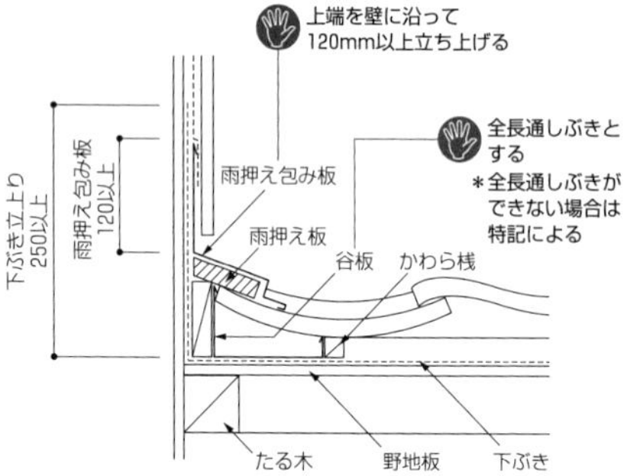

流れ部分の壁面との取合い

図1 粘土がわらぶきの壁との取合い①

水上部分の壁面との取合い

水上部分の壁面と取り合う場合で、雨押え包み板を立ち上げる場合は、以下による。

❶水上部分の溝板端部は、八千代折りとし、心木または雨押え受け材の高さまで立ち上げ、水返しをつける。
❷銅板以外の板の水上部分および流れ方向の壁際の雨押え包み板は、上端を壁に沿って120mm以上立ち上げ、先端をあだ折りし、壁下地に450mm程度の間隔でくぎ留めする。

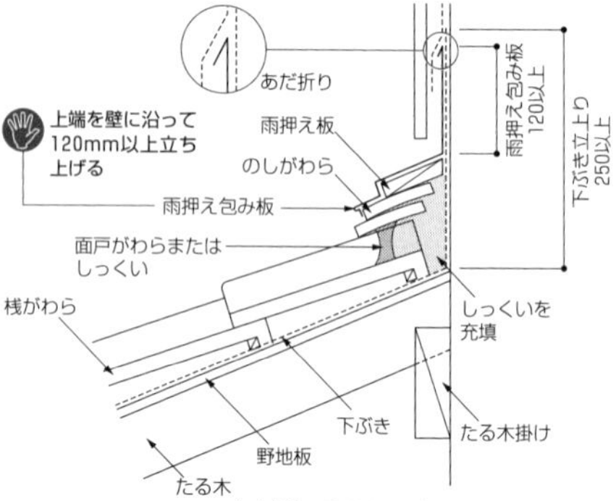

水上部分の壁面との取合い

図2 粘土がわらぶきの壁との取合い②

📖 仕様書 141ページ Ⅱ-6.6.1 Ⅱ-6.6.2

住宅屋根用化粧スレートぶき／材料、工法

住宅屋根用化粧スレートの品質

JIS A 5423（住宅屋根用化粧スレート）に適合するもの、またはこれと同等以上の性能を有するものとする。

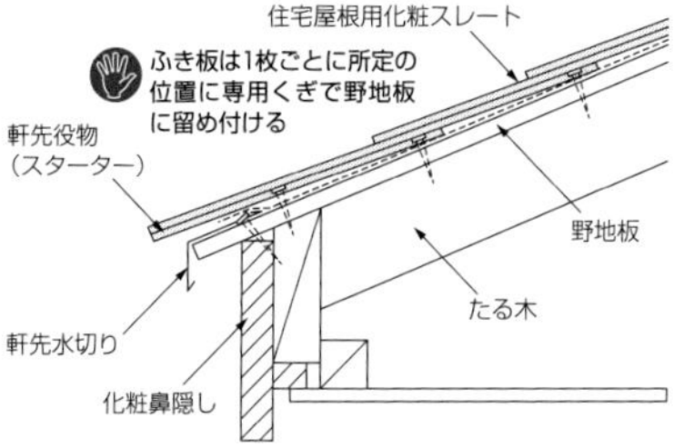

図3 住宅屋根用化粧スレートぶきのおさまり

📖 仕様書 141ページ Ⅱ-6.7.2

アスファルトシングルぶき／工法

❶アスファルトシングルは、1枚ごとに所定の位置に各専用くぎで野地板に留め付け、重ね部分は各専用接着剤を用いる。
❷軒先は、軒先水切りの先端から半分程度ひかえた位置まで下ぶき材を張り付け、アスファルトシングルは軒先水切りの先端まで張り付ける。
❸強風地域等においては、接着剤もしくはくぎによる増し留めを行うものとする。
❹特殊工法によるものは、各製造所の仕様によるものとする。

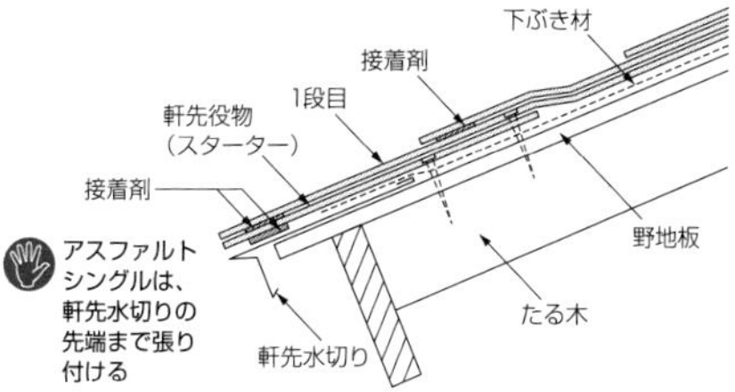

図4 アスファルトシングルぶきのおさまり

工事仕様のポイント

☞ 粘土がわらの施工においては、次の点に注意する。①特に強風が予想される地域または軒高さが7～8mを超える場合には、平部の全部のかわらを緊結する、②屋根勾配が5寸を超える急勾配の場合は、かわらのくぎの打ち増しを行う。

☞ アスファルトシングルは、防水性、耐風圧性、耐久性、防火性等について、品質の確かなものを選択する。

5 断熱工事
断熱等性能等級2相当

① 断熱材の種類、施工部位

仕様書 断熱材
146ページ
Ⅱ-7.1.2

表1 断熱材の形状および種類

形状	種類	
	材種	材料名
フェルト状断熱材	無機繊維系断熱材	グラスウール断熱材 ロックウール断熱材
ボード状断熱材	無機繊維系断熱材	グラスウール断熱材 ロックウール断熱材
	木質繊維系断熱材	インシュレーションファイバー断熱材 建材畳床
	発泡プラスチック系断熱材	ビーズ法ポリスチレンフォーム断熱材 押出法ポリスチレンフォーム断熱材 硬質ウレタンフォーム断熱材 ポリエチレンフォーム断熱材 フェノールフォーム断熱材
吹込み用断熱材	無機繊維系断熱材	吹込み用グラスウール断熱材 吹込み用ロックウール断熱材
	木質繊維系断熱材	吹込み用セルローズファイバー
現場発泡断熱材	発泡プラスチック系断熱材	建築物断熱用吹付け硬質ウレタンフォーム

＊上表以外の断熱材を使用する場合は、試験によって熱伝導率等の性能が確かめられたものに限るものとする。

仕様書 断熱構造とする部分

フラット35技術基準
147ページ
Ⅱ-7.2.1

住宅の屋根（小屋裏または天井裏が外気に通じていない場合）または屋根の直下の天井（小屋裏または天井裏が外気に通じている場合）

一般的に小屋裏換気孔が設けられ外気に接しているため、天井面に断熱材を施工することになる。しかし、小屋裏換気孔を設けない場合は、屋根に施工することができる。

フラット35技術基準

外気に接する壁

外周壁に施工するのが基本であるが、図1のように車庫と居住室との境界の壁部に断熱材を施工すれば、車庫の外壁部には施工しなくてもよい。

フラット35技術基準

外気に接する床および床下換気孔等により外気と通じている床（以下「その他の床」という）

1階の床
床下換気孔が設けられている場合は床面に施工する。図1の2階跳出し床の場合のように、外気に直接接している床（外気に接する床）にも忘れずに施工する必要がある。

床下換気孔が設けられた1階の床（その他の床）

直接外気に接していないが、床下を介して外気に接している場合、断熱材の厚みは、外気に接する床に比べ薄くてよいこととされ、78ページ「断熱材の熱抵抗値または厚さ／早見表」では

「その他の床」として、跳出し床の場合のような「外気に接する床」と区別して数値が示されている。また、外気に接する床には、図1の車庫・物置などの直上の居室の床が含まれる。

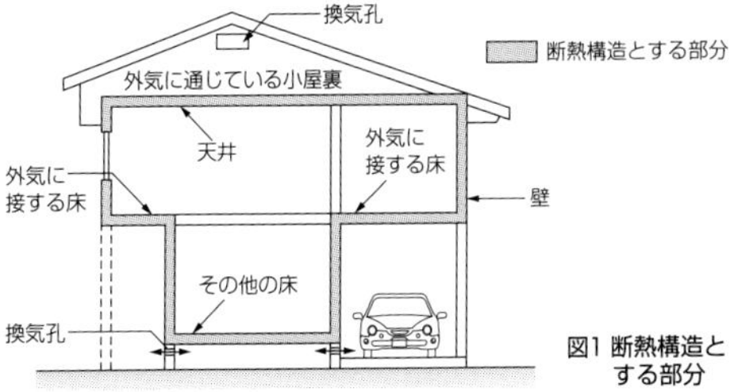

図1 断熱構造とする部分

仕様書 断熱構造としなくてもよい部分

フラット35技術基準 147ページ Ⅱ-7.2.2

イ.居住部分との区画部分が断熱施工されている物置、車庫その他これに類する区画の外気に接する部位。
ロ.外気に通じる床裏、小屋裏または天井裏の壁で外気に接するもの。
ハ.断熱構造となっている外壁から突き出した軒、袖壁、ベランダ、その他これらに類するもの。
ニ.玄関、勝手口、ユーティリティ等で、床下空間を設けない土間コンクリートとする場合の床。
ホ.床下換気孔等で外気に通じていて、バスユニット裏面に断熱材が施工されることにより断熱構造となっている浴室下部の土間床部分。

表2 バスユニット下部の断熱材施工に係るフラット35断熱構造基準

断熱等性能等級	床下換気	木造(耐久性)	耐火構造、準耐火構造*1,2
2相当	あり	バスユニット床裏面に断熱材の施工*3が必要	
	なし	基礎断熱工事の基準*4に適合する断熱材の施工が必要	断熱材施工の必要なし
4	あり	バスユニット床裏面に断熱材の施工*3が必要	
	なし	土間床等の外周部の基準*5に適合する断熱材の施工が必要	

*1 準耐火構造には、省令準耐火構造を含む。
*2 フラット35Sの耐久性・可変性を選択する場合には、耐火構造または準耐火構造の場合でも「木造(耐久性)」の欄が適用される。
*3 断熱材の種類および厚さは問わない。
*4 24ページ「⑦基礎断熱工事」参照。
*5 142～144ページ「断熱材の熱抵抗値または厚さ／早見表」参照。

工事仕様のポイント

- 外気に接している天井(または屋根)、壁、床に断熱材を施工する。
- 床下換気孔を設置し、バスユニットと地面(土間コンクリートを含む)との間の空間を換気する場合、通常の床下空間として扱われるため、バスユニット下面に断熱材を施工する。
- 床下換気孔を設けず、バスユニットと地面(土間コンクリートを含む)との間の空間を換気しない場合、基礎の立上り部分を含めて省エネルギー基準上は「土間床等」として扱う。

② 断熱性能、断熱材等の施工（1）

仕様書
149ページ
Ⅱ-7.3.2

断熱材の種類

表1 記号別の断熱材の種類と規格

記号		断熱材の種類	λ：熱伝導率 （W/（m·K））
A	A-1	吹込み用グラスウール （LFGW1052、LFGW1352、LFGW1852） インシュレーションファイバー断熱材（ファイバーボード） 建材畳床（Ⅲ形）	λ=0.052～0.051
A	A-2	グラスウール断熱材 通常品（10-50、10-49、10-48） 高性能品（HG10-47、HG10-46） 吹込み用ロックウール（LFRW2547） 建材畳床（K、N形）	λ=0.050～0.046
B		グラスウール断熱材 通常品（12-45、12-44、16-45、16-44、20-42、20-41） 高性能品（HG10-45、HG10-44、HG10-43、HG12-43、HG12-42、HG12-41） ロックウール断熱材（LA、LB、LC） ビーズ法ポリスチレンフォーム断熱材4号 ポリエチレンフォーム断熱材1種1号、2号	λ=0.045～0.041
C		グラスウール断熱材 通常品（20-40、24-38、32-36、40-36、48-35、64-35） 高性能品（HG14-38、HG14-37、HG16-38、HG16-37、HG16-36、HG20-38、HG20-37、HG20-36、HG20-35、HG24-36、HG24-35、HG28-35、HG32-35） インシュレーションファイバー断熱材（ファイバーマット） 吹込み用グラスウール （LFGW2040、LFGW2238、LFGW3238、LFGW3240、LFGW3540） ロックウール断熱材 （LD、MA、MB、MC、HA、HB） ビーズ法ポリスチレンフォーム断熱材2号、3号 押出法ポリスチレンフォーム断熱材 1種b（A、B、C） ポリエチレンフォーム断熱材2種 吹込み用セルローズファイバー （LFCF2540、LFCF4040、LFCF4540、LFCF5040、LFCF5540） フェノールフォーム断熱材 2種1号（AⅠ、AⅡ）、 3種1号（AⅠ、AⅡ） 吹付け硬質ウレタンフォーム断熱材A種3 吹込み用ロックウール（LFRW6038）	λ=0.040～0.035
D		グラスウール断熱材 通常品（80-33、96-33） 高性能品（HG20-34、HG24-34、HG24-33、HG28-34、HG28-33、HG32-34、HG32-33、HG36-34、HG36-33、HG36-32、HG36-31、HG38-34、HG38-33、HG38-32、HG38-31、HG40-34、HG40-33、HG40-32、HG48-33、HG48-32、HG48-31） ロックウール断熱材（HC） ビーズ法ポリスチレンフォーム断熱材1号 押出法ポリスチレンフォーム断熱材 2種b（A、B、C）	λ=0.034～0.029

D	フェノールフォーム断熱材2種2号（AⅠ、AⅡ） 硬質ウレタンフォーム断熱材1種1号（Ⅰ、Ⅱ） ポリエチレンフォーム断熱材3種 吹付け硬質ウレタンフォーム断熱材A種1、2	λ=0.034～0.029
E	押出法ポリスチレンフォーム断熱材 　スキン層なし3種a（A、B、C）、 　　　　　　　3種b（A、B、C） 　スキン層付き3種a（AⅠ、AⅡ、BⅠ、BⅡ、CⅠ、CⅡ）、 　　　　　　　3種b（AⅠ、AⅡ、BⅠ、BⅡ、CⅠ、CⅡ） 硬質ウレタンフォーム断熱材 　1種2号（Ⅰ、Ⅱ）、 　　3号（Ⅰ、Ⅱ）、 　2種1号（AⅠ、AⅡ）、 　　2号（AⅠ、AⅡ、BⅠ、BⅡ）、 　　3号（Ⅰ、Ⅱ）、 　　4号（Ⅰ、Ⅱ）、 　3種1号（AⅠ、AⅡ、BⅠ、BⅡ、CⅠ、CⅡ、DⅠ、DⅡ）、 　3種2号（AⅠ、AⅡ、BⅠ、BⅡ、CⅠ、CⅡ、DⅠ、DⅡ） フェノールフォーム断熱材2種3号（AⅠ、AⅡ） 吹付け硬質ウレタンフォーム断熱材A種1H、2H	λ=0.028～0.023
F	押出法ポリスチレンフォーム断熱材 　スキン層なし3種aD、 　　　　　　　3種bD 　スキン層付き3種a（DⅠ、DⅡ）、 　　　　　　　3種b（DⅠ、DⅡ） 硬質ウレタンフォーム断熱材2種 　1号（BⅠ、BⅡ、CⅠ、CⅡ、DⅠ、DⅡ、EⅠ、EⅡ）、 　2号（CⅠ、CⅡ、DⅠ、DⅡ、EⅠ、EⅡ、FⅠ、FⅡ） フェノールフォーム断熱材1種 　1号（AⅠ、AⅡ、BⅠ、BⅡ、CⅠ、CⅡ、DⅠ、DⅡ、 　　　EⅠ、EⅡ）、 　2号（AⅠ、AⅡ、BⅠ、BⅡ、CⅠ、CⅡ、DⅠ、DⅡ、 　　　EⅠ、EⅡ）、 　3号（AⅠ、AⅡ、BⅠ、BⅡ、CⅠ、CⅡ、DⅠ、DⅡ、 　　　EⅠ、EⅡ）	λ=0.022以下

memo

工事仕様のポイント

☞ 断熱材は、表1に掲げる種類の断熱材あるいは同表の熱伝導率を有する断熱材とする。

③ 断熱性能、断熱材等の施工（2）

仕様書　断熱材の熱抵抗値または厚さ／早見表

フラット35 技術基準
150ページ
Ⅱ-7.3.3

断熱材の熱抵抗値または厚さは、地域の区分*、施工部位、断熱材の種類に応じ、次表に掲げる数値以上とする。ただし、使用する断熱材に、その断熱材の熱抵抗値が表示されている場合には、各部位ごとに必要な熱抵抗値に適合していること（「必要な熱抵抗値」の単位は$m^2 \cdot K/W$）。

表1　1地域・2地域／大壁造

部位＼断熱材の厚さ		必要な熱抵抗値	断熱材の種類・厚さ（単位：mm）						
			A-1	A-2	B	C	D	E	F
屋根または天井		2.7	145	135	125	110	95	80	60
壁	真壁造	—	—	—	—	—	—	—	—
	大壁造	2.1	110	105	95	85	75	60	50
床	外気に接する部分	2.6	140	130	120	105	90	75	60
	その他の部分	2.1	110	105	95	85	75	60	50

表2　1地域・2地域／真壁造

部位＼断熱材の厚さ		必要な熱抵抗値	断熱材の種類・厚さ（単位：mm）						
			A-1	A-2	B	C	D	E	F
天井		3.1	165	155	140	125	110	90	70
壁	真壁造	—	真壁造の壁体内に充填可能な厚さ						
	大壁造	2.0	105	100	90	80	70	60	45
床	外気に接する部分	2.6	140	130	120	105	90	75	60
	その他の部分	2.1	110	105	95	85	75	60	50

表3　3地域・4地域

部位＼断熱材の厚さ		必要な熱抵抗値	断熱材の種類・厚さ（単位：mm）						
			A-1	A-2	B	C	D	E	F
屋根または天井		1.2	65	60	55	50	45	35	30
壁	真壁造	1.0	55	50	45	40	35	30	25
	大壁造	0.8	45	40	40	35	30	25	20
床	外気に接する部分	0.8	45	40	40	35	30	25	20
	その他の部分	0.7	40	35	35	30	25	20	20

表4　5地域・6地域

部位＼断熱材の厚さ		必要な熱抵抗値	断熱材の種類・厚さ（単位：mm）						
			A-1	A-2	B	C	D	E	F
屋根または天井		0.8	45	40	40	35	30	25	20
壁	真壁造	0.7	40	35	35	30	25	20	20
	大壁造	0.6	35	30	30	25	25	20	15
床	外気に接する部分	0.6	35	30	30	25	25	20	15
	その他の部分	0.5	30	25	25	20	20	15	15

表5　7地域・8地域

部位＼断熱材の厚さ	必要な熱抵抗値	断熱材の種類・厚さ（単位：mm）						
		A-1	A-2	B	C	D	E	F
屋根または天井	0.5	30	25	25	20	20	15	15

＊地域の区分については、フラット35サイト掲載（https://www.flat35.com/download/dl_tech.html）の「【フラット35】・【フラット35】S 技術基準のご案内」を参照。

仕様書　防湿材の施工

フラット35
技術基準

154ページ
Ⅱ-7.4.3

グラスウール、ロックウール、セルローズファイバー等の繊維系断熱材およびJIS A 9526に規定する吹付け硬質ウレタンフォームA種3、その他これらに類する透湿抵抗の小さい断熱材（以下「繊維系断熱材等」という）を使用する場合は、外気等に接する部分に防湿材等を室内側に施工して防湿層を設ける。ただし、次のいずれかの場合は、当該部位について防湿層の設置を省略できる。

イ.土塗り壁の外側に断熱層がある場合

ロ.床断熱において、断熱材下側が床下に露出する場合、または湿気の排出を妨げない構成となっている場合

ハ.建設地の地域の区分が8地域の場合

ニ.断熱層が単一の材料で均質に施工され、透湿抵抗比が次の値以上である場合

（イ）1地域～3地域で、壁は4、屋根または天井は5

（ロ）4地域で、壁は2、屋根または天井は3

（ハ）5地域～7地域で、壁、屋根または天井は2

ホ. イからニと同等以上の結露の発生の防止に有効な措置を講ずる場合は、特記による。

防湿材の施工

耳付きの防湿材を備えたフェルト状断熱材を用いる場合は、防湿材を室内側に向けて施工する。なお、継目はすき間なく十分突き付け施工し、すき間が生じた場合は、防湿材にアルミテープ等の防湿テープで補修する。

防湿層、通気層の重要性

繊維系断熱材等の透湿抵抗の小さい断熱材を使用する場合は、室内側に防湿層を設けて湿気の浸入を防ぐとともに、屋外側には通気層を設置して浸入した湿気を屋外へ排出することが重要である（153ページ・図2「取合い部の断熱材施工（例）②」参照）。

memo

工事仕様のポイント

☞ 断熱材の熱抵抗値または厚さの早見表は、断熱材の各グループのうち、熱伝導率の最大値を用いて算出した厚さを5mm単位で切り上げたものである。使用する断熱材によっては、必要厚さを早見表の数値よりも低い値とすることが可能である。

☞ 透湿抵抗比とは、断熱層の外気側表面より室内側に施工される材料の透湿抵抗の合計値を、断熱層の外気側表面より外気側に施工される材料の透湿抵抗の合計値で除した値のこと。

① 床板張り、外壁内通気措置

仕様書 158ページ Ⅱ-8.1

床板張り

合板下地板

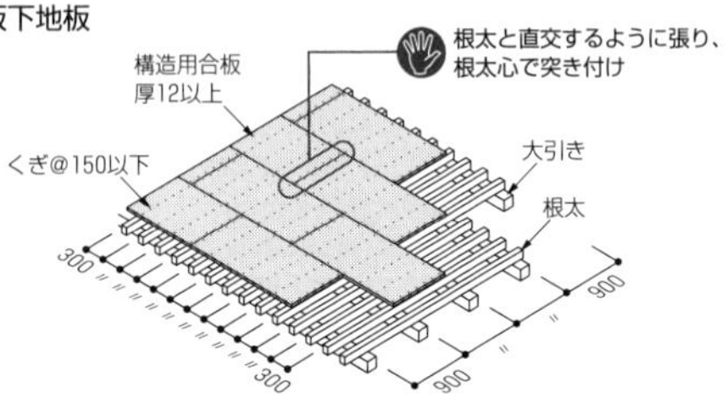

図1 構造用合板下地板

二重床下地板

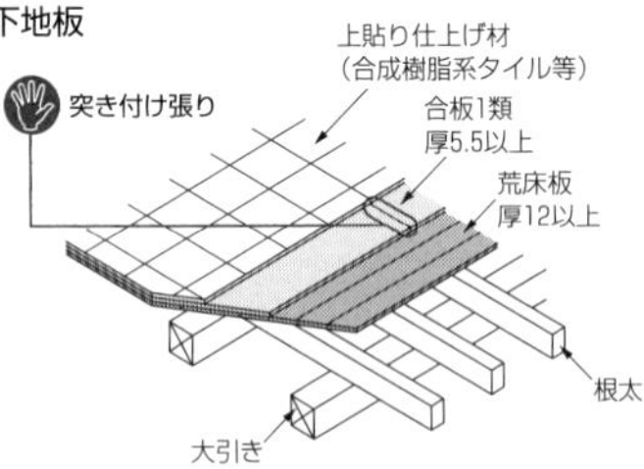

図2 二重床下地板

普通床板

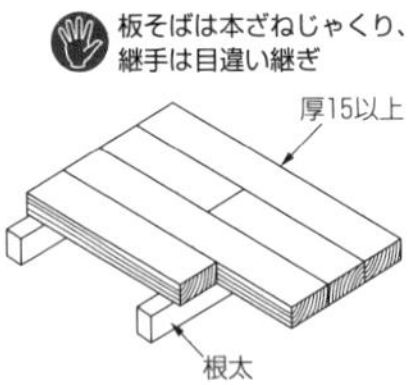

図3 普通床板（縁甲板）

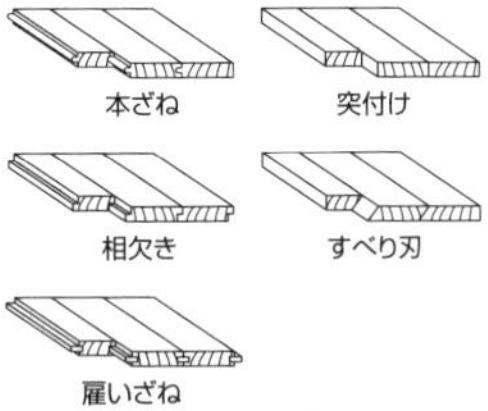

図4 板の接合方法

仕様書 162ページ Ⅱ-8.4

外壁内通気措置

外壁に通気層を設け壁体内通気を可能とする構造

❶防風防水材は、JIS A 6111（透湿防水シート）に適合する透湿防水シート等、気密性、防水性、湿気を放散するに十分な透湿性を有する材料。

❷通気層に用いる胴縁は、原則として乾燥材とする。

❸通気層の構造は、①土台水切り部から軒天井見切り縁または軒裏通気孔に通気できる構造、②土台水切り部から天井裏を経由し、小屋裏換気孔に通気できる構造、のいずれか。

❹外壁仕上材とその下地工法、土台水切り、見切り縁などは、外壁内通気に支障ないものとする。

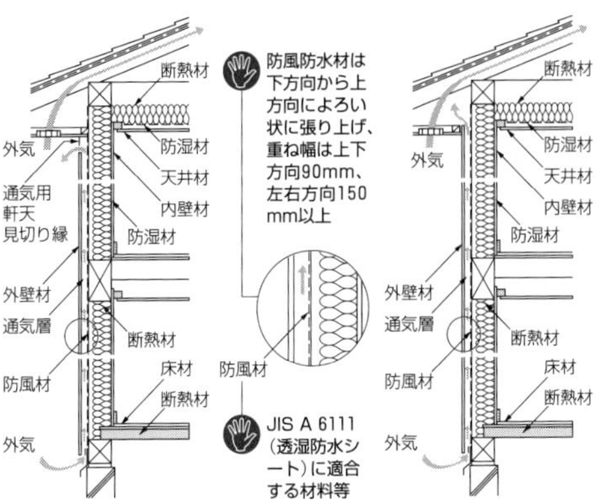

軒天見切り縁に通気する構造　　小屋裏換気孔に通気する構造

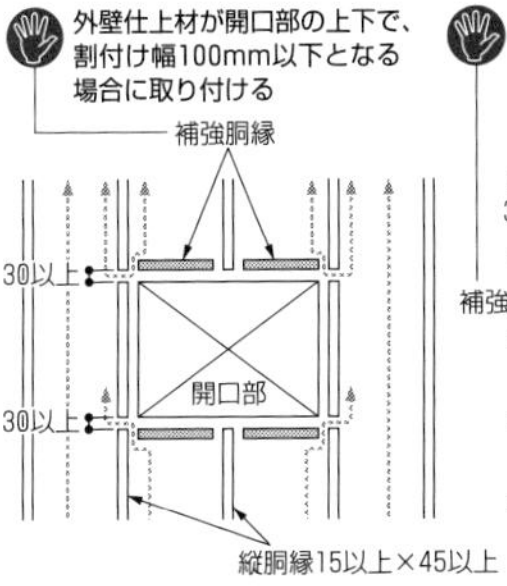

縦胴縁を用いた開口部まわり施工例

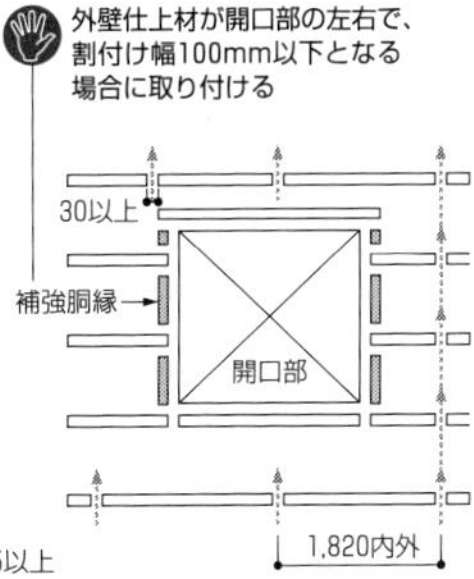

横胴縁を用いた開口部まわり施工例

＊1 小屋裏換気孔に通気する構造とする場合は、小屋裏に浸入する水蒸気量が軒天見切り縁に通気する構造より大きくなるため、小屋裏換気が適切に作用するよう特に注意する。
＊2 通気層内の気流により防風防水材の下端部分がめくれあがり、壁体内に気流が流入しないよう留意する。

図5 外壁に通気層を設け壁体内通気を可能とする構造

工事仕様のポイント

☞ 外壁内通気工法は、外装仕上材の継目等から外壁内に雨水が浸入しても、浸入した雨水や湿気が通気層を通じて屋外に排出されて滞留しにくいため、木部の腐朽を防止する機能を有する。
☞ 万一、モルタル仕上げラス直張り工法などで外壁内通気措置を施さない場合は、雨水や湿気が雨漏りや腐朽の原因となる可能性が高いため、軒の出やけらばの出を十分に確保し、外壁への雨がかりを少なくする対策が必要である。

② 外壁板張り、窯業系サイディング張り

📖 仕様書 165ページ II-8.5

外壁板張り

外壁を板張りとする場合の防水材

❶胴縁を用いて外壁材を取り付ける場合は、胴縁と柱、間柱との間に透湿防水シートを設置する。

❷胴縁を用いずに構造用面材等に外壁材を直張りする場合は、胴縁を用いる場合に比べて壁体内の湿気を屋外に排出しづらく、くぎ穴からの雨水浸入にいっそう留意する必要があるため、防水材はアスファルトフェルト430を設置する。
アスファルトフェルトであっても、くぎ穴止水性に劣るアスファルトフェルト17kgなどは使用しない。

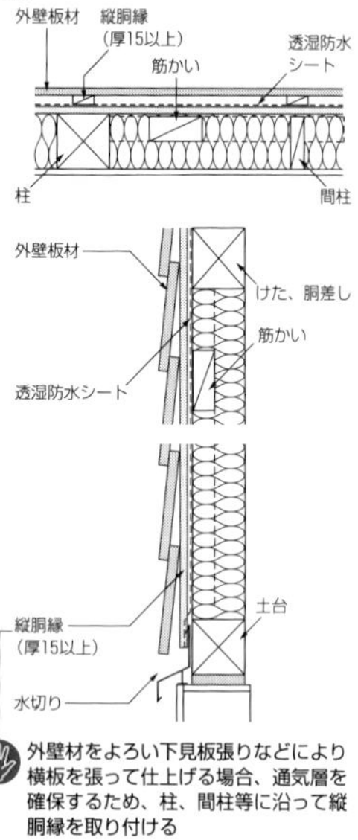

図1 外壁板張りの下地工法例
（筋かい耐力壁の場合）

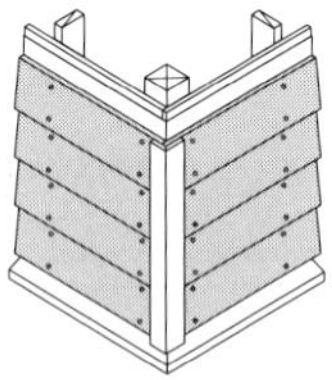

図2 よろい下見板張り
（なんきん下見板張り）

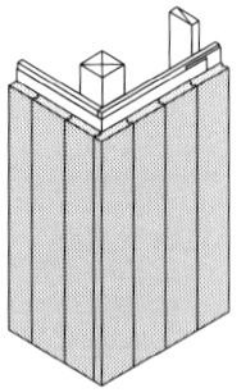

図3 たて羽目張り
（本ざねじゃくり張り）

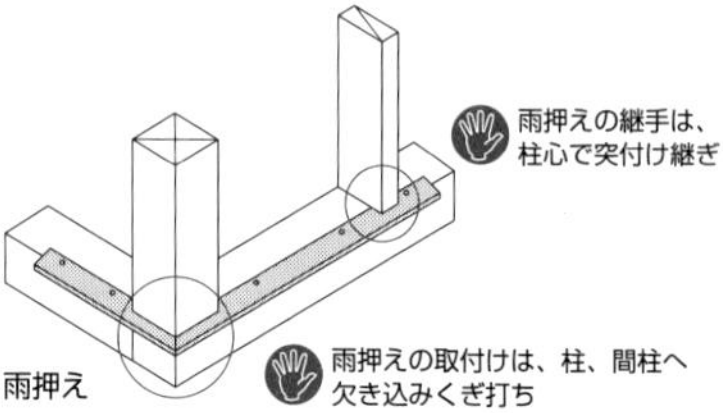

図4 雨押え

📖 仕様書 167ページ II-8.6

窯業系サイディング張り

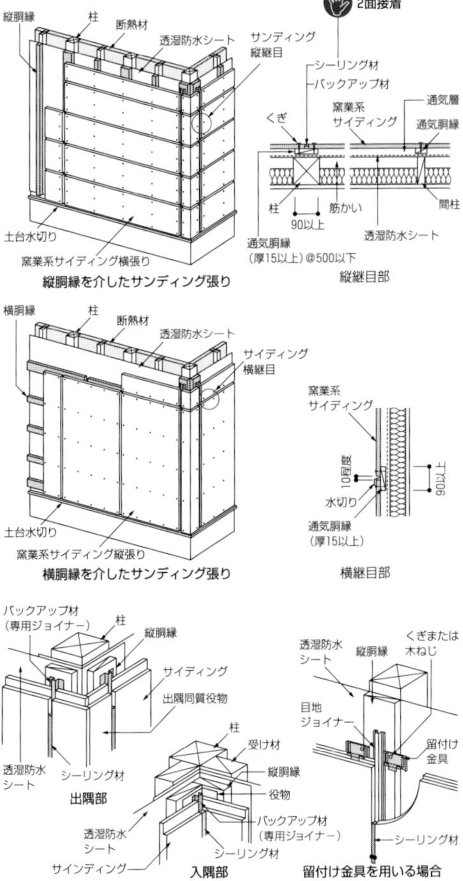

図5 窯業系サイディング張り施工例

工事仕様のポイント

☞ 外装材に設置されたシーリング材の性能が長期にわたり維持されるよう、主に以下の点に留意する。
①耐久性・耐候性が高い材料を選択する。
②被着面を清掃したうえで、設置先の目地部分の動きにできるだけ追従できるように2面接着とする(3面接着を避ける)。
③施工後は、日常的に点検を行い、シーリング材の剥離や切れの発生等を確認した場合は、速やかに補修・交換を実施する。

③ 小屋裏換気、せっこうボード張り

仕様書 小屋裏換気

フラット35 技術基準
169ページ
Ⅱ-8.9.1

小屋裏空間が生じる場合の小屋裏換気は、次の1および2による。ただし、天井面ではなく屋根面に断熱材を施工する場合（屋根断熱）は、小屋裏換気孔は設置しないこととする。

1. 小屋裏換気孔は、独立した小屋裏ごとに2箇所以上、換気に有効な位置に設ける。
2. 換気孔の有効換気面積等は、次のいずれかによる。
   イ. 両妻壁にそれぞれ換気孔（吸排気両用）を設ける場合は、換気孔をできるだけ上部に設けることとし、換気孔の面積の合計は、天井面積の1/300以上とする。
   ロ. 軒裏に換気孔（吸排気両用）を設ける場合は、換気孔の面積の合計を天井面積の1/250以上とする。
   ハ. 軒裏または小屋裏の壁のうち、屋外に面するものに吸気孔を、小屋裏の壁に排気孔を、垂直距離で900mm以上離して設ける場合は、それぞれの換気孔の面積を天井面積の1/900以上とする。
   ニ. 排気筒その他の器具を用いた排気孔は、できるだけ小屋裏頂部に設けることとし、排気孔の面積は天井面積の1/1,600以上とする。また、軒裏または小屋裏の壁のうち、屋外に面するものに設ける吸気孔の面積は、天井面積の1/900以上とする。
   ホ. 軒裏または小屋裏の壁のうち、屋外に面するものに吸気孔を設け、かつ、むね部に排気孔を設ける場合は、吸気孔の面積を天井面積の1/900以上とし、排気孔の面積を天井面積の1/1,600以上とする。

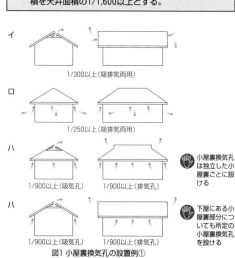

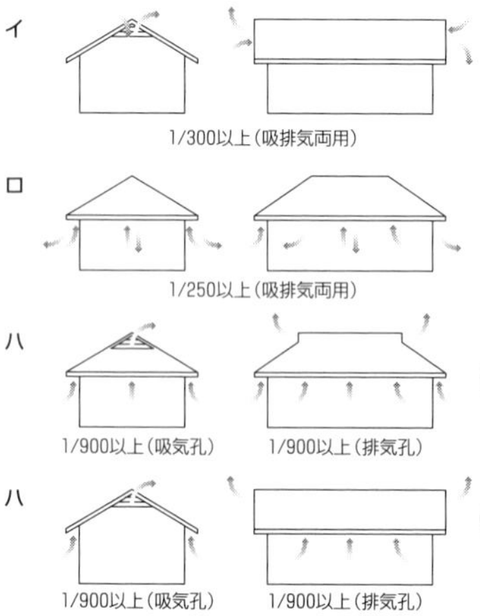

図1 小屋裏換気孔の設置例①

小屋裏換気孔は独立した小屋裏ごとに設ける

下屋にある小屋裏部分についても所定の小屋裏換気孔を設ける

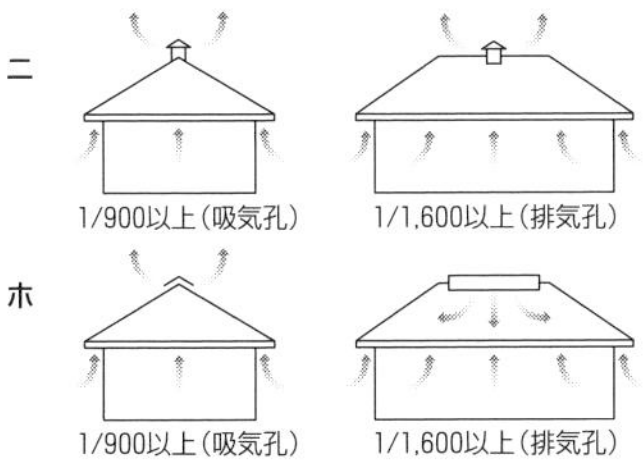

図2 小屋裏換気孔の設置例②

片流れ屋根のけらば軒裏に一様に有孔板を設置する場合は、けらば軒裏に1/250以上（吸排気両用）を確保すればよい

屋根断熱の場合の屋根の施工

天井面ではなく、屋根面に断熱材を施工する場合には、小屋裏換気孔は要さないが、耐久性上支障が出ないような次の措置を講じておくことが望ましい。

断熱材の外側には、通気層（厚さ30mm程度）を設ける。また、断熱材として繊維系断熱材等を使用する場合には、断熱材と通気層の間に防風層を設ける（150ページ・図1「屋根断熱の場合の通気層」、153ページ・図2「取合い部の断熱材施工（例）②」参照）。

仕様書 171ページ Ⅱ-8.11.1

内壁のせっこうボード張り・その他のボード張り／材料

❶せっこうボードの品質は、JIS A 6901（せっこうボード製品）の各種類に適合するもの、またはこれと同等以上の性能を有するものとする。

❷その他ボード類の品質は、次の表1に掲げるもの、またはこれらと同等以上の性能を有するものとする。

表1 その他のボード類の品質

材　種	規　格
インシュレーションボード	JIS A 5905（繊維板）の規格品
MDF	
ハードボード	
吸音用軟質繊維板	JIS A 6301（吸音材料）の規格品
パーティクルボード	JIS A 5908（パーティクルボード）の規格品
化粧パーティクルボード	JIS A 5908（パーティクルボード）の規格品
木毛セメント板	JIS A 5404（木質系セメント板）の規格品
スレート	JIS A 5430（繊維強化セメント板）の規格品
けい酸カルシウム板（タイプ2）	
スラグせっこう板	

工事仕様のポイント

☞ 小屋裏換気孔は、独立した小屋裏ごとに2箇所以上、換気に有効な位置に設ける。

☞ 屋根面に断熱材を施工する場合には小屋裏換気孔は設置しない。ただし、耐久性上支障が出ないよう、断熱材の外側に通気層を設け、必要に応じて防風層を設ける、断熱材の室内側に防湿層を施工する、密閉した天井ふところがある場合は点検口を設けるなどの措置を講じる。

④ 階段、バルコニー床防水、バルコニー手すり

仕様書 174ページ Ⅱ-8.14.1

側げた階段

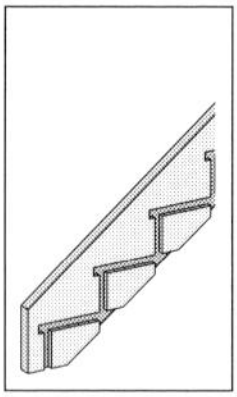

図1 側げた

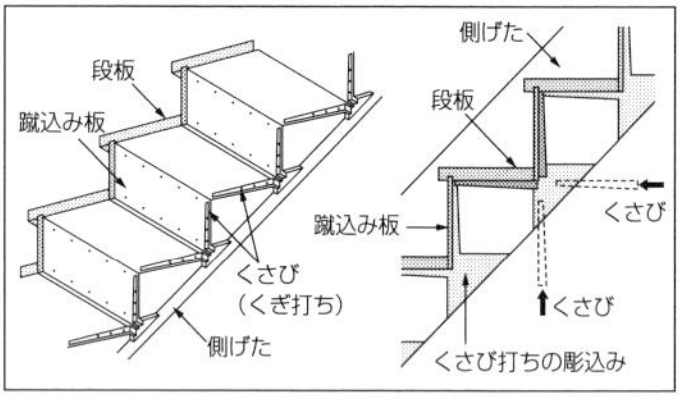

図2 段板・蹴込み板

仕様書 175ページ Ⅱ-8.15

バルコニーの床防水

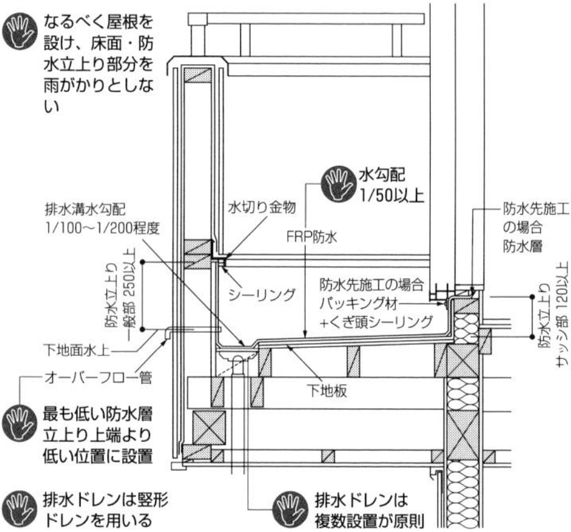

図3 バルコニー床防水例

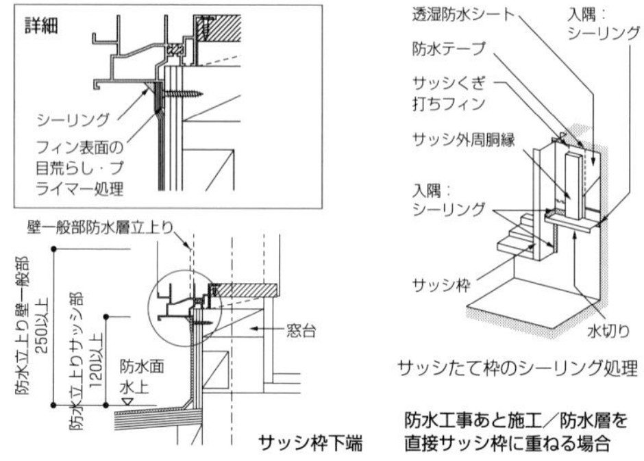

図4 サッシ下部の防水立上りおさまり例①

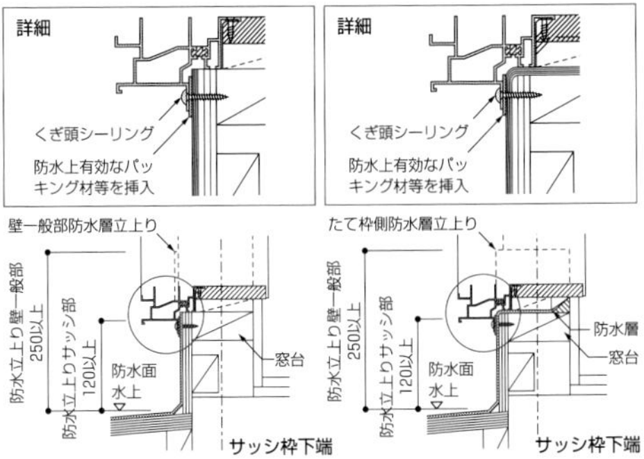

防水工事さき施工／防水層の立上げを窓台上端までとする場合

防水工事さき施工／壁内側へ防水層を巻き込む場合

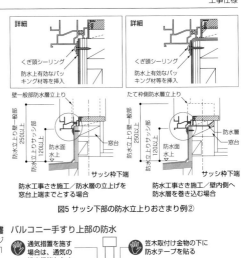

図5 サッシ下部の防水立上りおさまり例②

仕様書 179ページ Ⅱ-8.16.1

バルコニー手すり上部の防水

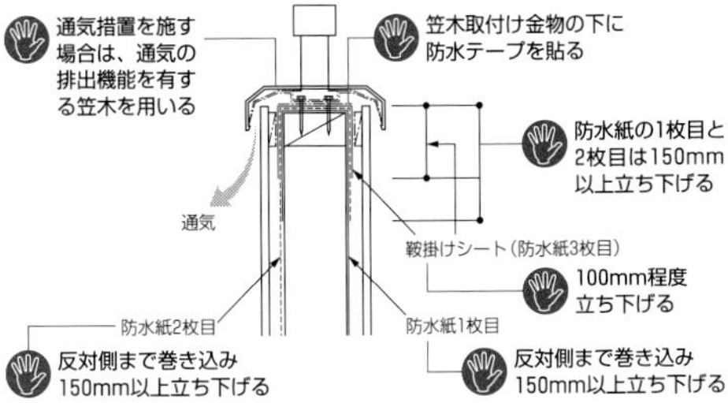

図6 手すり上部の防水の例

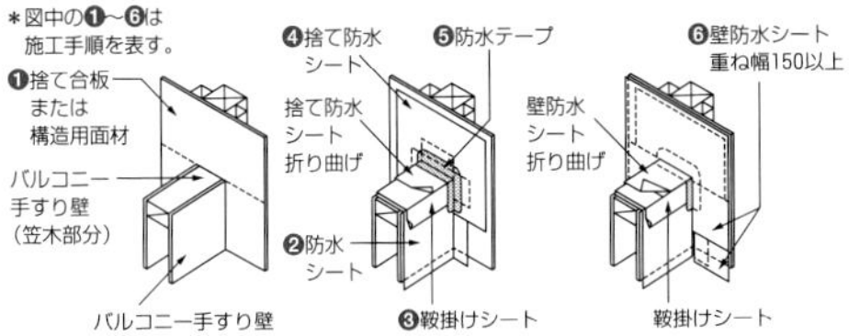

図7 手すりと外壁取合い部の防水紙のおさめ方の例

工事仕様のポイント

☞ サッシ下部の防水立上りおさまりで、防水工事がサッシ取付けに対して「あと施工」の場合は、防水層がサッシたて枠に沿って立ち上がるため、たて枠と防水層端部との取合い部のシーリング処理が重要となる。また、「さき施工」の場合は、サッシの内側に防止層が施工されるため防水性能は高まるが、サッシ固定用のくぎが防水層を打ち抜くため、防水上の欠点となるため注意する。

☞ 笠木取付け金物の下部には、両面防水テープを使用する。

7 左官工事

① モルタル下地ラス張り工法

仕様書 181ページ II-9.2

モルタル下地ラス張り工法
通気工法用ラスモルタル下地（二層下地工法、単層下地工法）

❶二層下地工法は、通気胴縁の屋外側に面材またはラス下地板を施工し、その上に直張りラスモルタル下地と同様の施工をする工法。
❷単層下地工法は、通気胴縁の屋外側に防水紙付きリブラスなどを張る工法。

仕様書 182ページ II-9.2.3

波形ラス張り

❶防水紙は、継目を縦、横とも90mm以上重ね合わせる。留付けはステープルを用い、継目部分は約300mm間隔に、その他の箇所は要所に行い、たるみ、しわのないように張る。
❷波形ラスの継目は縦、横とも30mm以上重ね継ぐ。留付けは、ステープルで100mm以内に下地板に千鳥に留める。
❸出隅・入隅などの継目は、突付けとし、200mm幅の共材のラス（平ラスF450以上）を中央から90°に折り曲げ、上から張り重ねる。また、開口部には200mm×100mmの共材のラス（平ラスF450以上）を各コーナーにできる限り近づけて、斜めに二重張りとする。

仕様書 182ページ II-9.2.4

紙付きリブラス張り

❶紙付きリブラスの張り方は、壁面ごとに下部から留付け上げ、横方向には千鳥状に張り、留め付ける。横方向の継目は30mm以上60mm以内に重ね、縦方向の継目は端部リブ山を重ね、開口端部では継目を設けない。
❷ラスの留付けは、T線以上の線径と足長さが25mm以上のステープルを用い、必ず胴縁下地の上ですべてのリブを留め付ける。
❸出隅、入隅部は突合せとし、補強用平ラスを90°に曲げて下張りしたラスの上から固定する。

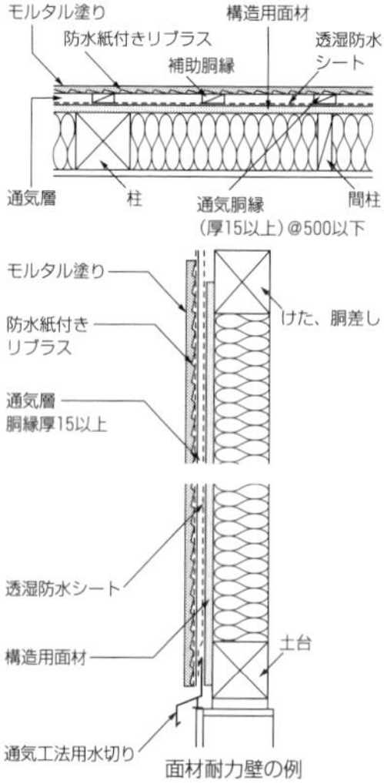

通気用縦胴縁に直接防水紙およびラス張りとする場合の例（単層下地工法）

図1 モルタル下地ラス張り工法①

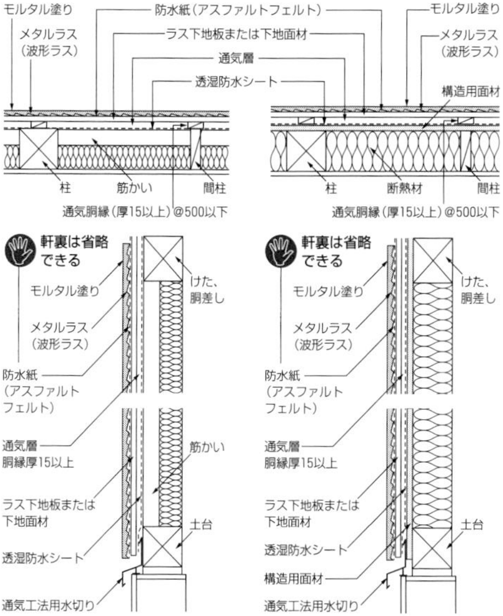

筋かい耐力壁の例　　　　面材耐力壁の例

通気用縦胴縁にラス下地または下地面材を設け、
防水紙およびラス張りとする場合の例(二層下地工法)

図2 モルタル下地張り工法②

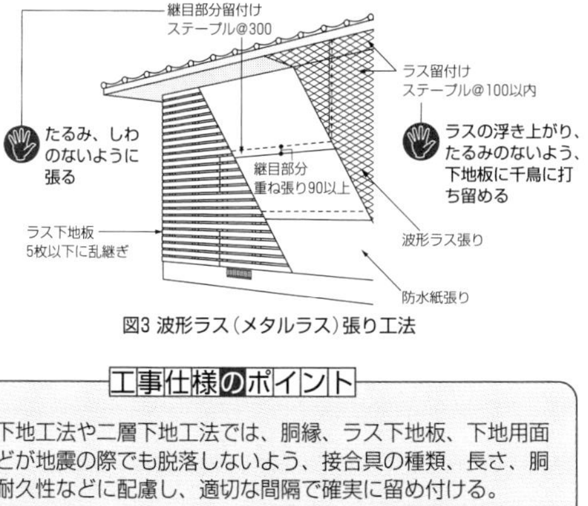

図3 波形ラス(メタルラス)張り工法

工事仕様のポイント

- 単層下地工法や二層下地工法では、胴縁、ラス下地板、下地用面材などが地震の際でも脱落しないよう、接合具の種類、長さ、胴径や耐久性などに配慮し、適切な間隔で確実に留め付ける。
- 通気層の構造は、次のいずれかによる。①土台水切り部から軒天井見切り縁または軒裏通気孔に通気できる構造、②土台水切り部から天井裏を経由し、小屋裏換気孔に通気できる構造。
- 通気胴縁は厚さ15mm以上、幅45mm以上とする。

② モルタル塗り、せっこうプラスター塗り、土壁塗り

仕様書 モルタル塗り／調合

185ページ
Ⅱ-9.3.2

表1 モルタルの調合(容積比)

下 地	塗付け箇 所	下塗り・ラスこすり	むら直し・中塗り	上塗り
		セメント：砂	セメント：砂	セメント：砂：混和材
コンクリートコンクリートブロック	床	−	−	1：2
	内 壁	1：2	1：3	1：3：適量
	外 壁その他	1：2	1：3	1：3：適量
メタルラスラスシート	内 壁	1：3	1：3	1：3：適量
	天 井	1：2	1：3	1：3：適量
	外 壁その他	1：3	1：3	1：3
木毛セメント板	内 壁	1：2	1：3	1：3：適量
	外 壁その他	1：2	1：3	1：3

注1) 混和材(剤)は消石灰、ドロマイトプラスター、ポゾラン、合成樹脂などとする。
2) ラスこすりには、必要であれば、すさ(つた)を混用してもよい。
3) 適量とは、セメントに対する容積比で、無機質系の場合は20%以下、合成樹脂系の場合は0.1～0.5%以下とし、おのおの製造所の仕様による。

砂の粒度

床塗り・中塗り用は荒目のものを、上塗り・薄塗り用は細目のものを用いるが、塗厚に支障がない限り、粒径の大きいものを用いたほうがよい。

容積比

セメント：軽詰状態の単位容積の重量(1.2kg/l)程度。
砂　　　：表面乾燥飽水状態で軽装とした場合の単位容積重量。現場の砂が乾燥している場合は砂の量を減らし、湿っている場合は増やしたほうがよい。

混和材(剤)

大別して消石灰、ドロマイトプラスターなどの無機質系のものと合成樹脂系のものがあり、近年は合成樹脂系が多く用いられる傾向にある。最も普及しているのはMC(メチルセルローズ)とPVA(ポリビニルアルコールもしくはポバール)で、いずれも保水性や弾力性を高める目的で使われる。

仕様書 モルタル塗り／塗厚

186ページ
Ⅱ-9.3.3

表2 モルタルの塗厚　(mm)

下 地	塗付け箇 所	塗 厚			
		下塗り・ラスこすり	むら直し	中塗り	上塗り
コンクリートコンクリートブロック木毛セメント板	床	−	−	−	25
	内 壁	6	0～6	6	3
	外 壁その他	6	0～9	0～6	6
メタルラスラスシート	内 壁	ラス面より1mm程度厚くする	0～6	6	6
	天井・ひさし		−	0～6	3
	外 壁その他		0～9	0～9	6

仕様書 188ページ Ⅱ-9.4.2

せっこうプラスター塗り／調合・塗厚

せっこうプラスターは、焼せっこうを主原料とし、必要に応じて混和剤および増粘剤、凝結遅延剤などを混入したもので、既調合プラスターと現場調合プラスターの2種類がある。なお、現場調合プラスターは、せっこうラスボードの表紙によく付着するように製造されたものである。

表3 せっこうプラスターの調合（容積比）・塗厚

下地	塗り層の種別	骨材配合比（容積比）				白毛すさ(g)、プラスター20kg当たり	塗厚(mm)
		せっこうプラスター			砂		
		既調合プラスター		現場調合プラスター			
		上塗り用	下塗り用				壁
コンクリート コンクリートブロック ラス 木毛セメント板	中塗り	−	1.0	−	2.0	200	8.0
	上塗り	1.0	−	−	−	−	3.0
せっこうラスボード	下塗り	−	注2	1.0	1.5	−	8.0
	中塗り	−	注2	1.0	2.0	−	6.0
	上塗り	1.0	−	−	−	−	3.0

注1）コンクリート下地、コンクートブロック下地、ラス下地および木毛セメント板下地は、むら直しまでモルタル塗りの仕様による。
2）既調合プラスター（下塗り用）を使用する場合は、現場調合プラスターの塗厚欄のみ適用。

仕様書 191ページ Ⅱ-9.7

土壁塗り

表4 壁上塗りの構成

呼称 大分類	呼称 小分類	材料構成	備考
土物砂壁	のりごね	色土+砂+のり+水	すさを若干添加する。
	のりさし	色土+砂+のり+すさ+水	のりごねに比しのりは少量。すさは紙すさを用いる。
	水ごね	色土+砂+すさ+水	
砂壁		色砂+のり	
大津壁	並大津	色土+消石灰+すさ+水	ドロマイトプラスターを混入すると塗りやすい。
	磨大津	同上	並大津より色土・すさを精選する。
しっくい	京ごね	消石灰+のり+すさ	室内仕上げ用。
	真ごね	消石灰+のり+すさ	土蔵や土塀の仕上げによい。

注1）水ごね：主として西京壁で、みじんすさを入れ、水でこねる。
2）のりさし：色土を水ごねし、これにみじんすさとのり液を入れ練り合わせる。
3）のりごね：色土、砂、みじんすさを混入し、のり液で練り合わせる。中塗りとの密着はよい。

工事仕様のポイント

☞ 既調合セメントモルタルは、普通ポルトランドセメントに無機質骨材、無機質軽量骨材、有機質軽量骨材、無機質混和剤、有機質混和剤等をJASS15M-102（既調合セメントモルタルの品質基準）に適合するように製造業者工場で調合した製品であり、練り混ぜ時の重量が普通モルタルの1/2程度で、ひび割れが発生しにくい等の特徴をもつことから、木造住宅等の外壁モルタル塗りに多用されている。

① タイル張り、畳敷き、仕上塗材仕上げ

仕様書 193ページ Ⅱ-10.1.4

タイル張り／壁タイル張り

タイルのはく落を防ぐため、下地との接着を十分に行う。また、タイルは1枚ごとに一定の目地間隔をとり、目地にはひび割れが生じないよう、十分セメントモルタルを詰め込み張り上げる。

表1 工法別張付け用モルタルの塗厚 (mm)

区分			タイル	モルタル塗厚
外装タイル張り	圧着張り(一枚張り)		小口平、二丁掛程度の大きさまで	4~6
	モザイクタイル張り		50mm二丁以下	3~5
内装タイル張り	積上げ張り(ダンゴ張り)		各種	15~40
	圧着張り	一枚張り	100mm 108mm 150mm 200mm	3~4
		ユニット張り	150mm以下	3~4
	モザイクタイル張り		50mm二丁以下	3~5
	接着剤張り		300mm角以下	2~3

表2 タイル張り下地モルタル面の仕上げの程度(例) (mm)

工法の種類	仕上げの程度	下地面の精度
積上げ張り	木ごて押え金ぐし目引き	±3.0
圧着張り	木ごて押え	±2.0
モザイクタイル張り	木ごて押え	±1.5
接着剤張り	金ごて押え	±1.0

*塗り面の精度は、仕上がり面の基準に対し、長さ2mについて示す。

仕様書 194ページ Ⅱ-10.1.5

タイル張り／養生

❶屋外施工において、天候等によりタイルの接着に悪影響を受けるおそれがある場合は、あらかじめシートでおおう。
❷タイル張り施工中やモルタルの硬化中は、タイル張り面に振動や衝撃を加えない。

仕様書 194ページ Ⅱ-10.2.1

畳敷き／材料

畳床

JISは機械床の品質を規定し、畳床1枚の重量や縦横糸間面積・縦糸の縫目間隔により、特、1、2、3級品に分かれている。重量が大きく、糸間面積の小さいものほど上等品とされている。

表3 畳床の標準寸法 (cm)

種類	長さ	幅	厚さ
100W	200	100	5
92W	184	92	5

表4 畳の種類と大きさ* (cm)

名称	大きさ
京間(本京間)	191 × 95.5 (6.3尺×3.15尺)
三六間(中京間)	182 × 91 (6.0尺×3.0尺)
五八間(いなか間)	176 × 88 (5.8尺×2.9尺)

*畳の大きさによる種類は、大別して、京間(きょうま)、三六間(さぶろくま)、五八間(ごはちま)の3種類がある。

📖 仕様書 197ページ Ⅱ-10.7.1

仕上塗材仕上げ／材料

表5 薄付け仕上塗材（セメントリシン、樹脂リシン等）の種類

種　類	呼び名
内装セメント系薄付け仕上塗材	内装薄塗材C
内装消石灰・ドロマイトプラスター系薄付け仕上塗材	内装薄塗材L
外装けい酸質系薄付け仕上塗材	外装薄塗材Si
内装けい酸質系薄付け仕上塗材	内装薄塗材Si
外装合成樹脂エマルション系薄付け仕上塗材	外装薄塗材E
内装合成樹脂エマルション系薄付け仕上塗材	内装薄塗材E
可とう形外装合成樹脂エマルション系薄付け仕上塗材	可とう形外装薄塗材E
防水形外装合成樹脂エマルション系薄付け仕上塗材	防水形外装薄塗材E
外装合成樹脂溶液系薄付け仕上塗材	外装薄塗材S

表6 複層仕上塗材（吹付けタイル等）の種類

種　類	呼び名
ポリマーセメント系複層仕上塗材	複層塗材CE
けい酸質系複層仕上塗材	複層塗材Si
合成樹脂エマルション系複層仕上塗材	複層塗材E
防水形合成樹脂エマルション系複層仕上塗材	防水形複層塗材E
反応硬化型合成樹脂エマルション系複層仕上塗材	複層塗材RE

表7 厚付け仕上塗材（吹付けスタッコ等）の種類

種　類	呼び名
外装セメント系厚付け仕上塗材	外装厚塗材C
内装セメント系厚付け仕上塗材	内装厚塗材C
内装消石灰・ドロマイトプラスター系厚付け仕上塗材	内装厚塗材L
外装けい酸質系厚付け仕上塗材	外装厚塗材Si
内装けい酸質系厚付け仕上塗材	内装厚塗材Si
外装合成樹脂エマルション系厚付け仕上塗材	外装厚塗材E
内装合成樹脂エマルション系厚付け仕上塗材	内装厚塗材E

📖 仕様書 198ページ Ⅱ-10.7.2

仕上塗材仕上げ／下地処理

❶モルタルやプラスター下地にき裂がある場合は、必要に応じてV形にはつり、仕上げに支障のないよう、モルタルや建築用下地調整塗剤（JIS A 6916）などを充填し、14日程度放置する。

❷モルタルおよびプラスターなどの下地の場合は、補修箇所にサンダーがけを行い平滑にする。

表8 下地面の乾燥期間

下地	モルタル面	ドロマイトプラスター面
乾燥期間	夏期　7日以上	14日以上
	冬期　14日以上	

工事仕様のポイント

☞ 接着剤を使用する場合には、次の点に注意する。①接着剤の塗布量は、説明書に記載された使用規定に基づき、過不足ないように塗布する、②溶剤系接着剤を使用する場合は、使用規定に基づいた接着剤の塗布から張付けまでの乾燥時間をとる、③接着剤の施工中、施工後には換気を十分に行う、④有機溶剤は揮発しやすいが、時間の経過とともにその量は急激に少なくなる。施工から入居までは、14日程度以上の期間を置く。

9 建具まわり工事

① 外部建具および止水（1）

📖 仕様書 200ページ Ⅱ-11.1

サッシの止水

窓まわり防水おさまりに関わるサッシの注意点

❶たて枠フィンが上下に延びるため、上下枠端部でたての継目が生じる。この継目の範囲およびフィンが取り合うコーナー部を、防水テープで十分に止水する。
❷一般にフィン幅は、上下枠フィンに比べたて枠フィンのほうが幅が広いため、たて枠に使う防水テープは、上下枠に使うものより1ランク幅広のテープを使う。

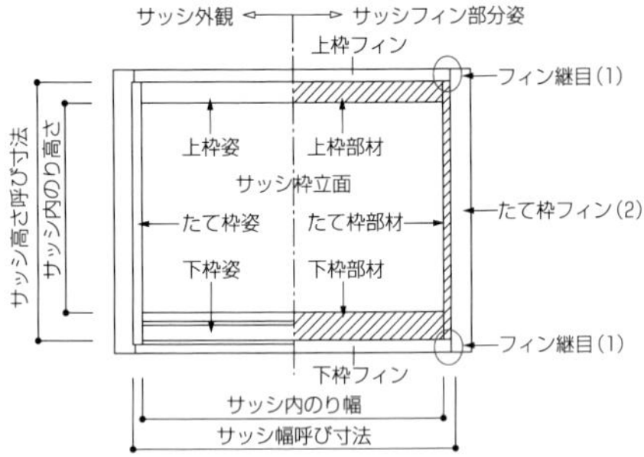

図1 サッシの止水について

📖 仕様書 204ページ Ⅱ-11.1.3

サッシの取付け

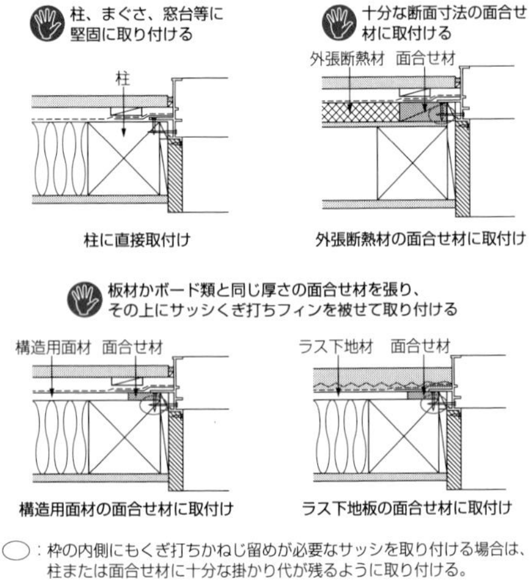

図2 サッシの取付けおさまり（例）／半外付けサッシの場合

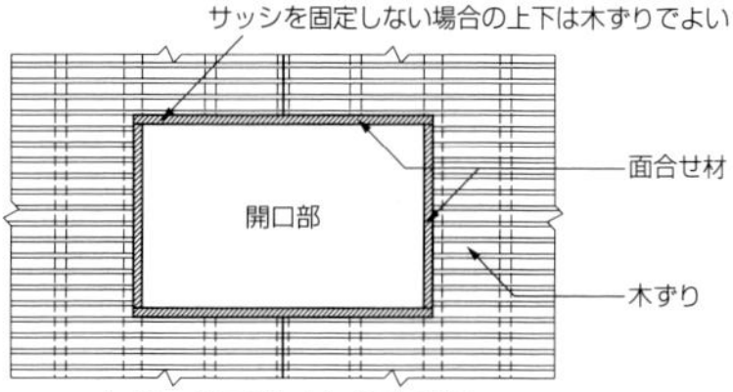

木ずり：開口部左右と上下に設置

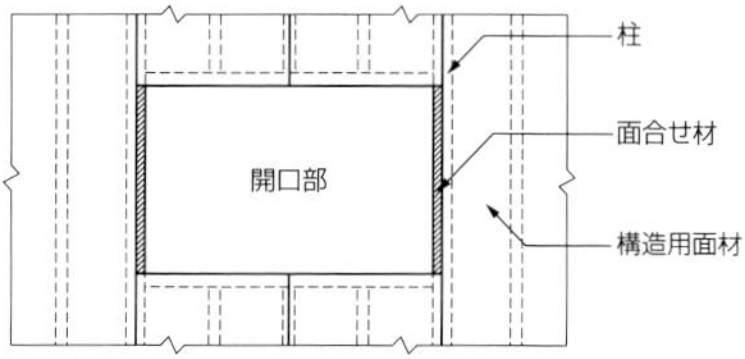

構造用面材（柱心で面材を継ぐ場合）：開口部左右に設置

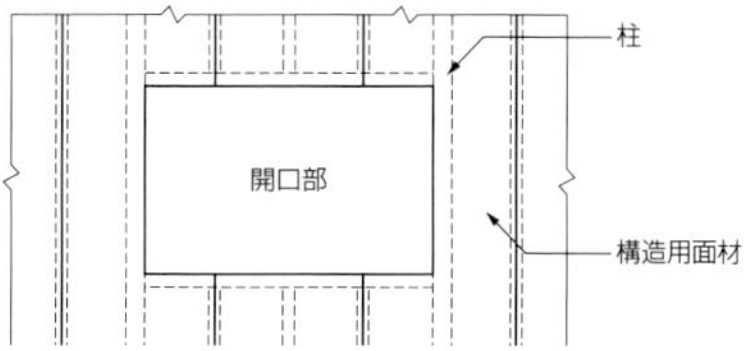

構造用面材（面材をコの字に切り欠く場合）：面合せ材の設置は不要

図3 面合せ材の設置（例）

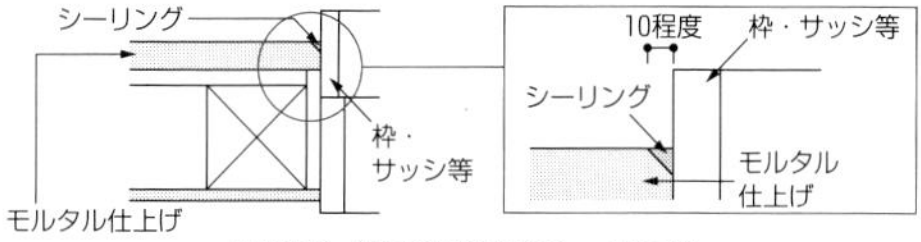

図4 モルタル塗り端部のシーリング

外壁の入隅部へのサッシの取付け

おおむね150mm以上、入隅と反対側に寄せて取り付ける。ただし、外張断熱工法とする場合は、おおむね150mmに断熱材の厚さを加えた寸法分、入隅と反対側に寄せて取り付ける。

工事仕様のポイント

- 外部建具のくぎ打ちフィンと防水シートの間を防水テープ貼りし、水の浸入経路となるすき間が生じないよう処置をする。
- サッシ取付けのおさまりは、耐力壁仕様（筋かい、構造用面材）の違い、外壁内通気層の有無、断熱材の施工位置、外壁仕上材の種類等、その組合せにより構成方法が異なる（図2参照）。
- 輸入サッシは、国内製品に比べ、たて枠、上下枠ともフィン幅が広いため、使用する防水テープの幅に注意する。

② 外部建具および止水(2)

📖 仕様書
206ページ
Ⅱ-11.1.4

建具まわりの止水

湿式外壁仕上げにおけるサッシ周囲のシーリング

湿式仕上げとする際、サッシ周囲にシーリングを行うことは少ないが、湿式壁施工時にサッシ周囲にシーリング目地を設け、硬化後にシーリング材を充填することが望ましい。

先張り防水シート張り

❶先張り防水シートは、サッシを取り付ける前に、窓台と両側の柱に掛かるように張る。
❷シートの材質は、サッシ固定の安定性を考慮して改質アスファルト系のシートが用いられることが多い。
❸窓台と柱の入隅部は、防水テープやサッシ枠材角部防水役物等を用いて止水する。

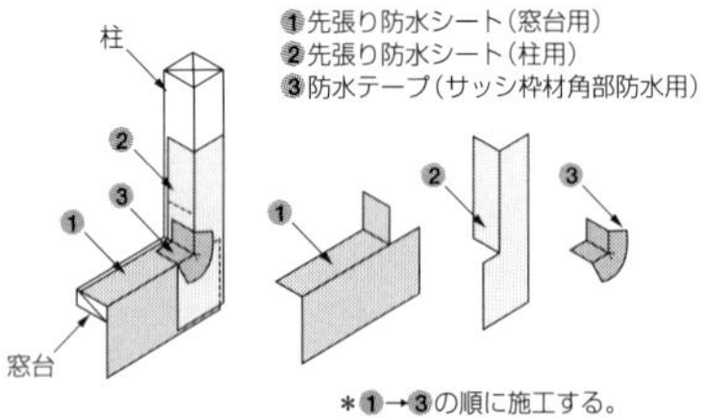

図1 窓台用と柱部用の先張り防水シートを用いた張付け(例)

サッシ周囲の防水テープの貼り方

❶防水テープの貼り方の順序
下窓枠に先張り防水シートを施工し、サッシを取り付けた後、両たて枠、上枠の順に三周に貼る。上枠のテープから、たて枠のテープがはみ出さないように注意する。

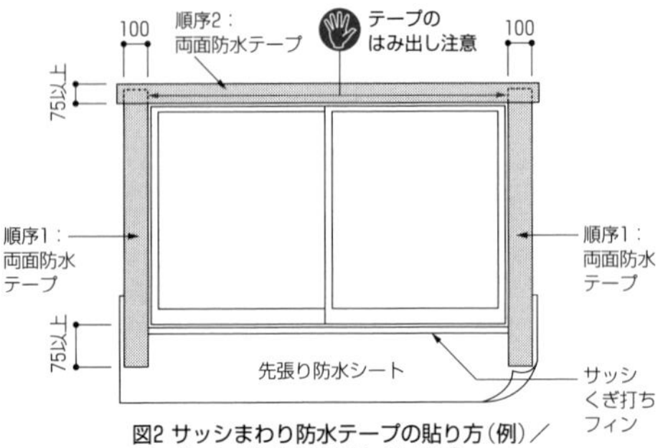

図2 サッシまわり防水テープの貼り方(例)／
サッシ外周胴縁が取り付く場合

❷防水テープの貼り方

防水テープは、両面テープを用いて、サッシくぎ打ちフィンの根元を十分おおい、縦・横の防水テープ交差部にすき間が生じないように貼る。

その際、防水テープは専用ローラー等で押さえて貼り、重ね貼り部は硬いヘラ等でしっかりと押さえ、段差部は特に注意して強く押さえて施工する。また、特に寒冷地で防水テープの粘着性が低下するものもあるため注意する。

表1 防水テープの幅の参考寸法

	防水テープの幅	備　考
サッシ外周胴縁が取り付かない場合	フィン幅25mm＋下地粘着幅25mm＝50mm → 50mm幅以上の防水テープ	くぎ打ちフィン全体をカバーし、かつ下地の面合せ材に粘着できる十分な幅を確保する。
	フィン幅35mm＋下地粘着幅25mm＝60mm → 60mm幅以上の防水テープ（75mm幅等）	
サッシ外周胴縁が取り付く場合	フィン幅25mm＋胴縁幅45mm＝70mm → 70mm幅以上の防水テープ（75mm幅等）	くぎ打ちフィンを避けて下地胴縁を留め付け、防水テープが下地胴縁の幅全体の下敷きとなる寸法（サッシ枠から下地胴縁の反対側まで）の幅を確保する。
	フィン幅35mm＋胴縁幅45mm＝80mm → 80mm幅以上の防水テープ（100mm幅等）	

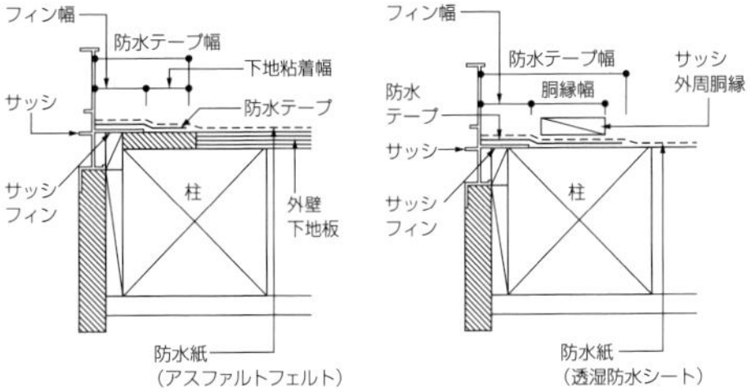

サッシ外周胴縁が取り付かない場合　　サッシ外周胴縁が取り付く場合

図3 防水テープの幅の選択（例）

工事仕様のポイント

- ☞ 外壁開口部の窓台には先張り防水シートを張り、窓台と柱の入隅部は、防水テープまたはサッシ枠材角部防水役物等を用いてすき間が生じないように止水処理を施す。
- ☞ サッシ周囲の防水テープは両面テープを用い、サッシの三周に両たて枠、上枠の順で貼る。
- ☞ 防水テープは、専用ローラー等でしっかり押さえて貼る。
- ☞ 乾式外壁仕上げは、サッシ周囲をシーリング処理する。

③ 外部建具および止水(3)

📖 仕様書
208ページ
Ⅱ-11.1.5

モルタル塗り仕上げ外壁内通気構造のサッシまわりの止水

モルタル塗り仕上げの外壁内通気構造とする場合、外側防水層におけるサッシまわり防水テープの貼り方は、モルタル下地の種類によって異なるため、適切な方法で止水処理を行う。

表1 外壁内通気構造におけるモルタル下地別の止水方法

モルタル下地の種類	止　水　方　法
ラス下地板	サッシたて枠と取り合うラス下地板端部に、防水テープの下地材を取り付けた後、サッシの周囲に、両面テープを下枠→両たて枠→上枠の順に張り、防水紙を下から順に張り上げる(図1、2)。
ボード系下地	サッシの周囲に、両面テープを下枠→両たて枠→上枠の順に張り、防水紙を下から順に張り上げる。
防水紙付きリブラス等を張る工法(単層下地工法)	各下地材製造所の仕様によることとする。

❶～❷の範囲：外壁内通気構造としないラスモルタル塗りと共通(防水紙はアスファルトフェルトとする)
❶～❸の範囲：サイディング仕上げ(外壁内通気構造を含む)と共通
❶～❹の範囲：モルタル塗り仕上げ外壁内通気構造の施工手順(ラス下地板の場合)

❶先張り防水シート張り

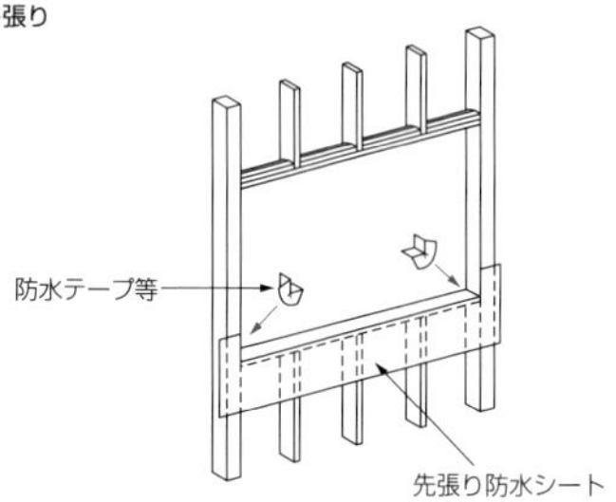

❷防水紙差し込み＋サッシ建込み＋両面防水テープ張り

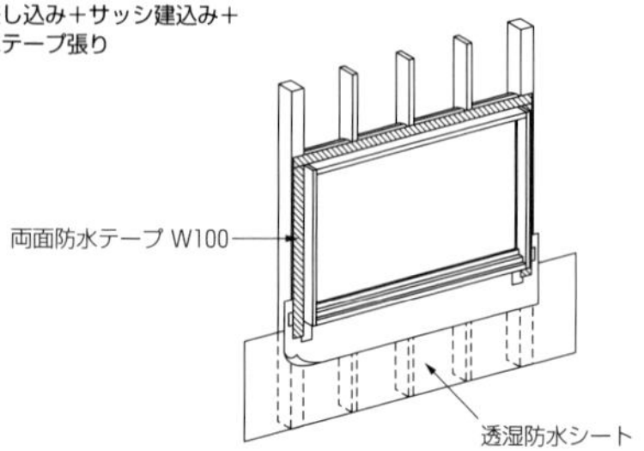

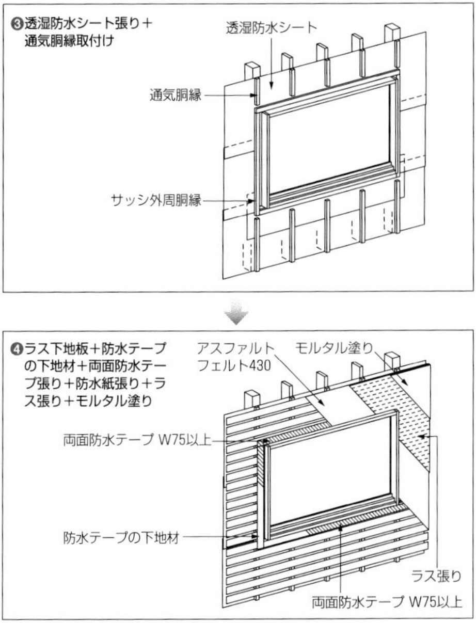

図1 モルタル塗り仕上げ外壁内通気構造の
サッシまわり止水(例)／ラス下地板の場合

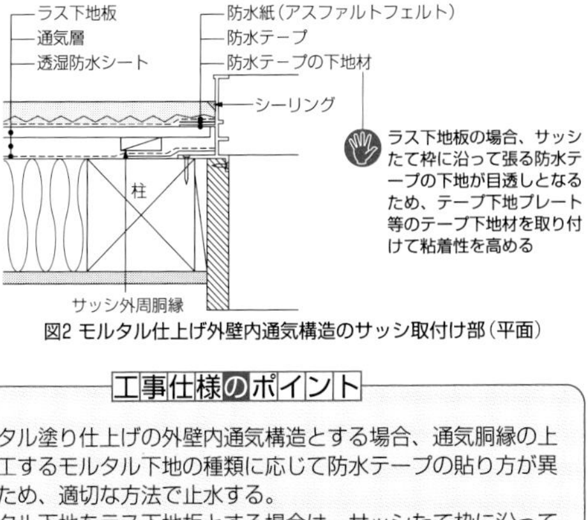

図2 モルタル仕上げ外壁内通気構造のサッシ取付け部(平面)

工事仕様のポイント

- モルタル塗り仕上げの外壁内通気構造とする場合、通気胴縁の上に施工するモルタル下地の種類に応じて防水テープの貼り方が異なるため、適切な方法で止水する。
- モルタル下地をラス下地板とする場合は、サッシたて枠に沿って面合せ材を精度高く取り付けることが難しいため、ラス下地板の目透かしをおおい、防水テープの粘着性を高めるために、テープ下地プレート等のテープ下地材を取り付ける(図2)。

① 給排水設備工事、ガス設備工事、衛生設備工事

仕様書 給排水設備工事／点検口の設置

フラット35 技術基準

216ページ Ⅱ-13.1.1

> 炊事室に設置される給排水配管および給湯管が、仕上材等により隠されている場合には、配管設備を点検するために必要な開口部または掃除口による清掃を行うために、必要な開口を当該仕上材等に設ける。

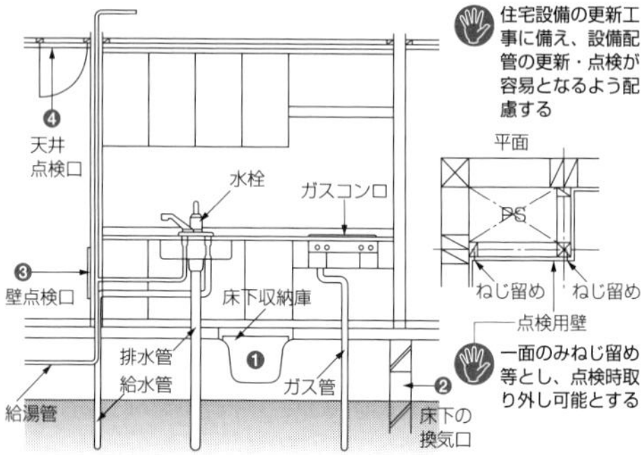

(mm)

❶	床下収納庫の開口を利用して、床下の点検ができる（間口寸法534×534）。
❷	人が出入りできる換気口とし、すべての水まわりの床下へ行けるように設置（間口寸法540×280）。
❸	壁点検口よりパイプスペース部の点検ができる。点検口位置は、配管継手の見える部分とする（開口寸法400×400）。
❹	2階に台所や浴室等のための給排水管がある場合は、天井点検口により天井配管の点検が容易にできる（間口寸法450×450）。

その他の水まわり
・洗面まわりは、厨房まわりと同寸のおさまりとする。
・ボイラーまわりは、すべて露出配管で、天井で立ち上げる（天井に点検口）。

図1 点検口の位置（例）

水道事業者の諸規定

水道法（昭和32年6月15日法律第177号）に基づいて、各地方公共団体が条例を制定し、水道事業者となり、さらに施行規定を設けて給水工事に関する遵守事項を定めている。

仕様書 ガス設備工事／法令等の遵守

218ページ Ⅱ-14.1.1

ガス事業法と液化石油ガス法

ガスの供給方式には、導管によりガスを供給する方式と、ボンベ等で個別に供給する方式がある。前者のうち、簡易なガス発生設備によりガスを発生させ、一つの団地内におけるガスの供給地点の数が70以上のものを「簡易ガス事業」、その他を「一般ガス事業」といい、いずれもガス事業法の規制を受けている。一方、液化石油ガスをボンベ等で一般消費者等に販売する事業を「液化石油ガス販売事業」といい、液化石油ガスの保安の確保

および取引の適正化に関する法律の規制を受ける。ただし、ガス事業法の規制を受ける「一般都市ガス事業」および「簡易ガス事業」は適用除外となっている。

仕様書 衛生設備工事／浄化槽工事
221ページ Ⅱ-16.2

浄化槽の維持管理

浄化槽法（昭和58年5月18日法律第43号）の規定により、浄化槽の所有者には年1回、厚生労働大臣の指定する検査機関が実施する水質検査が義務付けられているほか、所定回数の保守点検や清掃も行う必要がある。

仕様書 衛生設備工事／局所換気設備

フラット35 技術基準
221ページ Ⅱ-16.4.1

炊事室、浴室および便所には、機械換気設備または換気のできる窓を設ける。

仕様書 衛生設備工事／居室等の換気設備
222ページ Ⅱ-16.5

建築基準法の規制（換気設備部分）の概要

❶次のいずれかの換気設備の設置義務付け

表1 換気設備の設置義務付け

a.機械換気設備（b以外）	b.空気を浄化して供給する方式の機械換気設備
○機械換気設備の一般的な技術基準（令第129条の2の5第2項）に適合すること。	
○住宅等の居室で換気回数が毎時0.5回以上の換気量が確保できる有効換気量を有すること。	○住宅等の居室で、換気回数が毎時0.5回以上の有効換気量に相当する有効換気換算量を有することについて、告示基準に適合するもの、または大臣認定を受けたものとすること。
○給気機または排気機は、原則として、換気経路の全圧力損失を考慮して、計算により確かめられた能力を有するものであること。	
○居室の通常の使用時に、作動等の状態の保持に支障が生じないものであること（大風量の換気設備は常時モードへの切り替え運転ができること）。	

＊1つの機械換気設備が2以上の居室に係る場合の有効換気量は、それぞれの居室に必要な有効換気量の合計以上とすること。

❷適用除外

外気に開放された開口部が、床面積当たり15cm²/m²以上である居室および真壁造で、木製建具（通気が確保できるすき間あり）を使用した居室は換気設備が不要。ただし、木製建具を使用した真壁構造の住宅は、伝統的家屋を想定したものであり、現在住宅で用いられている通常の木製サッシを使用したものは、一定の性能を有することから該当しない。

工事仕様のポイント

- ☞ 炊事室に設置される給排水配管・給湯管が、仕上材等により隠されている場合には、配管設備の点検に必要な開口部または掃除口による清掃を行うために、必要な開口を当該仕上材等に設ける。
- ☞ 満水時の質量が15kg超の給湯設備について、転倒防止等の措置の基準が明確化された（平成12年建設省告示第1388号を改正）。
- ☞ 1つの機械換気設備が2以上の居室に係る場合の有効換気量は、それぞれの居室に必要な有効換気量の合計以上とすること。

11 準耐火構造の住宅の仕様

① 45分準耐火構造の住宅の仕様（1）

仕様書
223ページ
Ⅱ-17.1.2
224ページ
Ⅱ-17.1.3

外壁の耐力壁・非耐力壁

表1 外壁の耐力壁・非耐力壁の仕様

		外壁の耐力壁	外壁の非耐力壁
室内に面する部分	防火被覆（いずれか）	①厚15mm以上のせっこうボード張り ②厚12mm以上のせっこうボード＋厚9mm以上のせっこうボード張り ③厚12mm以上のせっこうボード＋厚9mm以上の難燃合板張り ④厚9mm以上のせっこうボード＋厚12mm以上のせっこうボード張り ⑤厚9mm以上の難燃合板＋厚12mm以上のせっこうボード張り ⑥厚7mm以上のせっこうラスボード＋厚8mm以上のせっこうプラスター塗り	①厚12mm以上のせっこうボード張り ②厚8mm以上のスラグせっこう系セメント板張り ただし、延焼のおそれのある部分については、表中「外壁の耐力壁」の「室内に面する部分」による。
屋外に面する部分	防火被覆（いずれか）	①厚12mm以上のせっこうボード＋金属板張り ②「木毛セメント板またはせっこうボード」＋「厚15mm以上のモルタルまたはしっくい塗り」 ③モルタル＋タイル張りで、その厚さの合計が25mm以上のもの ④「セメント板またはかわら」＋モルタル塗りで、その厚さの合計が25mm以上のもの ⑤厚25mm以上のロックウール保温板＋金属板張り	

注）せっこうボードは強化せっこうボードを含む。

防火被覆材の取付け方法

防火被覆材は、柱、間柱その他の垂直部材および土台、はり、胴差しその他の横架材に、以下の留付けをする。

表2 防火被覆材の留め金具の種類と長さ・留付け間隔

			留め金具の種類と長さ				留付け間隔	
			GNFくぎ	木ねじ	ステープル	タッピンねじ	周辺部	中間部
室内に面する部分	1枚張り		40mm以上				150mm以下*1	200mm以下*1
	2枚張り*2	1枚目	40mm以上					
		2枚目	50mm以上					
屋外に面する部分*3	1枚張り		40mm以上				150mm以下*1	200mm以下*1
	2枚張り*2	1枚目	40mm以上					
		2枚目	50mm以上					

＊1 防火被覆材を面材耐力壁として使用するときの間隔は、せっこうボードの場合は周辺部・中間部ともに150mm以下とし、せっこうボード以外の材料の場合は特記による。
＊2 2枚目に張る防火被覆材は、1枚目の防火被覆材と目地が重ならないように割り付ける。
＊3 柱、間柱その他垂直部材は、500mm以下の間隔で配置する。
注）防火被覆材は、目地や取合い部分の裏面に当て木（標準断面寸法は30mm×40mm）を設けて留め付ける。なお、間柱その他の構造材をもって当て木にかえることができる（図2）。

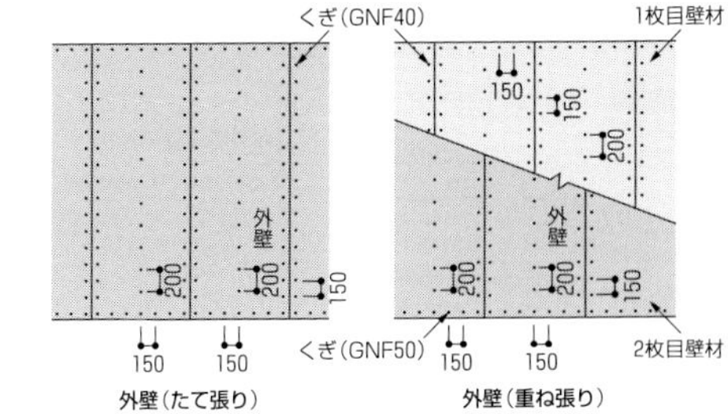

図1 外壁防火被覆材の留付け方法

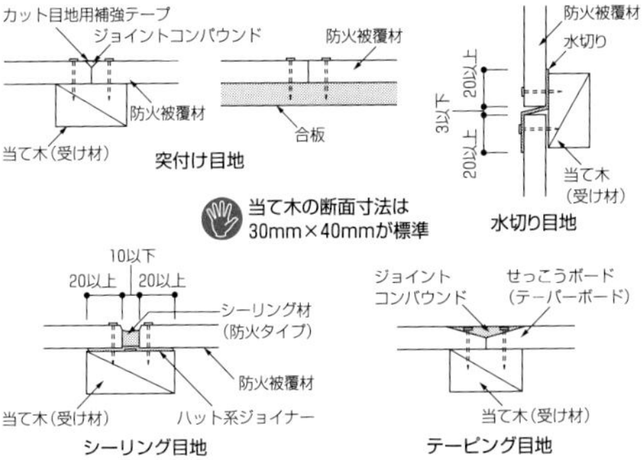

図2 防火被覆材の目地処理

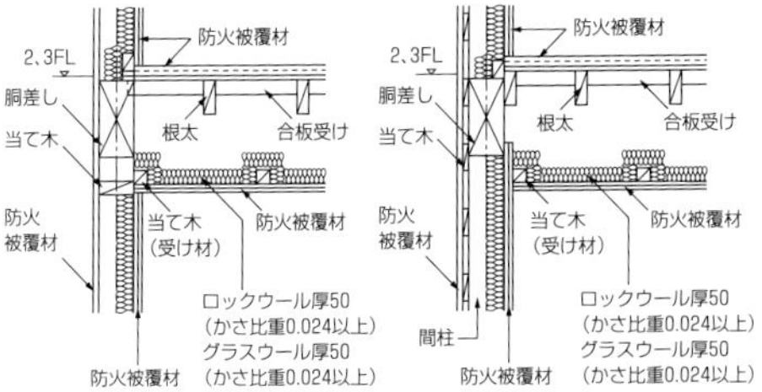

図3 防火被覆材の取合い部

工事仕様のポイント

- 「45分準耐火構造の住宅」とは、主要構造部が建築基準法施行令第107条の2で定める準耐火性能に関する技術的基準に適合する住宅をいう。準耐火性能を満足するものについては、建築基準法第2条第7号の2に基づき、国土交通大臣が定めた構造方法を用いるもの、または国土交通大臣の認定を受けたものと規定している。
- 木ねじ、タッピンねじ等の長さは、防火被覆材の厚さの合計より15mm以上長いものとする。

② 45分準耐火構造の住宅の仕様（2）

仕様書　界壁以外の内壁

227ページ
Ⅱ-17.1.4

表1 界壁以外の内壁の仕様

	界壁以外の内壁の室内に面する部分*1,2
防火被覆（いずれか）	①厚15mm以上のせっこうボード張り ②厚12mm以上のせっこうボード＋厚9mm以上のせっこうボード張り ③厚12mm以上のせっこうボード＋厚9mm以上の難燃合板張り ④厚9mm以上のせっこうボード＋厚12mm以上のせっこうボード張り ⑤厚9mm以上の難燃合板＋厚12mm以上のせっこうボード張り ⑥厚7mm以上のせっこうラスボード＋厚8mm以上のせっこうプラスター塗り 注）せっこうボードは強化せっこうボードを含む。

*1 取付け方法は、102ページ・表2内「室内に面する部分」による。
*2 防火被覆材は、目地や取合い部分の裏面に当て木（標準断面寸法は30mm×40mm）を設けて留め付ける。なお、間柱その他の構造材をもって当て木にかえることができる。

防火被覆材の目地や取合い部は、防火被覆材の内部への炎の侵入を有効に防止できる構造とする

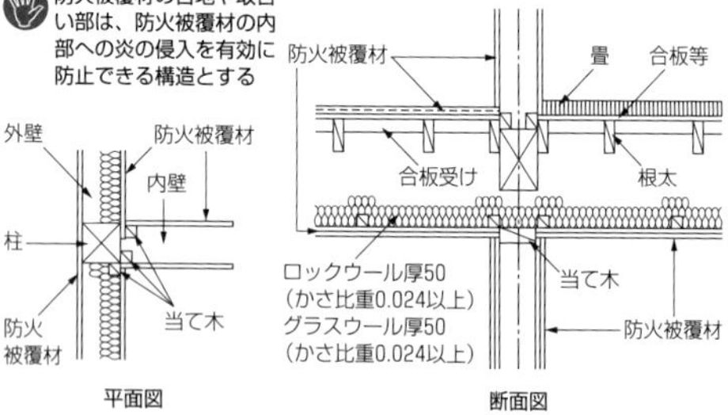

図1 界壁以外の内壁

仕様書　界壁

フラット35
技術基準

227ページ
Ⅱ-17.1.5

連続建ての住戸間の界壁の仕様は、次によることとし、小屋裏または天井裏まで達せしめる。

1. 界壁の厚さ（仕上材料の厚さを含まないものとする）を100mm以上とする。
2. 界壁の内部に、次のいずれかを充填する。
   ①厚さが25mm以上のグラスウール（かさ比重0.02以上）
   ②厚さが25mm以上のロックウール（かさ比重0.04以上）
3. 界壁の両面は、厚さが12mm以上のせっこうボードを2枚張りとする。
4. せっこうボードの留付けは、次表による。

表2 界壁に用いるせっこうボードの取付け方法

		留め金具の種類と長さ				留付け間隔	
		GNFくぎ	木ねじ	ステープル	タッピンねじ	周辺部	中間部
2枚張り*2	1枚目	40mm以上				150mm以下*1	200mm以下*1
	2枚目	50mm以上					

*1 防火被覆材を面材耐力壁として使用するときの間隔は、せっこうボードの場合は周辺部・中間部ともに150mm以下とし、せっこうボード以外の材料の場合は特記による。
*2 2枚目に張る防火被覆材は、1枚目の防火被覆材と目地が重ならないように割り付ける。
注）防火被覆材は、目地や取合い部分の裏面に当て木（標準断面寸法は30mm×40mm）を設けて留め付ける。なお、間柱その他の構造材をもって当て木にかえることができる。

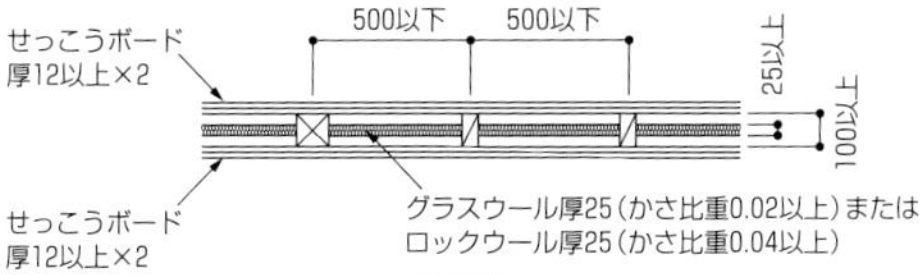

平面図

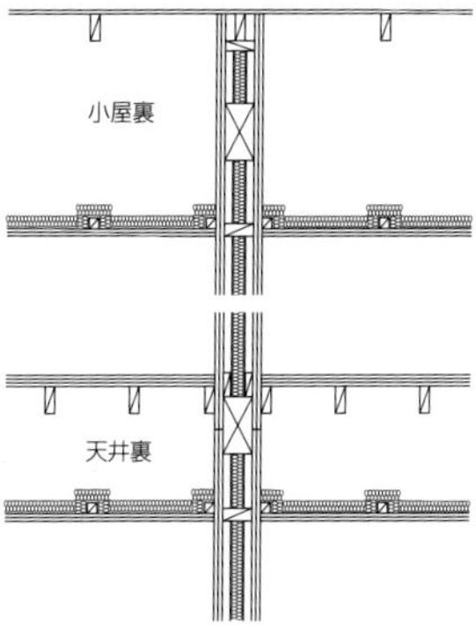

断面図

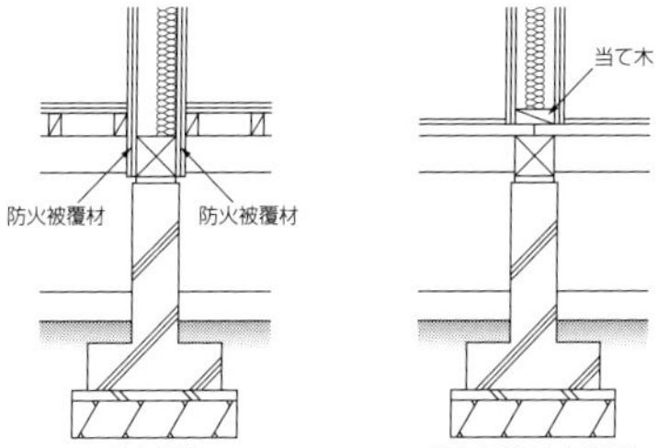

1階床部取合い

図2 連続建ての住戸間の界壁

工事仕様のポイント

☞ 防火被覆材の取合い部は、防火被覆材の内部への炎の侵入を有効に防止できる構造とすることが必要であり、当て木等により有効に防火被覆材を補強することが重要である。

☞ 連続建て、重ね建ての場合の「界壁」および「界床」については、フラット35技術基準の区画に関する規定により、原則として耐火構造または1時間準耐火構造の壁または床とすることが必要となる。

③ 45分準耐火構造の住宅の仕様（3）

仕様書 229ページ Ⅱ-17.1.6

柱

柱の防火被覆は、次表のいずれかとする。ただし、102ページ・表1内「外壁の耐力壁」の「室内に面する部分」および「屋外に面する部分」、または次表に掲げる防火被覆を設けた壁の内部にあるものについては、これによらないことができる。

表1 柱の仕様

	柱*1,2
防火被覆（いずれか）	①厚15mm以上のせっこうボード張り ②厚12mm以上のせっこうボード＋厚9mm以上のせっこうボード張り ③厚12mm以上のせっこうボード＋厚9mm以上の難燃合板張り ④厚9mm以上のせっこうボード＋厚12mm以上のせっこうボード張り ⑤厚9mm以上の難燃合板＋厚12mm以上のせっこうボード張り ⑥厚7mm以上のせっこうラスボード＋厚8mm以上のせっこうプラスター塗り 注）せっこうボードは強化せっこうボードを含む。

＊1 取付け方法は、102ページ・表2内「室内に面する部分」による。
＊2 防火被覆材は、目地や取合い部分の裏面に当て木（標準断面寸法は30mm×40mm）を設けて留め付ける。なお、間柱その他の構造材をもって当て木にかえることができる。

仕様書 229ページ Ⅱ-17.1.7

界床以外の床（最下階の床を除く）

表2 界床以外の床（最下階の床を除く）の仕様

	床の表側の部分	床の裏側の部分または直下の天井*1,2
防火被覆（いずれか）	①畳敷きの床（ポリスチレンフォームの畳床を除く） ②「厚12mm以上の構造用合板、構造用パネル、パーティクルボードまたはデッキプレート（以下「合板等」という）」＋厚9mm以上のせっこうボード張り ③厚12mm以上の合板等＋厚8mm以上の硬質木片セメント板張り ④厚12mm以上の合板等＋厚9mm以上の軽量気泡コンクリート張り ⑤厚12mm以上の合板等＋厚9mm以上のモルタル、コンクリート（軽量コンクリートおよびシンダーコンクリートを含む）敷き流し ⑥厚12mm以上の合板等＋厚9mm以上のせっこうを塗ったもの ⑦厚30mm以上の木材（木材で造られた荒床の厚さを含む）	①厚15mm以上の強化せっこうボード張り ②厚12mm以上の強化せっこうボード張りとし、その裏側に厚50mm以上のロックウール（かさ比重0.024以上）、または厚50mm以上のグラスウール（かさ比重0.024以上）のいずれかを充填

＊1 取付け方法は、表3による。
＊2 防火被覆材は、目地や取合い部分の裏面に当て木（標準断面寸法は30mm×40mm）を設けて留め付ける。なお、根太、野縁等の横架材をもって当て木にかえることができる。

表3 防火被覆材の留め金具の種類と長さ・留付け間隔

		留め金具の種類と長さ				留付け間隔	
		GNFくぎ	木ねじ	ステープル	タッピンねじ	周辺部	中間部
1枚張り		40mm以上				100mm以下	150mm以下
2枚張り*1	1枚目	40mm以上				100mm以下	150mm以下
	2枚目	50mm以上					

＊1 2枚目に張る防火被覆材は、1枚目の防火被覆材と目地が重ならないように割り付ける。

📖 仕様書　界床

フラット35 技術基準

重ね建ての住戸間の界床の仕様は、次表による。

229ページ
Ⅱ-17.1.8

表4 界床の仕様

	床の表側の部分	床の裏側の部分 または直下の天井*1,2
防火被覆（いずれか）	①畳敷きの床（ポリスチレンフォームの畳床を除く） ②「厚12mm以上の構造用合板、構造用パネル、パーティクルボードまたはデッキプレート（以下「合板等」という）」+厚12mm以上のせっこうボード張り ③厚12mm以上の合板等+厚12mm以上の硬質木片セメント板張り ④厚12mm以上の合板等+厚12mm以上の軽量気泡コンクリート板張り ⑤厚12mm以上の合板等+厚12mm以上のモルタル、コンクリート（軽量コンクリートおよびシンダーコンクリートを含む）敷き流し ⑥厚12mm以上の合板等+厚12mm以上のせっこう敷き流し ⑦厚40mm以上の木材（木材で造られた荒床の厚さを含む）	①厚12mm以上のせっこうボード+厚12mm以上のせっこうボード張りとし、その裏側に厚50mm以上のロックウール（かさ比重0.024以上）、または厚50mm以上のグラスウール（かさ比重0.024以上）のいずれかを充填 ②厚12mm以上の強化せっこうボード+厚12mm以上の強化せっこうボード張り ③厚15mm以上の強化せっこうボードの裏側に、厚50mm以上のロックウール（かさ比重0.024以上）、または厚50mm以上のグラスウール（かさ比重0.024以上）のいずれかを充填 ④厚12mm以上の強化せっこうボード+厚9mm以上のロックウール吸音板張り

＊1 取付け方法は、106ページ・表3による。
＊2 防火被覆材は、目地や取合い部分の裏面に当て木（標準断面寸法は30mm×40mm）を設けて留め付ける。なお、根太、野縁等の横架材をもって当て木にかえることができる。

📖 仕様書　はり

230ページ
Ⅱ-17.1.9

はりの防火被覆は、次表のいずれかとする。ただし、106ページ・表2「界床以外の床（最下階の床を除く）の仕様」に掲げる防火被覆を設けた床の内部にあるものについては、これによらないことができる。

表5 はりの仕様

	はり*1,2
防火被覆（いずれか）	①厚15mm以上の強化せっこうボード張り ②厚12mm以上の強化せっこうボード張りとし、その裏側に厚50mm以上のロックウール（かさ比重0.024以上）、または厚50mm以上のグラスウール（かさ比重0.024以上）のいずれかを充填

＊1 取付け方法は、106ページ・表3による。
＊2 防火被覆材は、目地や取合い部分の裏面に当て木（標準断面寸法は30mm×40mm）を設けて留め付ける。なお、根太、野縁等の横架材をもって当て木にかえることができる。

工事仕様のポイント

☞ 106ページ・表2内「床の表側の部分」に列記した防火被覆材には、仕上材としての仕様を兼ねているものと、下地材としての仕様を示しているものがある。後者のうち、せっこうボードやせっこう敷き流しのままの場合には、せっこうが割れてしまう可能性があるため、この上に合板等を敷いてから仕上げを行うのが望ましい。

☞ 床の裏側の部分または直下の天井の防火被覆は、バスユニット上部の天井（または直上の床の裏側）も必要である。

④ 45分準耐火構造の住宅の仕様（4）

仕様書 屋根・軒裏

230ページ
Ⅱ-17.1.10

屋根（軒裏を除く）の表側の部分は不燃材料で造り、またはふく。

表1 屋根・軒裏の仕様

	屋根の裏側の部分または屋根の直下の天井*2,3	軒裏*1,2,3
防火被覆（いずれか）	①厚12mm以上の強化せっこうボード張り ②厚9mm以上のせっこうボード2枚張り ③厚12mm以上のせっこうボード張りとし、その裏側に厚50mm以上のロックウール（かさ比重0.024以上）、または厚50mm以上のグラスウール（かさ比重0.024以上）のいずれかを充填 ④厚12mm以上の硬質木片セメント板張り ⑤厚20mm以上の鉄網モルタル塗り ⑥繊維混入けい酸カルシウム板を2枚以上張ったもので、その厚さの合計が16mm以上のもの ⑦102ページ・表1内「外壁の耐力壁」の「屋外に面する部分」に掲げる防火被覆材	①厚12mm以上の硬質木片セメント板張り ②厚20mm以上の鉄網モルタル塗り ③繊維混入けい酸カルシウム板を2枚以上張ったもので、その厚さの合計が16mm以上のもの ④102ページ・表1内「外壁の耐力壁」の「屋外に面する部分」に掲げる防火被覆材

＊1 外壁によって小屋裏または天井裏と防火上有効に遮られているものを除く。
＊2 取付け方法は、106ページ・表3による。
＊3 防火被覆材は、目地や取合い部分の裏面に当て木（標準断面寸法は30mm×40mm）を設けて留め付ける。なお、たる木、根太、野縁等の横架材をもって当て木にかえることができる。

仕様書 階段

231ページ
Ⅱ-17.1.11

木材で造る場合の段板および段板を支えるけたは、❶～❸のいずれかとする。

❶厚さ6cm以上。
❷厚さ3.5cm以上とし、段板の裏側、かつ、ささら桁の外側を、それぞれ次のいずれかの被覆材で被覆する。

段板の裏側	ささら桁の外側	
	室内側	屋外側
①厚12mm以上の強化せっこうボード張り ②厚9mm以上のせっこうボード2枚張り ③厚12mm以上のせっこうボード張りとし、その裏側に厚50mm以上のロックウール（かさ比重0.024以上）、または厚50mm以上のグラスウール（かさ比重0.024以上）のいずれかを充填 ④厚12mm以上の硬質木片セメント板張り ⑤102ページ・表1内「外壁の耐力壁」の「屋外に面する部分」に掲げる防火被覆材	①厚12mm以上のせっこうボード張り ②厚8mm以上のスラグせっこう系セメント板張り ただし、延焼のおそれのある部分については、102ページ・表1内「外壁の耐力壁」の「室内に面する部分」による。	①厚12mm以上のせっこうボード＋金属板張り ②「木毛セメント板またはせっこうボード」＋「厚15mm以上のモルタルまたはしっくい塗り」 ③モルタル＋タイル張りで、その厚さの合計が25mm以上のもの ④「セメント板またはかわら」＋モルタル塗りで、その厚さの合計が25mm以上のもの ⑤厚25mm以上のロックウール保温板＋金属板張り

❸段板の裏側、かつ、ささら桁の外側を、それぞれ次のいずれかの被覆材で被覆する。

段板の裏側	ささら桁の外側	
	室内側	屋外側
①厚15mm以上の強化せっこうボード張り ②厚12mm以上の強化せっこうボード張りとし、その裏側に厚50mm以上のロックウール（かさ比重0.024以上）、または厚50mm以上のグラスウール（かさ比重0.024以上）のいずれかを充填	①厚15mm以上のせっこうボード張り ②厚12mm以上のせっこうボード＋厚9mm以上のせっこうボード張り ③厚12mm以上のせっこうボード＋厚9mm以上の難燃合板張り ④厚9mm以上のせっこうボード＋厚12mm以上のせっこうボード張り ⑤厚9mm以上の難燃合板＋厚12mm以上のせっこうボード張り ⑥厚7mm以上のせっこうラスボード＋厚8mm以上のせっこうプラスター塗り	①厚12mm以上のせっこうボード＋金属板張り ②「木毛セメント板またはせっこうボード」＋「厚15mm以上のモルタルまたはしっくい塗り」 ③モルタル＋タイル張りで、その厚さの合計が25mm以上のもの ④「セメント板またはかわら」＋モルタル塗りで、その厚さの合計が25mm以上のもの ⑤厚25mm以上のロックウール保温板＋金属板張り

注）せっこうボードは強化せっこうボードを含む。

📖 仕様書 232ページ Ⅱ-17.1.12

その他の措置

壁内部

耐火構造以外の主要構造部である壁には、防火被覆の内部での火災伝播を有効に防止するため、次のいずれかまたはこれらと同等以上のファイヤーストップ材を3m以内ごとに設ける（軒げた、はり、胴差し等の横架材がファイヤーストップ材としての機能を果たしている場合を除く）。

❶幅が柱等と同寸法以上、せいが3.5cm以上の木材
❷厚12mm以上のせっこうボード
❸厚8mm以上のスラグせっこう系セメント板
❹厚50mm以上のロックウール（かさ比重0.024以上）
❺厚50mm以上のグラスウール（かさ比重0.024以上）

工事仕様のポイント

☞ 耐火構造以外の主要構造部である壁と床および屋根の接合部、階段と床の接合部には、防火被覆の内部での火災伝播を有効に防止するために、ファイヤーストップ材を設ける。

☞ 防火被覆を施した壁、床または天井に設ける照明器具、天井換気孔、コンセントボックス、スイッチボックスその他これらに類するものの周辺部には、防火上支障のない措置を講じる。

⑤ 1時間準耐火構造の住宅の仕様（1）

仕様書 外壁の耐力壁・非耐力壁

232ページ
Ⅱ-17.2.2
233ページ
Ⅱ-17.2.3

表1 外壁の耐力壁・非耐力壁の仕様

		外壁の耐力壁	外壁の非耐力壁
室内に面する部分	防火被覆（いずれか）	①厚12mm以上のせっこうボード＋厚12mm以上のせっこうボード張り ②厚8mm以上のスラグせっこう系セメント板＋厚12mm以上のせっこうボード張り ③厚16mm以上の強化せっこうボード張り ④厚9mm以上の難燃合板＋厚12mm以上の強化せっこうボード張り ⑤厚9mm以上のせっこうボード＋厚12mm以上の強化せっこうボード張り ⑥厚12mm以上の強化せっこうボード＋厚9mm以上の難燃合板張り ⑦厚12mm以上の強化せっこうボード＋厚9mm以上のせっこうボード張り	①厚12mm以上のせっこうボード張り ②厚8mm以上のスラグせっこう系セメント板張り ただし、延焼のおそれのある部分については、表中「外壁の耐力壁」の「室内に面する部分」による。
屋外に面する部分	防火被覆（いずれか）	①厚18mm以上の硬質木片セメント板張り ②厚20mm以上の鉄網モルタル塗り	①厚12mm以上のせっこうボード＋金属板張り ②「木毛セメント板またはせっこうボード」＋「厚15mm以上のモルタルまたはしっくい塗り」 ③モルタル＋タイル張りで、その厚さの合計が25mm以上のもの ④「セメント板またはかわら」＋モルタル塗りで、その厚さの合計が25mm以上のもの ⑤厚25mm以上のロックウール保温板＋金属板張り ただし、延焼のおそれのある部分については、表中「外壁の耐力壁」の「屋外に面する部分」による。

注）せっこうボードは強化せっこうボードを含む。

表2 防火被覆材の留め金具の種類と長さ・留付け間隔

			留め金具の種類と長さ				留付け間隔	
			GNFくぎ	木ねじ	ステープル	タッピンねじ	周辺部	中間部
室内に面する部分	1枚張り		40mm以上				150mm以下*1	200mm以下*1
	2枚張り*2	1枚目	40mm以上					
		2枚目	50mm以上					
屋外に面する部分*3	1枚張り		40mm以上				150mm以下*1	200mm以下*1
	2枚張り*2	1枚目	40mm以上					
		2枚目	50mm以上					

＊1 防火被覆材を面材耐力壁として使用するときの間隔は、せっこうボードの場合は周辺部・中間部ともに150mm以下とし、せっこうボード以外の材料の場合は特記による。
＊2 2枚目に張る防火被覆材は、1枚目の防火被覆材と目地が重ならないように割り付ける。
＊3 柱、間柱その他垂直部材は、500mm以下の間隔で配置する。
注）防火被覆材は、目地や取合い部分の裏面に当て木（標準断面寸法は30mm×40mm）を設けて留め付ける。なお、間柱その他の構造材をもって当て木にかえることができる。

仕様書 界壁以外の内壁

233ページ
Ⅱ-17.2.4

表3 界壁以外の内壁の仕様

	界壁以外の内壁の室内に面する部分*1,2
防火被覆（いずれか）	①厚12mm以上のせっこうボード＋厚12mm以上のせっこうボード張り ②厚8mm以上のスラグせっこう系セメント板＋厚12mm以上のせっこうボード張り ③厚16mm以上の強化せっこうボード張り ④厚9mm以上の難燃合板＋厚12mm以上の強化せっこうボード張り ⑤厚9mm以上のせっこうボード＋厚12mm以上の強化せっこうボード張り ⑥厚12mm以上の強化せっこうボード＋厚9mm以上の難燃合板張り ⑦厚12mm以上の強化せっこうボード＋厚9mm以上のせっこうボード張り 注）せっこうボードは強化せっこうボードを含む。

＊1 取付け方法は、110ページ・表2内「室内に面する部分」による。
＊2 防火被覆材は、目地や取合い部分の裏面に当て木（標準断面寸法は30mm×40mm）を設けて留め付ける。なお、間柱その他の構造材をもって当て木にかえることができる。

📖 仕様書　界壁

フラット35 技術基準

234ページ
Ⅱ-17.2.5

連続建ての住戸間の界壁の仕様は、次によることとし、小屋裏または天井裏まで達せしめる。

1. 界壁の厚さ（仕上材料の厚さを含まないものとする）を100mm以上とする。
2. 界壁の内部に、次のいずれかを充填する。
   ①厚さが25mm以上のグラスウール（かさ比重0.02以上）
   ②厚さが25mm以上のロックウール（かさ比重0.04以上）
3. 界壁の両面は、厚さが12mm以上のせっこうボードを2枚張りとする。
4. せっこうボードの留付けは、次表による。

表4 界壁に用いるせっこうボードの取付け方法

		留め金具の種類と長さ				留付け間隔	
		GNFくぎ	木ねじ	ステープル	タッピンねじ	周辺部	中間部
2枚張り*2	1枚目	40mm以上				150mm以下*1	200mm以下*1
	2枚目	50mm以上					

＊1 防火被覆材を面材耐力壁として使用するときの間隔は、せっこうボードの場合は周辺部・中間部ともに150mm以下とし、せっこうボード以外の材料の場合は特記による。
＊2 2枚目に張る防火被覆材は、1枚目の防火被覆材と目地が重ならないように割り付ける。
注）防火被覆材は、目地や取合い部分の裏面に当て木（標準断面寸法は30mm×40mm）を設けて留め付ける。なお、間柱その他の構造材をもって当て木にかえることができる。

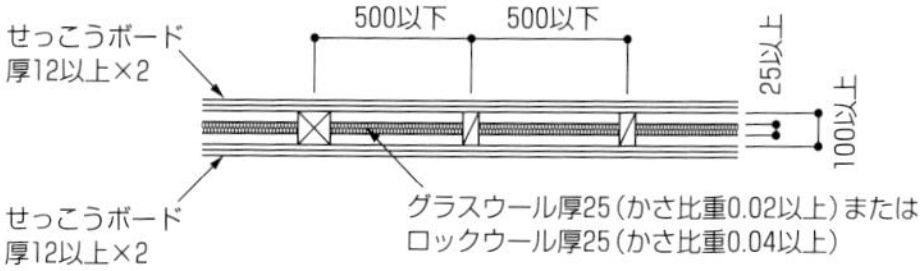

平面図

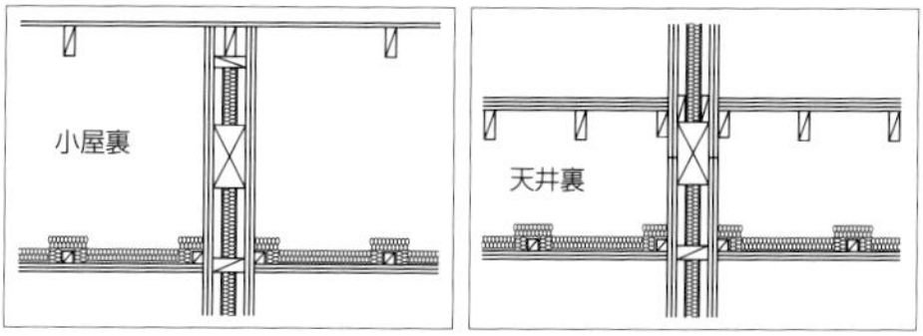

断面図

＊1階床部の取合いは105ページ・図2参照。

図1 連続建ての住戸間の界壁*

工事仕様のポイント

☞「1時間準耐火構造の住宅」とは、建築基準法第2条第9号の3のイに該当する準耐火建築物のうち、壁、柱、床、はりおよび屋根の軒裏の構造が、建築基準法施行令第112条第2項に該当する耐火性能（通常の火災時の加熱に1時間以上耐える性能）を有する住宅をいう。この性能を満足するものについては、国土交通大臣が定めた構造方法を用いるもの、または国土交通大臣の認定を受けたものと規定している。

6 1時間準耐火構造の住宅の仕様(2)

仕様書 柱

234ページ
Ⅱ-17.2.6

柱の防火被覆は、次表のいずれかとする。ただし、110ページ・表1内「外壁の耐力壁」の「室内に面する部分」および「屋外に面する部分」、または次表に掲げる防火被覆を設けた壁の内部にあるものについては、これによらないことができる。

表1 柱の仕様

	柱*1,2
防火被覆(いずれか)	①厚12mm以上のせっこうボード+厚12mm以上のせっこうボード張り ②厚8mm以上のスラグせっこう系セメント板+厚12mm以上のせっこうボード張り ③厚16mm以上の強化せっこうボード張り ④厚9mm以上の難燃合板+厚12mm以上の強化せっこうボード張り ⑤厚9mm以上のせっこうボード+厚12mm以上の強化せっこうボード張り ⑥厚12mm以上の強化せっこうボード+厚9mm以上の難燃合板張り ⑦厚12mm以上の強化せっこうボード+厚9mm以上のせっこうボード張り 注)せっこうボードは強化せっこうボードを含む。

*1 取付け方法は、110ページ・表2内「室内に面する部分」による。
*2 防火被覆材は、目地や取合い部分の裏面に当て木(標準断面寸法は30mm×40mm)を設けて留め付ける。なお、間柱その他の構造材をもって当て木にかえることができる。

仕様書 界床以外の床(最下階の床を除く)

234ページ
Ⅱ-17.2.7

表2 界床以外の床(最下階の床を除く)の仕様

	床の表側の部分	床の裏側の部分または直下の天井*1,2
防火被覆(いずれか)	①畳敷きの床(ポリスチレンフォームの畳床を除く) ②「厚12mm以上の構造用合板、構造用パネル、パーティクルボードまたはデッキプレート(以下「合板等」という)」+厚12mm以上のせっこうボード張り ③厚12mm以上の合板等+厚12mm以上の硬質木片セメント板張り ④厚12mm以上の合板等+厚12mm以上の軽量気泡コンクリート板張り ⑤厚12mm以上の合板等+厚12mm以上のモルタル、コンクリート(軽量コンクリートおよびシンダーコンクリートを含む)敷き流し ⑥厚12mm以上の合板等+厚12mm以上のせっこう敷き流し ⑦厚40mm以上の木材(木材で造られた荒床の厚さを含む)	①厚12mm以上のせっこうボード+厚12mm以上のせっこうボード張りとし、その裏側に厚50mm以上のロックウール(かさ比重0.024以上)、または厚50mm以上のグラスウール(かさ比重0.024以上)のいずれかを充填 ②厚12mm以上の強化せっこうボード+厚12mm以上の強化せっこうボード張り ③厚15mm以上の強化せっこうボードの裏側に、厚50mm以上のロックウール(かさ比重0.024以上)、または厚50mm以上のグラスウール(かさ比重0.024以上)のいずれかを充填 ④厚12mm以上の強化せっこうボード+厚9mm以上のロックウール吸音板張り

*1 取付け方法は、表3による。
*2 防火被覆材は、目地や取合い部分の裏面に当て木(標準断面寸法は30mm×40mm)を設けて留め付ける。なお、根太、野縁等の横架材をもって当て木にかえることができる。

表3 防火被覆材の留め金具の種類と長さ・留付け間隔

		留め金具の種類と長さ				留付け間隔	
		GNFくぎ	木ねじ	ステープル	タッピンねじ	周辺部	中間部
1枚張り		40mm以上				100mm以下	150mm以下
2枚張り*1	1枚目	40mm以上				100mm以下	150mm以下
	2枚目	50mm以上					

*1 2枚目に張る防火被覆材は、1枚目の防火被覆材と目地が重ならないように割り付ける。

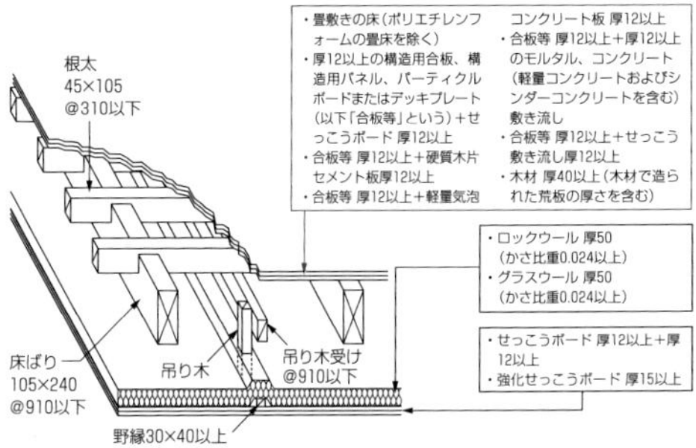

天井内に断熱材を敷く場合

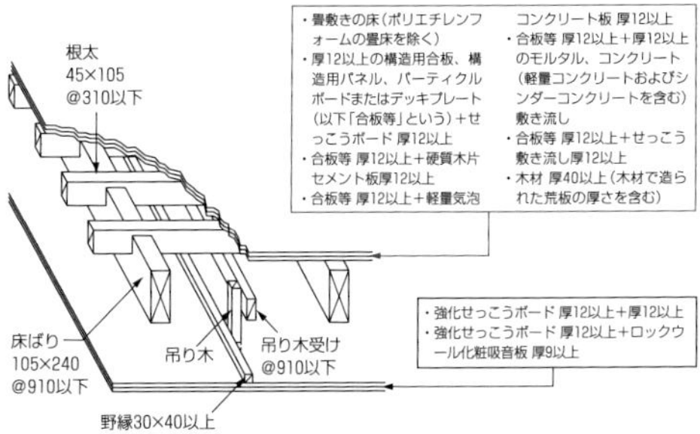

天井内に断熱材を敷かない場合

図1 界床以外の床(最下階の床を除く)

仕様書 界床

フラット35
技術基準

235ページ
II-17.2.8

重ね建ての住戸間の界床の仕様は、112ページ・表2および表3による。

工事仕様のポイント

- 連続建て、重ね建ての場合の「界壁」および「界床」については、フラット35技術基準の区画に関する規定により、原則として耐火構造または1時間準耐火構造の壁または床とすることが必要となる。
- 木ねじ、タッピンねじ等の長さは、防火被覆材の厚さの合計より15mm以上長いものとする。

⑦ 1時間準耐火構造の住宅の仕様（3）

仕様書 235ページ Ⅱ-17.2.9

はり

はりの防火被覆は、次表のいずれかとする。ただし、112ページ・表2「界床以外の床（最下階の床を除く）の仕様」に掲げる防火被覆を設けた床の内部にあるものについては、これによらないことができる。

表1 はりの仕様

	はり＊1､2
防火被覆（いずれか）	①厚12mm以上のせっこうボード＋厚12mm以上のせっこうボード張りとし、その裏側に厚50mm以上のロックウール（かさ比重0.024以上）、または厚50mm以上のグラスウール（かさ比重0.024以上）のいずれかを充填 ②厚12mm以上の強化せっこうボード＋厚12mm以上の強化せっこうボード張り ③厚15mm以上の強化せっこうボードの裏側に、厚50mm以上のロックウール（かさ比重0.024以上）、または厚50mm以上のグラスウール（かさ比重0.024以上）のいずれかを充填 ④厚12mm以上の強化せっこうボード＋厚9mm以上のロックウール吸音板張り

＊1 取付け方法は、112ページ・表3による。
＊2 防火被覆材は、目地や取合い部分の裏面に当て木（標準断面寸法は30mm×40mm）を設けて留め付ける。なお、根太、野縁等の横架材をもって当て木にかえることができる。

仕様書 235ページ Ⅱ-17.2.10

屋根・軒裏

屋根（軒裏を除く）の表側の部分は不燃材料で造り、またはふく。

表2 屋根・軒裏の仕様

	屋根の裏側の部分または屋根の直下の天井＊2､3	延焼のおそれのある部分にある軒裏＊1､2､3	軒裏＊2､3（延焼のおそれのある部分にある軒裏＊1を除く）
防火被覆（いずれか）	①厚12mm以上の強化せっこうボード張り ②厚9mm以上のせっこうボード2枚張り ③厚12mm以上のせっこうボード張りとし、その裏側に厚50mm以上のロックウール（かさ比重0.024以上）、または厚50mm以上のグラスウール（かさ比重0.024以上）のいずれかを充填 ④厚12mm以上の硬質木片セメント板張り ⑤厚20mm以上の鉄網モルタル塗り ⑥繊維混入けい酸カルシウム板を2枚以上張ったもので、その厚さの合計が16mm以上のもの ⑦102ページ・表1内「外壁の耐力壁」の「屋外に面する部分」に掲げる防火被覆材	①厚15mm以上の強化せっこうボード＋金属板張り ②厚18mm以上の硬質木片セメント板張り ③厚20mm以上の鉄網モルタル塗り ④繊維混入けい酸カルシウム板を2枚以上張ったもので、その厚さの合計が16mm以上のもの	①厚12mm以上の硬質木片セメント板張り ②厚20mm以上の鉄網モルタル塗り ③繊維混入けい酸カルシウム板を2枚以上張ったもので、その厚さの合計が16mm以上のもの ④102ページ・表1内「外壁の耐力壁」の「屋外に面する部分」に掲げる防火被覆材

＊1 外壁によって小屋裏または天井裏と防火上有効に遮られているものを除く。
＊2 取付け方法は、112ページ・表3による。
＊3 防火被覆材は、目地や取合い部分の裏面に当て木（標準断面寸法は30mm×40mm）を設けて留め付ける。なお、たる木、根太、野縁等の横架材をもって当て木にかえることができる。

仕様書 階段

236ページ
Ⅱ-17.2.11

木材で造る場合の段板および段板を支えるけたは、❶～❸のいずれかとする。

❶厚さ6cm以上。

❷厚さ3.5cm以上とし、段板の裏側、かつ、ささら桁の外側を、それぞれ次のいずれかの被覆材で被覆する。

段板の裏側	ささら桁の外側	
	室内側	屋外側
①厚12mm以上の強化せっこうボード張り ②厚9mm以上のせっこうボード2枚張り ③厚12mm以上のせっこうボード張りとし、その裏側に厚50mm以上のロックウール(かさ比重0.024以上)、または厚50mm以上のグラスウール(かさ比重0.024以上)のいずれかを充填 ④厚12mm以上の硬質木片セメント板張り ⑤102ページ・表1内「外壁の耐力壁」の「屋外に面する部分」に掲げる防火被覆材	①厚12mm以上のせっこうボード張り ②厚8mm以上のスラグせっこう系セメント板張り ただし、延焼のおそれのある部分については、102ページ・表1内「外壁の耐力壁」の「室内に面する部分」による。	①厚12mm以上のせっこうボード＋金属板張り ②「木毛セメント板またはせっこうボード」＋「厚15mm以上のモルタルまたはしっくい塗り」 ③モルタル＋タイル張りで、その厚さの合計が25mm以上のもの ④「セメント板またはかわら」＋モルタル塗りで、その厚さの合計が25mm以上のもの ⑤厚25mm以上のロックウール保温板＋金属板張り

❸段板の裏側、かつ、ささら桁の外側を、それぞれ次のいずれかの被覆材で被覆する。

段板の裏側	ささら桁の外側	
	室内側	屋外側
①厚15mm以上の強化せっこうボード張り ②厚12mm以上の強化せっこうボード張りとし、その裏側に厚50mm以上のロックウール(かさ比重0.024以上)、または厚50mm以上のグラスウール(かさ比重0.024以上)のいずれかを充填	①厚15mm以上のせっこうボード張り ②厚12mm以上のせっこうボード＋厚9mm以上のせっこうボード張り ③厚12mm以上のせっこうボード＋厚9mm以上の難燃合板張り ④厚9mm以上のせっこうボード＋厚12mm以上のせっこうボード張り ⑤厚9mm以上の難燃合板＋厚12mm以上のせっこうボード張り ⑥厚7mm以上のせっこうラスボード＋厚8mm以上のせっこうプラスター塗り	①厚12mm以上のせっこうボード＋金属板張り ②「木毛セメント板またはせっこうボード」＋「厚15mm以上のモルタルまたはしっくい塗り」 ③モルタル＋タイル張りで、その厚さの合計が25mm以上のもの ④「セメント板またはかわら」＋モルタル塗りで、その厚さの合計が25mm以上のもの ⑤厚25mm以上のロックウール保温板＋金属板張り

注）せっこうボードは強化せっこうボードを含む。

仕様書 その他の措置

236ページ
Ⅱ-17.2.12

109ページ「その他の措置」参照。

12 省令準耐火構造の住宅の仕様

① 屋根、外壁・軒裏

仕様書　省令準耐火構造の住宅の仕様

238ページ
Ⅱ-18.1

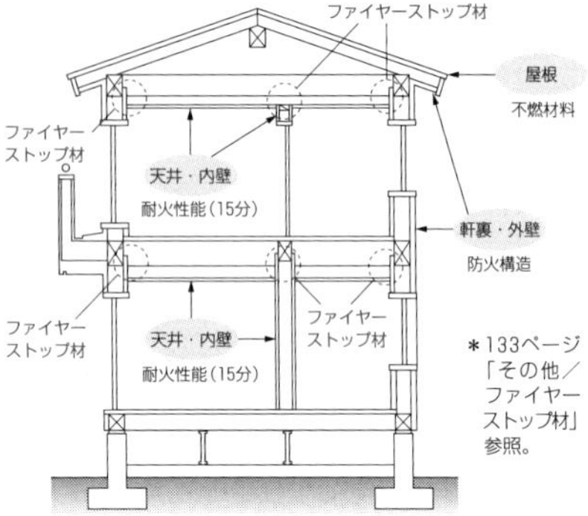

注1）法令上の制約がない場合、開口部に防火設備を設置する必要はない。
　2）界床以外の場合、床の仕上げに関する制約はない。

図1 省令準耐火構造の住宅の概要

仕様書　屋根

フラット35技術基準

241ページ
Ⅱ-18.2

屋根は、次のいずれかとする。

イ.不燃材料（建築基準法第2条第9号に規定する不燃材料をいう）で造るか、またはふく。

ロ.準耐火構造（屋外に面する部分を準不燃材料で造ったものに限る）とする。

ハ.耐火構造（屋外に面する部分を準不燃材料で造ったもので、かつ、その勾配が水平面から30°以内のものに限る）の屋外面に断熱材（ポリエチレンフォーム、ポリスチレンフォーム、硬質ポリウレタンフォームその他これらに類する材料を用いたもので、その厚さの合計が50mm以下のものに限る）および防水材（アスファルト防水工法、改質アスファルトシート防水工法、塩化ビニル樹脂系シート防水工法、ゴム系シート防水工法または塗膜防水工法を用いたものに限る）を張ったものとする。

ニ.前各号に定めるもの以外の仕様とする場合は、建築基準法施行令第136条の2の2第1号および第2号の規定に適合するものとして、国土交通大臣が認めるものとする。

仕様書　外壁・軒裏

フラット35技術基準

241ページ
Ⅱ-18.2

1.外壁および軒裏は、次のいずれかとする。

イ.鉄網モルタル塗りで、塗厚を20mm以上とする。

ロ.木毛セメント板張りまたはせっこうボード張りの上に、

厚さ15mm以上モルタルを塗る。
ハ.モルタル塗りの上にタイルを張り、その厚さの合計を25mm以上とする。
ニ.セメント板張りまたはかわら張りの上にモルタルを塗り、その厚さの合計を25mm以上とする。
ホ.イからニに掲げるもの以外の防火構造（建築基準法第2条第8号に規定する構造をいう。以下同じ）とする。
ヘ.前各号に定めるもの以外の仕様による場合は、建築基準法第2条第8号の規定に基づき国土交通大臣が認めるものとする。
2.1に掲げる材料の品質は、JISに適合するもの、またはこれと同等以上の性能を有するものとする。

住宅の外壁の仕様

省令準耐火構造の住宅では、外壁を建築基準法に定める防火構造とすることが必要である。平成12年の建築基準法改正による性能規定化以後、外壁を防火構造とする場合は、屋外側に加え、屋内側も一定の仕様とすることが必要となっている（例：屋内側に厚さ9.5mm以上のせっこうボード張り等）。
さらに省令準耐火構造の住宅とする場合、壁の室内に面する部分については、15分以上の耐火性能を求めており、外壁を防火構造としただけでは、省令準耐火構造が求める外壁の室内側の防火被覆の仕様（例：厚さ12mm以上のせっこうボード張り等）を満たさない場合があるので注意が必要である。

外壁の室内に面する部分を防火構造とする場合には、室内側、屋外側の両面から防火構造の仕様を満たす必要がある。

軒裏換気の仕様

軒裏については防火構造を求めているが、小屋裏換気のための換気部材に制限をしていないため、ダンパーを設ける必要はない。また、防火構造の大臣認定を取得した不燃系ボードに小屋裏換気用の小さな孔を開けた有孔ボードを設置することも可能である。

工事仕様のポイント

☞「省令準耐火構造」は、住宅金融支援機構の融資等に特有の構造で、建築基準法で定める準耐火構造に準ずる防耐火性能をもつ構造として、次のとおり定められている。
①外壁・軒裏が防火構造
②屋根は不燃材料で造り、またはふく
③天井・壁の室内に面する部分が火災時に15分間以上耐える性能
④①～③のほか、住宅の各部分が防火上支障のない構造等

② 界壁以外の部分の内壁

仕様書 界壁以外の部分の内壁

フラット35 技術基準
241ページ
Ⅱ-18.3

1. 外壁の室内に面する部分の防火被覆または構造は、次のいずれかによる。ただし、外壁を防火構造の認定を受けたものとする場合は、2のロまたはハとすることができる。また、防火被覆材の取付け方法は、126ページ「壁張り」による。
   イ. 厚さ12mm以上のせっこうボード張り
   ロ. 厚さ9.5mm以上のせっこうボード2枚張り
   ハ. 防火構造
2. 1以外の室内に面する壁の防火被覆または構造は、次のいずれかによる。防火被覆材の取付け方法は、126ページ「壁張り」による。
   イ. 厚さ12mm以上のせっこうボード張り
   ロ. 厚さ9mm以上のせっこうボード2枚張り
   ハ. 厚さ7mm以上のせっこうラスボード張りの上に、厚さ8mm以上のプラスター塗り
   ニ. 防火構造
3. 柱および間柱と1および2の防火被覆材の間に面材（「補助面材」という。以下同じ）を設ける場合は、次のいずれかとし、その厚さは9mm以上とする。
   イ. 構造用合板
   ロ. 構造用パネル
   ハ. ミディアムデンシティファイバーボードまたはハードファイバーボード
   ニ. パーティクルボード
   ホ. 木質系セメント板で、不燃材料または準不燃材料であるもの
   ヘ. パルプセメント板で、不燃材料または準不燃材料であるもの
   ト. 繊維強化セメント板で、不燃材料または準不燃材料であるもの（ただしスレートの波板を除く）
   チ. 火山性ガラス質複層板で、不燃材料または準不燃材料であるもの
   リ. せっこうボード製品で、不燃材料または準不燃材料であるもの
4. 1、2および3に掲げる材料の品質は、JISまたはJASに適合するもの、もしくはこれと同等以上の性能を有するものとする。

表1 界壁以外の部分の内壁の防火被覆

部位		防火被覆（mm）
A	外壁の室内に面する部分	せっこうボード厚12以上
		せっこうボード厚9.5以上×2
		防火構造
B	上記A以外の室内に面する部分	せっこうボード厚12以上
		せっこうボード厚9以上×2
		せっこうラスボード厚7以上＋プラスター塗り厚8以上
		防火構造

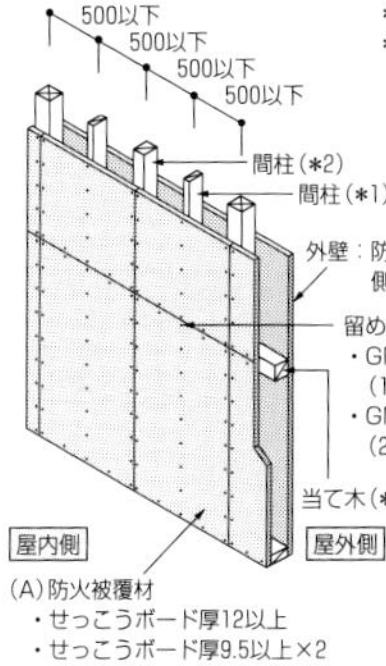

図1 外壁の室内に面する部分の防火被覆（例）

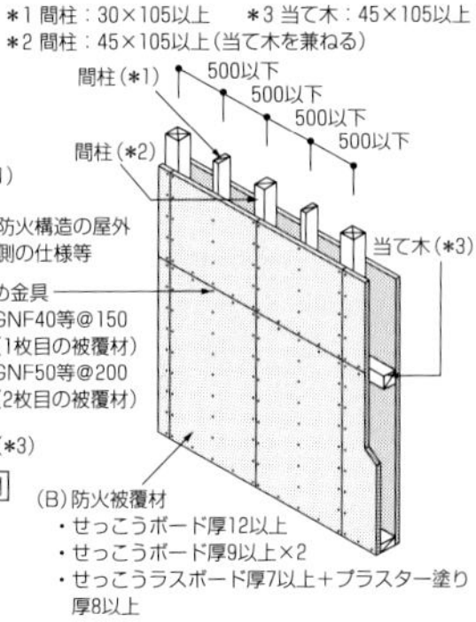

図2 間仕切り壁の防火被覆（例）

表2 壁（界壁以外）の留め金具の種類と長さ・留付け間隔*1

			留め金具の種類と長さ				留付け間隔	
			GNFくぎ	ステープル	木ねじ	タッピンねじ	外周部	中間部
壁（界壁以外）	1枚張り		GNF40以上	40mm以上	28mm以上		150mm以内*2	
	2枚張り	1枚目	GNF40以上	40mm以上	28mm以上		150mm以内*2	
		2枚目	GNF50以上	50mm以上	40mm以上		200mm以内*2	

*1 国土交通大臣の認定を受けた耐力壁の場合の留付けに用いるくぎ等および留付け方法は、認定を受けた仕様による。
*2 やむを得ず、構造器具または設備器具の設置により、柱または間柱を切り欠くことで留付けができない部分が生じる場合には、省略分を近傍に増し打ちする。

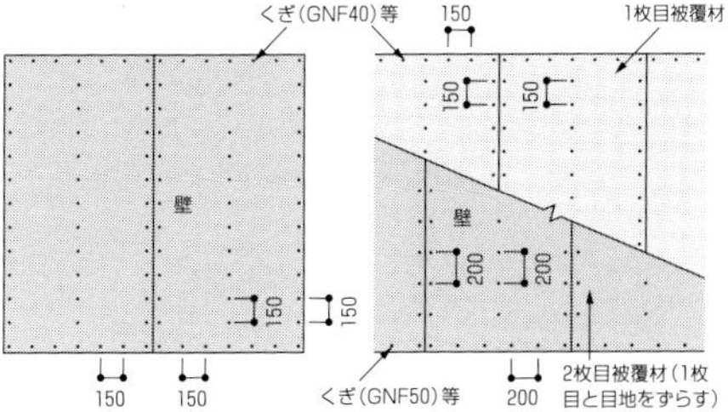

1枚張りの場合　　2枚張りの場合

図3 室内側防火被覆材の留付け

工事仕様のポイント

☞ 柱および間柱と、外壁の室内に面する部分およびそれ以外の室内に面する壁の防火被覆材の間に補助用面材を設ける場合は、118ページ「界壁以外の部分の内壁」の3のイ～リのいずれかとし、その厚さは9mm以上とする。

☞ 防火被覆材を2枚張りとする場合は、壁の外周部を除き、1枚目と2枚目ボードの目地が一致しないよう配置し、やむを得ず一致する場合は、その部分の裏面に当て木を設ける。

③ 界床以外の部分の天井（1）

仕様書 界床以外の部分の天井

243ページ
Ⅱ-18.4

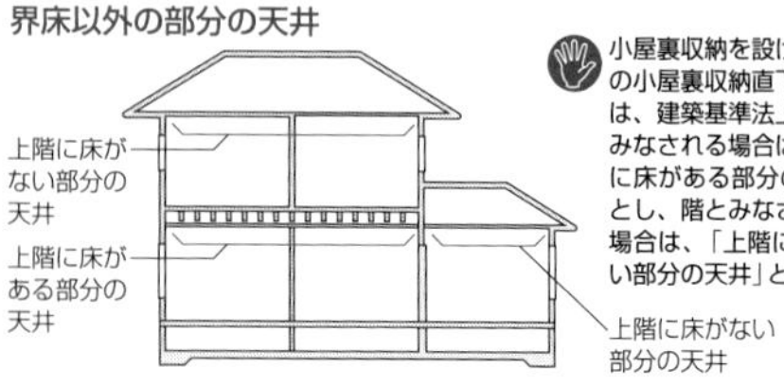

図1 上階に床のある、なしの区分

小屋裏収納を設ける場合の小屋裏収納直下の天井は、建築基準法上、階とみなされる場合は「上階に床がある部分の天井」とし、階とみなされない場合は、「上階に床がない部分の天井」とする

仕様書 上階に床がない部分の天井

フラット35技術基準

243ページ
Ⅱ-18.4.1

1. 室内に面する天井の防火被覆は、次のいずれかとする。防火被覆材の取付け方法は、128ページ「天井張り」による。
   イ. 厚さ12mm以上のせっこうボード張り
   ロ. 厚さ9mm以上のせっこうボード2枚張り
   ハ. 厚さ9mm以上のせっこうボード張りの上に、厚さ9mm以上のロックウール化粧吸音板張り
2. 1に掲げる材料の品質は、JISに適合するもの、またはこれと同等以上の性能を有するものとする。

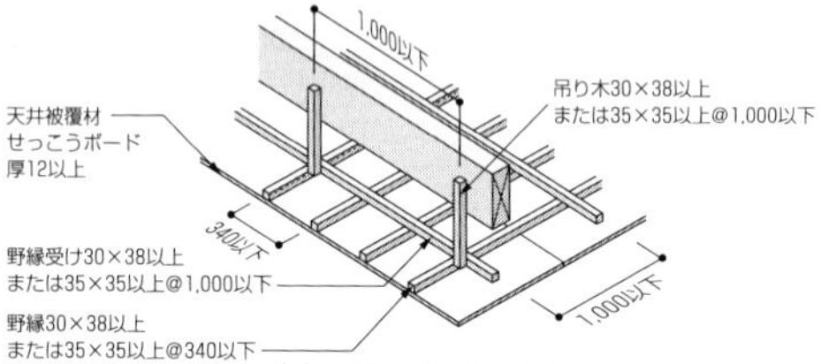

（A）せっこうボード1枚張り

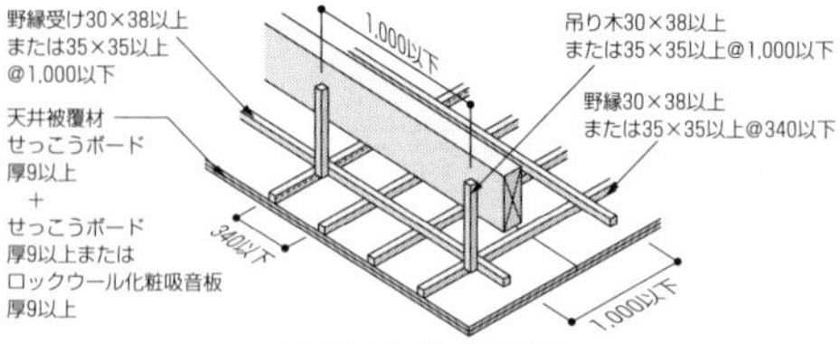

（B）せっこうボード2枚張り

＊吊り木や野縁受けの寸法・ピッチは、図（A）（B）とも参考。

図2 上階に床がない部分の天井（天井木製下地）

表1 上階に床がない部分の天井の防火被覆と防火被覆裏面の措置

防火被覆（mm）		防火被覆裏面
A	せっこうボード厚12以上	不　要
B	せっこうボード厚9以上×2	不　要 （1枚目のボードと2枚目のボードの目地は一致させないことが望ましい）
	せっこうボード厚9以上＋RW化粧吸音板厚9以上	

表2 天井(界床以外)の留め金具の種類と長さ・留付け間隔

			留め金具の種類と長さ				留付け間隔	
			GNFくぎ	ステープル	木ねじ	タッピンねじ	外周部	中間部
天井(界床以外)	1枚張り		GNF40以上	40mm以上	28mm以上		150mm以内	200mm以内
	2枚張り	1枚目	GNF40以上	40mm以上	28mm以上		300mm以内	
		2枚目	GNF50以上	50mm以上	40mm以上		150mm以内	200mm以内

仕様書 上階に床がある部分の天井

フラット35技術基準
243ページ
Ⅱ-18.4.2

1. 室内に面する天井の防火被覆およびその取付け方法は、次のいずれかとする。
   イ. 防火被覆2枚張りの場合
   防火被覆は、次のいずれかとする。防火被覆材の取付け方法は、128ページ「天井張り」による。
   (イ)厚さ9mm以上のせっこうボード2枚張り
   (ロ)厚さ9mm以上のせっこうボード張りの上に、厚さ9mm以上のロックウール化粧吸音板張り
   ロ. 天井の防火被覆の耐火性能を強化する場合
   防火被覆は、厚さ12mm以上の強化せっこうボードとする。防火被覆材の取付け方法は、128ページ「天井張り」による。
2. 1に掲げる材料の品質は、JISに適合するもの、またはこれと同等以上の性能を有するものとする。

表3 天井(界床以外)の留め金具の種類と長さ・留付け間隔

			留め金具の種類と長さ				留付け間隔	
			GNFくぎ	ステープル	木ねじ	タッピンねじ	外周部	中間部
天井(界床以外)	1枚張り		GNF40以上	40mm以上	28mm以上		150mm以内	200mm以内
	2枚張り	1枚目	GNF40以上	40mm以上	28mm以上		300mm以内	
		2枚目	GNF50以上	50mm以上	40mm以上		150mm以内	200mm以内

工事仕様のポイント

- 押入の天井・壁も防火被覆が必要である。
- ユニットバスを設置する浴室の天井・壁も防火被覆が必要である。
- 強化せっこうボードは、せっこうボードより高い防耐火性能を有しているため、同じ厚さ以上の強化せっこうボードを使用することが可能である。
- 室内に面する防火被覆材の品質は、JISに適合するもの、またはこれと同等以上の性能を有するものとする。

④ 界床以外の部分の天井(2)

📖 仕様書　上階に床がある部分の天井(つづき)

243ページ
Ⅱ-18.4.2

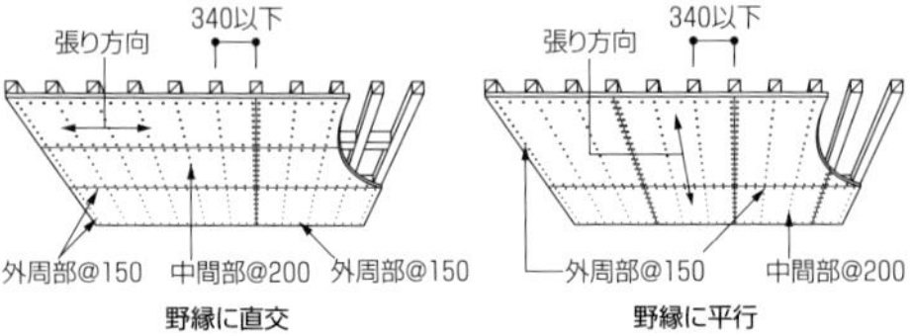

図1 上階に床がある部分の天井の防火被覆材の取付け方法
(天井の防火被覆材の裏面に当て木を設ける場合)

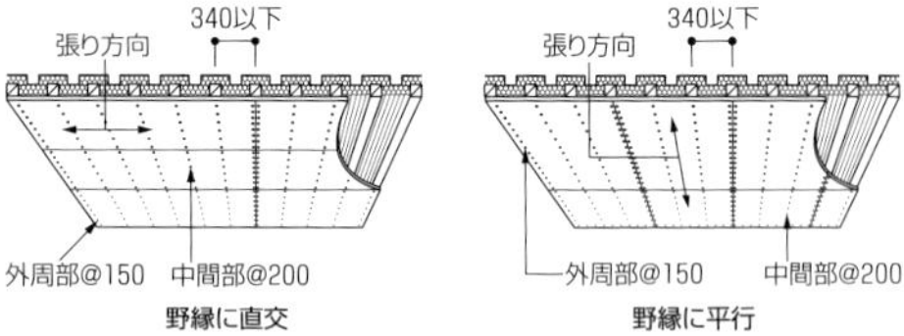

図2 上階に床がある部分の天井の防火被覆材の取付け方法
(天井の防火被覆材の裏面に断熱材を充填する場合)

📖 仕様書　天井の防火被覆材の下地

フラット35
技術基準

243ページ
Ⅱ-18.4.3

上階に床がある部分の天井の防火被覆材として厚さ12mm以上の強化せっこうボードを1枚張りとする場合は、防火被覆材の裏面に、次のいずれかの措置を講ずる。

イ.厚さ50mm以上のロックウール(かさ比重0.024以上)、厚さ50mm以上のグラスウール(かさ比重0.024以上)、または厚さ100mm以上のグラスウール(かさ比重0.01以上)のいずれかを充填する。

ロ.天井の防火被覆材の目地部分には、野縁、野縁受けまたは当て木を設ける。当て木は、30mm×38mm以上もしくは35mm×35mm以上の木材もしくは鋼材、または厚さ0.4mm×幅90mm以上の鋼板とする。

＊図3～5の吊り木や野縁受けの寸法・ピッチは参考。

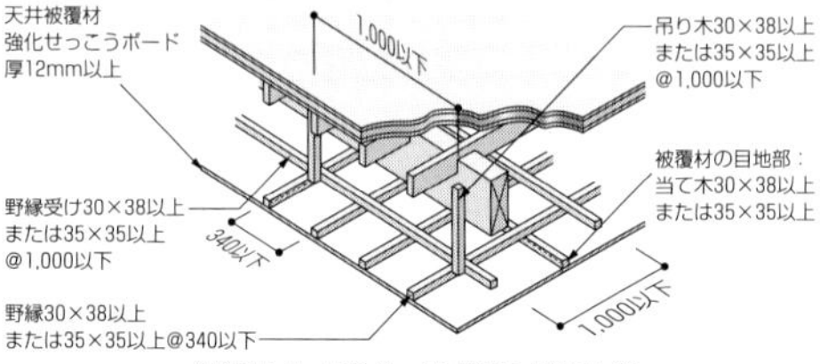

(A)強化せっこうボード1枚張り＋当て木等

図3 上階に床がある部分の天井(天井木製下地)①

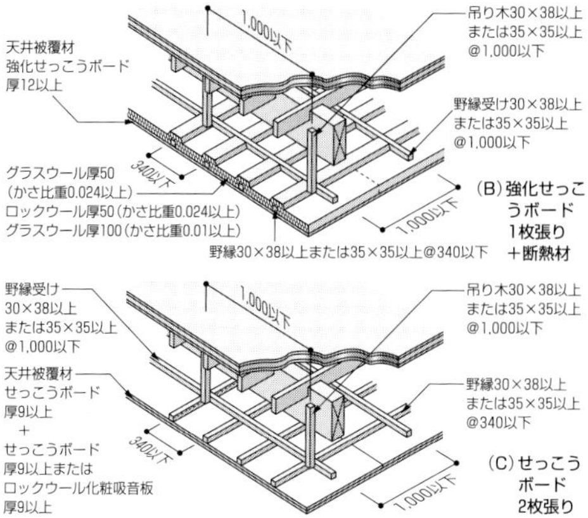

図4 上階に床がある部分の天井（天井木製下地）②

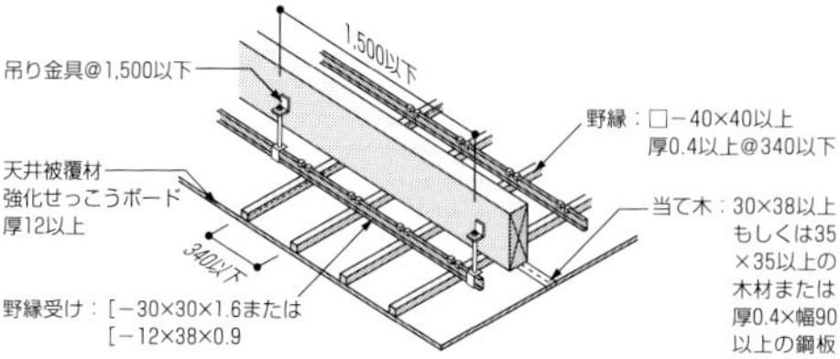

図5 上階に床がある部分の天井（天井鋼製下地）

表1 上階に床がある部分の天井の防火被覆と防火被覆裏面の措置

防火被覆（mm）		防火被覆裏面（mm）
A	強化せっこうボード厚12以上	ボード目地部分に、野縁・野縁受け・当て木を設ける。 当て木は30×38以上もしくは35×35以上の木材・鋼材または厚0.4×幅90以上の鋼板
B	強化せっこうボード厚12以上	ロックウール厚50以上（かさ比重0.024以上）
		グラスウール厚50以上（かさ比重0.024以上）
		グラスウール厚100以上（かさ比重0.01以上）
C	せっこうボード厚9以上×2	1枚目のボードと2枚目のボードの目地は一致させない（やむを得ず一致する場合は所定の断熱材または当て木を設ける）。
	せっこうボード厚9以上 ＋RW化粧吸音板厚9以上	

工事仕様のポイント

☞ 天井下地に関する基準はないが、上階に床がある部分の天井については、防火被覆材の目地部分に30mm×38mm以上または35mm×35mm以上の当て木を設けるか、厚さ0.4mm×幅90mm以上の鋼板を設ける。当て木によらない場合は、厚さ50mm以上のロックウール（かさ比重0.024以上）、厚さ50mm以上のグラスウール（かさ比重0.024以上）、または厚さ100mm以上のグラスウール（かさ比重0.01以上）のいずれかを防火被覆材の裏面に充填する。

⑤ 界壁、界床

仕様書 界壁

フラット35 技術基準
247ページ Ⅱ-18.5

連続建ての住戸間の界壁の仕様は、次によるか、もしくは1時間準耐火構造の界壁とし、小屋裏または天井裏まで達せしめる。

1. 界壁の厚さ(仕上材料の厚さを含まないものとする)を100mm以上とする。
2. 界壁の内部に、次のいずれかを充填する。
   ①厚さが25mm以上のグラスウール(かさ比重0.02以上)
   ②厚さが25mm以上のロックウール(かさ比重0.04以上)
3. 界壁の両面は、厚さが12mm以上のせっこうボードを2枚張りとする。
4. せっこうボードの留付けは、次表による。

表1 界壁の留め金具の種類と長さ・留付け間隔

			留め金具の種類と長さ				留付け間隔	
			GNFくぎ	ステープル	木ねじ	タッピンねじ	外周部	中間部
界壁	2枚張り*2	1枚目	40mm以上				150mm以下*1	200mm以下*1
		2枚目	50mm以上					

＊1 防火被覆材を面材耐力壁として使用するときの間隔は、せっこうボードの場合は周辺部・中間部ともに150mm以下とし、せっこうボード以外の材料の場合は特記による。
＊2 2枚目に張る防火被覆材は、1枚目の防火被覆材と目地が重ならないように割り付ける。
注) 防火被覆材は、目地や取合い部分の裏面に当て木(標準断面寸法は30mm×40mm)を設けて留め付ける。なお、間柱その他の構造材をもって当て木にかえることができる。

仕様書 界床

フラット35 技術基準
247ページ Ⅱ-18.6

重ね建ての住宅間の界床の防火被覆および構造は、次の表2および表3による。

表2 界床の仕様

	床の表側の部分	床の裏側の部分または直下の天井*1,2
防火被覆(いずれか)	①畳敷きの床(ポリスチレンフォームの畳床を除く) ②「厚12mm以上の構造用合板、構造用パネル、パーティクルボードまたはデッキプレート(以下「合板等」という)」+厚12mm以上のせっこうボード張り ③厚12mm以上の合板等+厚12mm以上の硬質木片セメント板張り ④厚12mm以上の合板等+厚12mm以上の軽量気泡コンクリート板張り ⑤厚12mm以上の合板等+厚12mm以上のモルタル、コンクリート(軽量コンクリートおよびシンダーコンクリートを含む)敷き流し ⑥厚12mm以上の合板等+厚12mm以上のせっこう敷き流し ⑦厚40mm以上の木材(木材で造られた荒床の厚さを含む)	①厚12mm以上のせっこうボード+厚12mm以上のせっこうボード張りとし、その裏側に厚50mm以上のロックウール(かさ比重0.024以上)、または厚50mm以上のグラスウール(かさ比重0.024以上)のいずれかを充填 ②厚12mm以上の強化せっこうボード+厚12mm以上の強化せっこうボード張り ③厚15mm以上の強化せっこうボードの裏側に、厚50mm以上のロックウール(かさ比重0.024以上)、または厚50mm以上のグラスウール(かさ比重0.024以上)のいずれかを充填 ④厚12mm以上の強化せっこうボード+厚9mm以上のロックウール吸音板張り

＊1 取付け方法は、125ページ・表3「界床の留め金具の種類と長さ・留付け間隔」による。
＊2 防火被覆材は、目地や取合い部分の裏面に当て木(標準断面寸法は30mm×40mm)を設けて留め付ける。なお、根太、野縁等の横架材をもって当て木にかえることができる。

表3 界床の留め金具の種類と長さ・留付け間隔

			留め金具の種類と長さ				留付け間隔	
			GNFくぎ	木ねじ	ステープル	タッピンねじ	周辺部	中間部
界床	1枚張り		40mm以上				100mm以下	150mm以下
	2枚張り[*1]	1枚目	40mm以上				100mm以下	150mm以下
		2枚目	50mm以上					

*1 2枚目に張る防火被覆材は、1枚目の防火被覆材と目地が重ならないように割り付ける。
注）防火被覆材は、目地や取合い部分の裏面に当て木（標準断面寸法は30mm×40mm）を設けて留め付ける。なお、根太、野縁等の横架材をもって当て木にかえることができる。

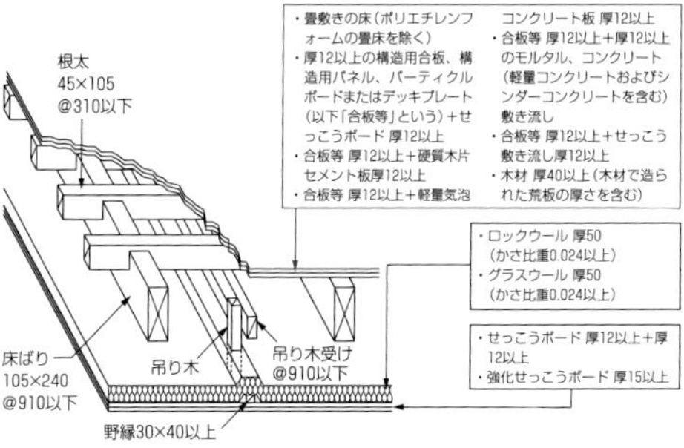

天井内に断熱材を敷く場合

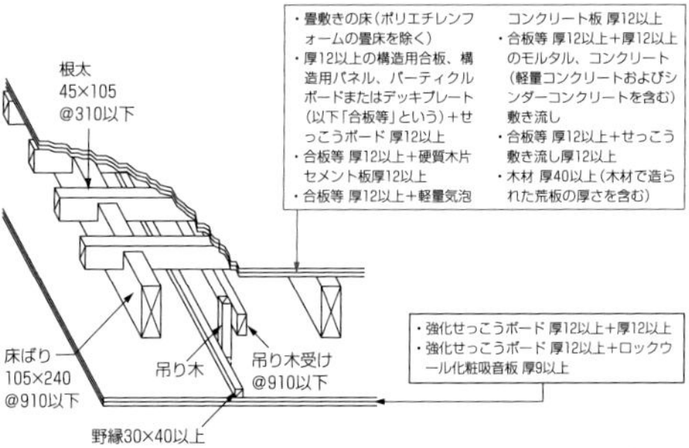

天井内に断熱材を敷かない場合

図1 界床

工事仕様のポイント

☞ 連続建て、重ね建ての場合の「界壁」および「界床」については、フラット35技術基準の区画に関する規定により、原則として耐火構造または1時間準耐火構造の壁または床とすることが必要となる。

⑥ 壁張り

仕様書　1枚張り

フラット35技術基準

247ページ
Ⅱ-18.7.1

界壁以外の部分の室内に面する壁の防火被覆材を、1枚張りとする場合の下地および留付けは、次の表1および表2による。

仕様書　2枚張り

フラット35技術基準

247ページ
Ⅱ-18.7.2

界壁以外の部分の室内に面する壁の防火被覆材を、2枚張りとする場合の下地および留付けは、次の表1および表2による。

表1 壁（界壁以外）の留め金具の種類と長さ・留付け間隔*1

			留め金具の種類と長さ				留付け間隔	
			GNFくぎ	ステープル	木ねじ	タッピンねじ	外周部	中間部
壁（界壁以外）	1枚張り		GNF40以上	40mm以上	28mm以上		150mm以内*2	
	2枚張り	1枚目	GNF40以上	40mm以上	28mm以上		150mm以内*2	
		2枚目	GNF50以上	50mm以上	40mm以上		200mm以内*2	

＊1 国土交通大臣の認定を受けた耐力壁の場合の留付けに用いるくぎ等および留付け方法は、認定を受けた仕様による。
＊2 やむを得ず、構造器具または設備器具の設置により、柱または間柱を切り欠くことで留付けができない部分が生じる場合には、省略分を近傍に増し打ちする。

表2 壁（界壁以外）の下地

	1枚張り	2枚張り
防火被覆裏面	目地部分および取合い部分の裏面に当て木*1、2を設け留め付ける。	壁の外周部を除き、1枚目と2枚目ボードの目地は一致させない。（やむを得ず目地が一致する場合は、その部分の裏面に当て木*2、3を設ける。）
柱と間柱の間隔	500mm以下	
間柱の断面寸法	30mm×105mm以上（やむを得ず、構造器具または設備器具の設置により柱または間柱を切り欠く場合は、厚さ50mm以上のロックウール（かさ比重0.024以上）、厚さ50mm以上のグラスウール（かさ比重0.024以上）、または厚さ100mm以上のグラスウール（かさ比重0.01以上）の断熱材により防火上支障のないよう処理する。）	
当て木の断面寸法	①防火被覆材の目地部分に設ける場合は、45mm×105mm以上。 ②床または天井と壁の取合い部、壁と壁との取合い部に設ける場合は、次による。 木材・角形鋼の場合：30mm×38mm以上または35mm×35mm以上 天井と壁の取合い部に設ける鋼製ランナーの場合：防火被覆材と接する部分が高さ40mm以上、幅30mm以上	
補助面材を設けた部分	補助面材の当て木または間柱に接する部分を、当て木または間柱の断面寸法に含まれるものとみなすことができる。	

＊1 当て木は間柱その他の構造材のうち、当て木の断面寸法以上のものをもってかえることができる。
＊2 天井の防火被覆材の下地を鋼製下地とする場合は、天井と壁の取合い部に設ける鋼製ランナーを当て木とすることができる。
＊3 間柱その他の構造材をもって当て木にかえることができる。

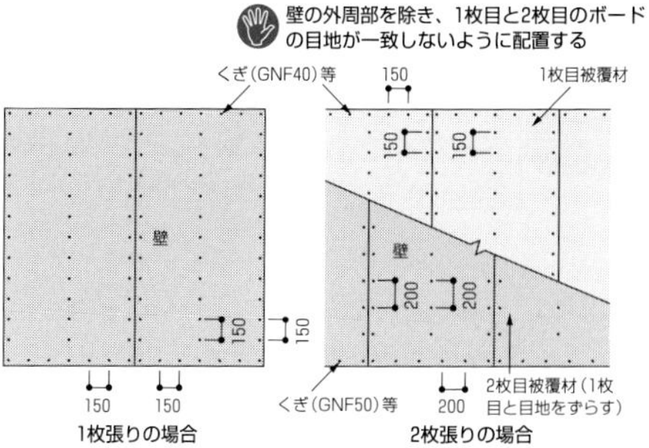

図1 室内側防火被覆材の留付け

仕様書 界壁部留付け

フラット35 技術基準
248ページ
Ⅱ-18.7.3

界壁の部分の防火被覆材の留付けは、次の表3および表4による。

表3 界壁の留め金具の種類と長さ・留付け間隔

			留め金具の種類と長さ				留付け間隔	
			GNFくぎ	ステープル	木ねじ	タッピンねじ	外周部	中間部
界壁	1枚張り		GNF40以上	40mm以上			150mm以下	200mm以下
	2枚張り	1枚目	GNF40以上	40mm以上			150mm以下	200mm以下
		2枚目	GNF50以上	50mm以上			150mm以下	200mm以下

表4 界壁の下地

	1枚張り・2枚張り
防火被覆材	壁の外周部を除き、1枚目と2枚目ボードの目地は一致させない。 (やむを得ず目地が一致する場合は、その部分の裏面に当て木*を設ける。)
当て木の断面寸法	30mm×38mm以上または35mm×35mm以上

*間柱その他の構造材をもって当て木にかえることができる。

工事仕様のポイント

- 天井の防火被覆材の下地を鋼製下地とする場合には、天井と壁の取合い部に設ける鋼製ランナーを当て木とすることができる。
- やむを得ず、構造器具または設備器具の設置により柱または間柱を切り欠く場合は、厚さ50mm以上のロックウール(かさ比重0.024以上)、厚さ50mm以上のグラスウール(かさ比重0.024以上)、または厚さ100mm以上のグラスウール(かさ比重0.01以上)の断熱材により防火上支障のないよう処理する。

⑦ 天井張り

📖 仕様書　1枚張り

フラット35
技術基準
249ページ
Ⅱ-18.8.1

界床以外の部分の室内に面する天井の防火被覆材を、1枚張りとする場合の留付けは、次の表1～表3による。

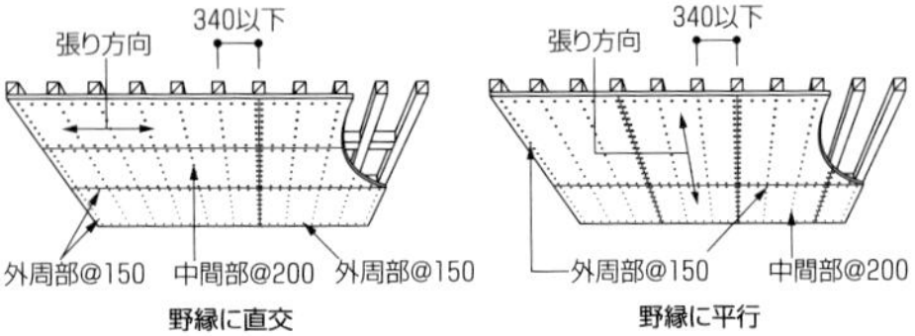

図1 上階に床がある部分の天井の防火被覆材の取付け方法
（天井の防火被覆材の裏面に当て木を設ける場合）

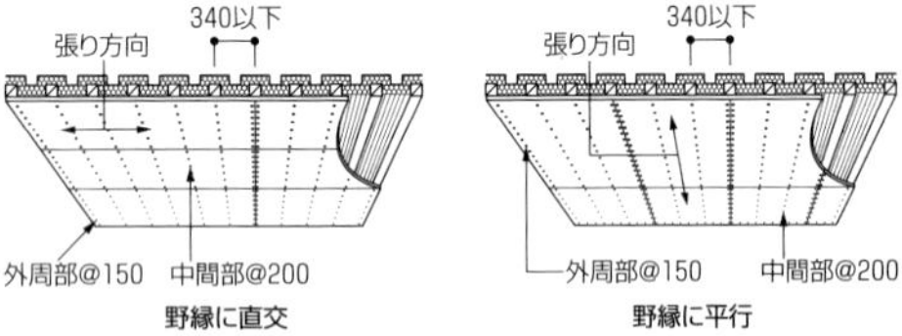

図2 上階に床がある部分の天井の防火被覆材の取付け方法
（天井の防火被覆材の裏面に断熱材を充填する場合）

表1 天井（界床以外）の留め金具の種類と長さ・留付け間隔

			留め金具の種類と長さ				留付け間隔	
			GNFくぎ	ステープル	木ねじ	タッピンねじ	外周部	中間部
天井（界床以外）	1枚張り		GNF40以上	40mm以上	28mm以上		150mm以内	200mm以内
	2枚張り	1枚目	GNF40以上	40mm以上	28mm以上		300mm以内	
		2枚目	GNF50以上	50mm以上	40mm以上		150mm以内	200mm以内

表2 上階に床がある部分の天井の防火被覆と防火被覆裏面の措置

	防火被覆（mm）	防火被覆裏面（mm）
A	強化せっこうボード厚12以上	ボード目地部分に、野縁・野縁受け・当て木を設ける。 当て木は30×38以上もしくは35×35以上の木材・鋼材または厚0.4×幅90以上の鋼板
B	強化せっこうボード厚12以上	ロックウール厚50以上（かさ比重0.024以上）
		グラスウール厚50以上（かさ比重0.024以上）
		グラスウール厚100以上（かさ比重0.01以上）
C	せっこうボード厚9以上×2	1枚目のボードと2枚目のボードの目地は一致させない（やむを得ず一致する場合は所定の断熱材または当て木を設ける）。
	せっこうボード厚9以上＋RW化粧吸音板厚9以上	

表3 上階に床がない部分の天井の防火被覆と防火被覆裏面の措置

防火被覆(mm)		防火被覆裏面
A	せっこうボード厚12以上	不　要
B	せっこうボード厚9以上×2	不　要 (1枚目のボードと2枚目のボードの目地は一致させないことが望ましい)
	せっこうボード厚9以上 +RW化粧吸音板厚9以上	

仕様書 2枚張り

フラット35技術基準

249ページ
Ⅱ-18.8.2

界床以外の部分の室内に面する天井の防火被覆材を、2枚張りとする場合の留付けは、128〜129ページ表1〜表3による。

memo

工事仕様のポイント

☞ 上階に床がある部分の天井における防火被覆材を2枚張りとする場合、天井の外周部を除き1枚目と2枚目ボードの目地が一致しないように配置する。やむを得ず、目地が一致する場合のその部分の裏面の仕様は、122ページ「天井の防火被覆材の下地」参照。

⑧ 柱、はり、下がり天井

仕様書 柱

フラット35 技術基準
250ページ Ⅱ-18.9

柱の防火被覆は、次の表1による。ただし、表1に掲げる防火被覆を設けた壁の内部にあるものについては、これによらないことができる。

表1 柱の仕様

部　位	防火被覆(いずれか)
屋外に面する部分	①鉄網モルタル塗りで、塗厚20mm以上。 ②「木毛セメント板またはせっこうボード」+厚15mm以上モルタル塗り ③モルタル+タイル張りで、その厚さの合計が25mm以上のもの ④「セメント板またはかわら」+モルタル塗りで、その厚さの合計が25mm以上のもの ⑤①~④に掲げるもの以外の防火構造(建築基準法第2条第8号に規定する構造) ⑥①~⑤に定めるもの以外の仕様による場合は、建築基準法第2条第8号の規定に基づき国土交通大臣が認めるもの
室内に面する部分	118ページ「界壁以外の部分の内壁」および124ページ「界壁」のいずれかに準じる。

図1 外部の独立柱と内部の独立柱の防火被覆(例)

仕様書 はり

フラット35 技術基準
250ページ Ⅱ-18.10

1. はりの防火被覆は、次の表2による。ただし、116ページ「外壁・軒裏」の1、118ページ「界壁以外の部分の内壁」から124ページ「界壁、界床」に掲げる防火被覆を設けた壁および天井の内部にあるものについては、これによらないことができる。
2. 128ページ「天井張り」の規定は、はりの防火被覆の留付けを、厚さ9mm以上のせっこうボード2枚張り、または厚さ12mm以上の強化せっこうボード張りとした場合に準用する。

表2 はりの仕様

部　位	防火被覆(いずれか)
屋外に面する部分	①鉄網モルタル塗りで、塗厚20mm以上。 ②「木毛セメント板またはせっこうボード」+厚15mm以上モルタル塗り ③モルタル+タイル張りで、その厚さの合計が25mm以上のもの ④「セメント板またはかわら」+モルタル塗りで、その厚さの合計が25mm以上のもの ⑤①~④に掲げるもの以外の防火構造(建築基準法第2条第8号に規定する構造) ⑥①~⑤に定めるもの以外の仕様による場合は、建築基準法第2条第8号の規定に基づき国土交通大臣が認めるもの
室内に面する部分	①厚9mm以上のせっこうボード2枚張り ②厚12mm以上の強化せっこうボード張り

表3 はり（室内に面する部分）の留め金具の種類と長さ・留付け間隔

			留め金具の種類と長さ				留付け間隔	
			GNFくぎ	ステープル	木ねじ	タッピンねじ	外周部	中間部
はり（室内に面する部分）	1枚張り		GNF40以上	40mm以上	28mm以上		150mm以内	200mm以内
	2枚張り	1枚目	GNF40以上	40mm以上	28mm以上		300mm以内	
		2枚目	GNF50以上	50mm以上	40mm以上		150mm以内	200mm以内

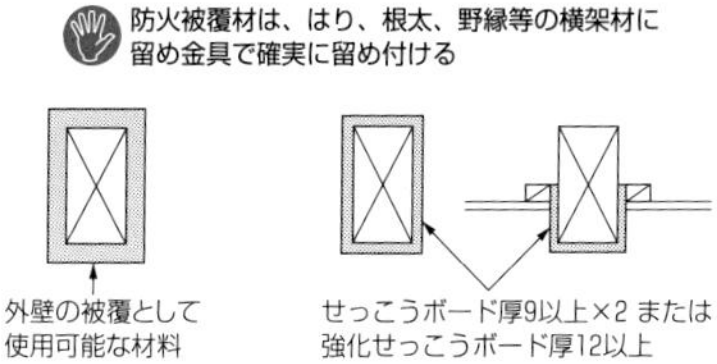
防火被覆材は、はり、根太、野縁等の横架材に留め金具で確実に留め付ける
外壁の被覆として使用可能な材料
せっこうボード厚9以上×2 または強化せっこうボード厚12以上

図2 はりの防火被覆（例）

仕様書　下がり天井

フラット35技術基準
250ページ
Ⅱ-18.11

下がり天井（設備機器の設置その他の必要から天井面の一部を下げた部分をいう）を設ける場合の防火被覆および天井構成は、当該室の天井と同一とする。

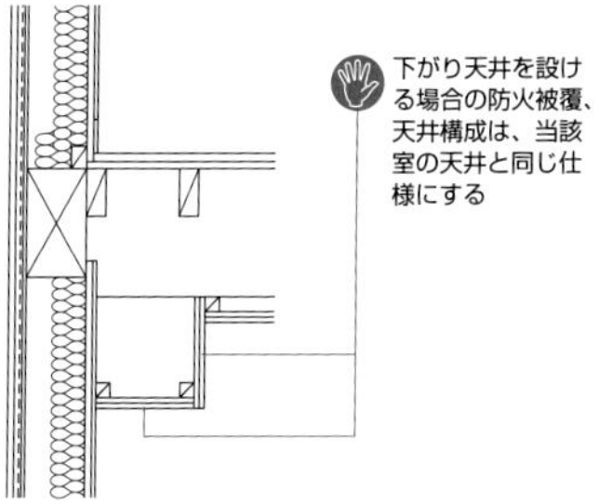
下がり天井を設ける場合の防火被覆、天井構成は、当該室の天井と同じ仕様にする

図3 下がり天井（例）

工事仕様のポイント

- 柱やはりを現し（露出）にすることはできないが、規定のせっこうボードの上から化粧材を施工することは可能である。
- せっこうボードの目地処理やファイヤーストップのために、ロックウールやグラスウール以外の断熱材（例えばセルローズファイバーなど）を使うことはできない。

9 その他（1）

仕様書 その他／壁・天井の防火被覆の目地

フラット35 技術基準
251ページ
Ⅱ-18.12

壁および天井の防火被覆の目地は、防火上支障のないよう処理する。

仕様書 その他／壁・天井の防火被覆を貫通して設備機器を取り付ける場合

フラット35 技術基準
251ページ
Ⅱ-18.12

壁または天井の防火被覆を貫通して設備器具を取り付ける場合は、器具または器具の裏面を、当該部分に空隙が生じないよう、不燃材料または準不燃材料で造り、またはおおう。

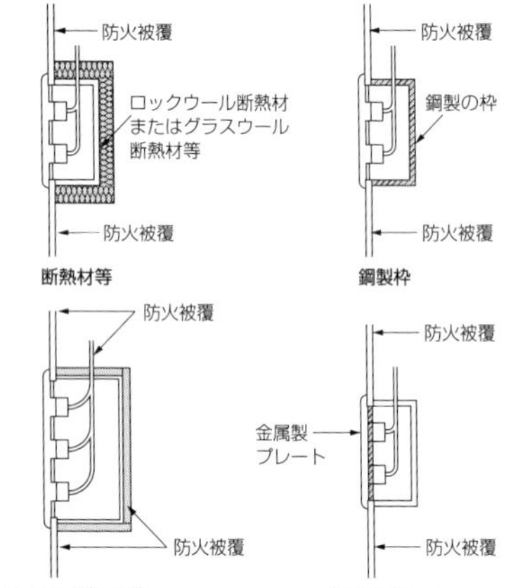

図1 設備器具の防火被覆（例）／コンセントボックス

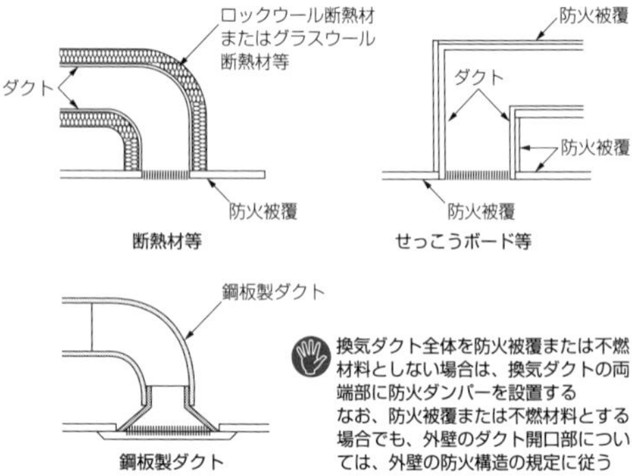

換気ダクト全体を防火被覆または不燃材料としない場合は、換気ダクトの両端部に防火ダンパーを設置する
なお、防火被覆または不燃材料とする場合でも、外壁のダクト開口部については、外壁の防火構造の規定に従う

図2 設備器具の防火被覆（例）／ダクト等

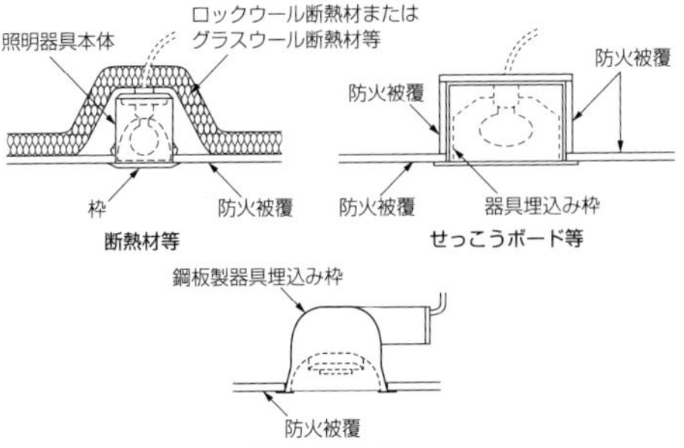

図3 埋込み照明器具の防火被覆(例)

仕様書 その他/ファイヤーストップ

フラット35 技術基準
251ページ
Ⅱ-18.12

床または天井と壁との取合い部、壁と壁との取合い部および天井内部における間仕切り壁と横架材との間には、火炎が相互に貫通しないようファイヤーストップ材を設け、その材料は次のいずれかとする。ただし、上階に床が無い部分の天井の場合、天井内部における間仕切り壁と横架材との間のファイヤーストップ材を省略できる。

イ.厚さ30mm以上の木材

ロ.厚さ50mm以上のロックウール(かさ比重0.024以上)、厚さ50mm以上のグラスウール(かさ比重0.024以上)、または厚さ100mm以上のグラスウール(かさ比重0.01以上)

ハ.厚さ12mm以上のせっこうボード

ファイヤーストップ材の設置

火災時の、壁や天井の内部を経由する火災拡大を最小限に抑えるため、以下の場所にはファイヤーストップ材を設ける。

❶壁と壁との取合い部
❷床または天井と壁との取合い部(最下階の床と壁との取合い部は省略可)
❸天井内部における間仕切り壁と横架材との間(上階に床がない場合は省略可)

工事仕様のポイント

☞ 防火被覆を貫通して設備器具を取り付ける場合は、壁・天井内に火炎が侵入しないよう、以下のいずれかの防火被覆を施す。

①器具の裏面をロックウール断熱材、グラスウール断熱材等で被覆する。
②器具の裏面をせっこうボードや鋼製の枠で被覆する。
③コンセント差込み口以外の部分等は、金属製のプレート等で被覆した器具を使用する。

⑩ その他（2）

仕様書 その他／ファイヤーストップ（つづき）

251ページ
Ⅱ-18.12

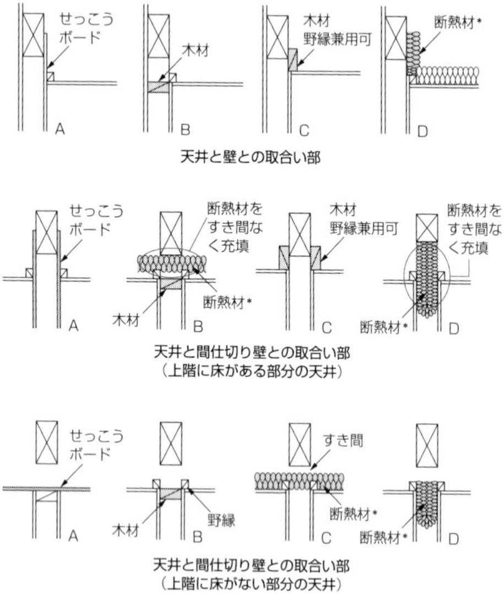

*の断熱材は、ロックウール断熱材またはグラスウール断熱材とする。
注）壁の防火被覆材留付けのための当て木が必要であるが、図1では表示を省略している。

図1 ファイヤーストップの取合い（例）

仕様書 その他／防火被覆を部分的に貫通して木材を取り付ける場合

フラット35
技術基準

251ページ
Ⅱ-18.12

壁または天井の防火被覆を部分的に貫通して木材を取り付ける場合、木材の寸法は、防火被覆を貫通する方向に30mm以上とする。なお、貫通する木材と防火被覆との目地部分および取合い部分には、当て木を設ける。この場合の当て木は、断面寸法30mm×38mm以上または35mm×35mm以上の木材とすることができる。

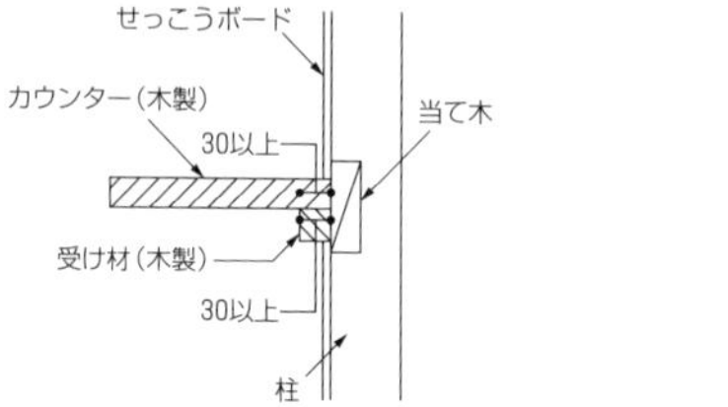

図2 防火被覆を貫通して木材を取り付ける場合（例）／カウンター

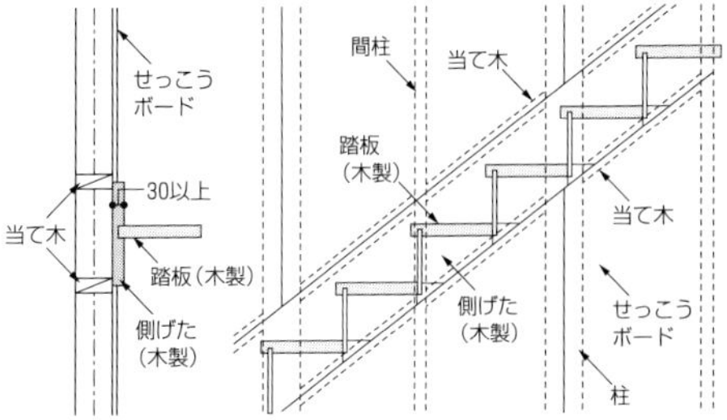

＊踏板が木製であるため、踏板を側げたに取り付ける部分においても、
貫通する方向に合計30mm以上の木材と見なせる。

図3 防火被覆を貫通して木材を取り付ける部分（例）／階段の側げた

仕様書 その他／連続した室の面積の合計が10m²以内となる場合

フラット35技術基準
251ページ
Ⅱ-18.12

118ページ「界壁以外の部分の内壁」および133ページ「その他／ファイヤーストップ」の適用にあたっては、連続した室の面積の合計が10m²以内となる場合において、火気を使用する室が含まれる場合を除き、それらをまとめて1室として取り扱うことができる。

仕様書 その他／一部RC造とする場合

フラット35技術基準
251ページ
Ⅱ-18.12

外壁、界壁、界壁以外の部分の内壁、界床、界床以外の部分の天井、柱およびはりのうち、鉄筋コンクリート造によるものについては、116ページ「屋根」「外壁・軒裏」から124ページ「界床」、130ページ「柱」および「はり」の規定は適用しない。

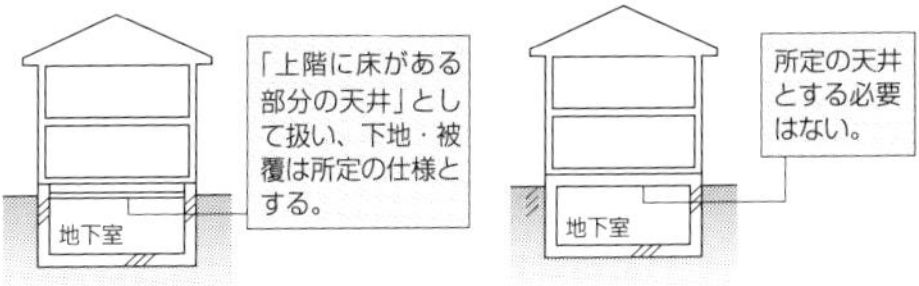

地下室の直上にRC造スラブがない場合　地下室の直上にRC造スラブがある場合

図4 地下室の直上スラブの有無による地下室天井の考え方

工事仕様のポイント

- 床・天井と壁、壁と壁の取合い部および天井内部の壁と横架材との間には、火炎が貫通しないようファイヤーストップ材を設ける。
- 開口部に防火設備を設置する必要はない。ただし、法令上の制約（延焼のおそれのある部分に防火設備を設置する等）があれば、それに従うこと。
- 内部建具（引戸、ドア）の防耐火性能についての制約はない。

1 省エネルギー性に関する基準に係る仕様
断熱等性能等級4

① 断熱材、施工部位（1）

仕様書 断熱材

259ページ
Ⅲ-1-1.1.3

表1 断熱材の形状および種類

形状	種類 材種	材料名
フェルト状断熱材	無機繊維系断熱材	グラスウール断熱材 ロックウール断熱材
ボード状断熱材	無機繊維系断熱材	グラスウール断熱材 ロックウール断熱材
	木質繊維系断熱材	インシュレーションファイバー断熱材 建材畳床
	発泡プラスチック系断熱材	ビーズ法ポリスチレンフォーム断熱材 押出法ポリスチレンフォーム断熱材 硬質ウレタンフォーム断熱材 ポリエチレンフォーム断熱材 フェノールフォーム断熱材
吹込み用断熱材	無機繊維系断熱材	吹込み用グラスウール断熱材 吹込み用ロックウール断熱材
	木質繊維系断熱材	吹込み用セルローズファイバー
現場発泡断熱材	発泡プラスチック系断熱材	建築物断熱用吹付け硬質ウレタンフォーム

＊上表以外の断熱材を使用する場合は、性能および生産品質が確かめられたものとする。

仕様書 断熱構造とする部分

フラット35S技術基準

264ページ
Ⅲ-1-1.2.1

断熱工事の施工部位は、次による。ただし、138ページ「断熱構造としなくてもよい部分」については、断熱構造としなくてもよい。

イ. 住宅の屋根（小屋裏または天井裏が外気に通じていない場合）、または屋根の直下の天井（小屋裏または天井裏が外気に通じている場合）

ロ. 外気に接する壁

ハ. 外気に接する床およびその他の床（床下換気孔等により外気と通じている床）

ニ. 外気に接する土間床等の外周部およびその他の土間床等の外周部（床下換気孔等により外気と通じている土間床等の外周部）

断熱構造とする部分

住宅の断熱の基本は、居住空間を断熱材で包み込むことである。このため、外気に接している天井（または屋根）、壁、床に断熱材を施工し、開口部に断熱に配慮した建具を用いる必要がある。

❶小屋裏（下屋を含む）：外気に通じる小屋裏換気孔が設けられている場合は天井に、それ以外の場合は屋根に施工する。
❷壁：壁体の中または壁体の外に施工するが、壁体の中に入りきらない場合は、入りきらない断熱材相当分を壁体の外に付加して施工することが必要である。
❸土間床：床を土間床等とする場合、その外周部に施工する。

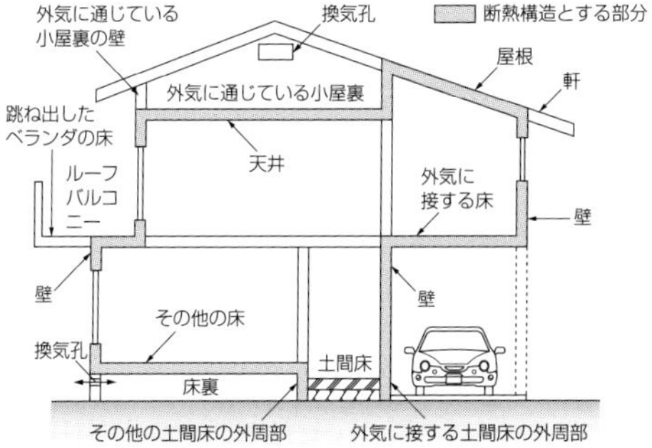

図1 断熱構造とする部分

土間床等の外周部

土間床等の外周部に施工する断熱材は、基礎の外側、内側または両面に、地盤面に垂直に施工する必要がある。また断熱材は、基礎底盤上端から基礎天端まで連続して施工する。

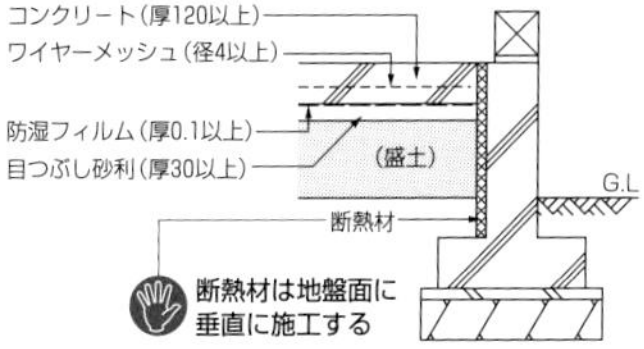

図2 基礎の内側に断熱材を施工する場合

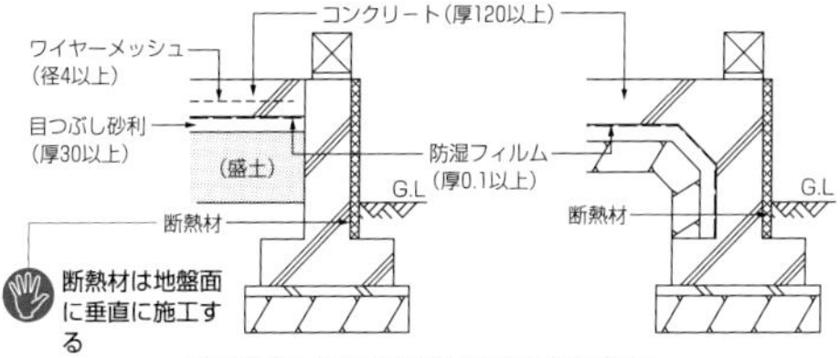

図3 基礎の外側に断熱材を施工する場合

工事仕様のポイント

☞「外皮等」とは、外気等（外気または外気に通じる床裏、小屋裏、天井裏等）に接する天井（小屋裏または天井裏が外気に通じていない場合は、屋根）、壁、床（土間床等を含む）および開口部をいう。

☞ 断熱等性能等級4の仕様基準では、外皮面積に対する開口部の割合（開口部比率）に応じて、開口部に必要となる断熱性能と日射遮蔽措置が設定されている。また、平成28年4月に開口部比率の計算を省略した場合の開口部の断熱等の仕様が設けられた。

② 断熱材、施工部位（2）

仕様書 断熱構造としなくてもよい部分

フラット35S技術基準
264ページ
Ⅲ-1-1.2.2

断熱構造としなくてもよい部分は、次による。
イ.居住区画に面する部位が断熱構造となっている物置、車庫その他これに類する区画の外気に接する部位
ロ.外気に通じる床裏、小屋裏または天井裏の壁で外気に接するもの
ハ.断熱構造となっている外壁から突き出した軒、袖壁、ベランダ、その他これらに類するもの
ニ.玄関土間、勝手口土間および玄関土間または勝手口土間に繋がる非居室の土間部分
ホ.床下換気孔等により外気に通じている場合で、バスユニットの裏面に断熱材が貼り付けられている、または吹き付けられていることにより、断熱構造になっている浴室下部における土間床部分

断熱構造としなくてもよい部分

❶イは、居住部分との境界が断熱施工されている車庫等において、その外壁部には断熱が必要ないことを示す。
❷ロは、小屋裏換気が行われている場合の妻小屋などには断熱の必要はないことを示す。
❸ハは、直接居住部分に影響しない部分である。
❹ニは、断熱材の施工が望ましいが、施工手間や意匠上の観点から、断熱材の施工が困難となる場合が多く、住宅全体に占める熱損失量は影響が少ない部分であることから、断熱材の施工を省略できる。なお、玄関土間、勝手口土間および玄関土間または勝手口土間につながる非居室の土間部分について、面積に関わらず適用できる。

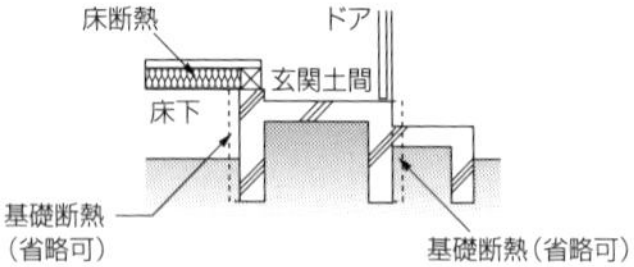

図1 玄関土間等における断熱施工を省略する場合

断熱構造となっているバスユニット外周部の気流止めの施工

❶浴室室内側に、せっこうボード等の面材を設置する。
❷バスユニット防水パンを設置する。
❸当該面材と防水パンとのすき間を、気密テープにより処理する。その際、バスユニット上部の施工に支障がないよう注意し、気密テープを張り付ける。

なお、浴室室内側にせっこうボード等の面材を設置しない場合は、気流止めの施工が難しくなるため注意が必要である。

「断熱構造となっているバスユニット下部」における土間床部分

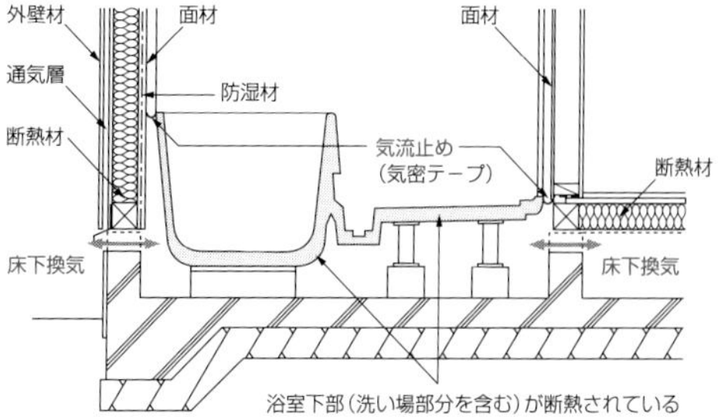

図2 断熱構造となっているバスユニット下部の施工例

バスユニット下部の床等における断熱施工

バスユニット下部の床および壁は、あらかじめ断熱・防湿施工を行ってからユニットを搬入するか、この部分を基礎断熱とする等の工夫が必要である。バスユニット床下を基礎断熱（内側）とし、べた基礎または鉄筋により基礎と一体となった土間コンクリートを施工する場合、基礎内側の垂直断熱材は、べた基礎または土間コンクリートの上端から基礎天端まで施工する。

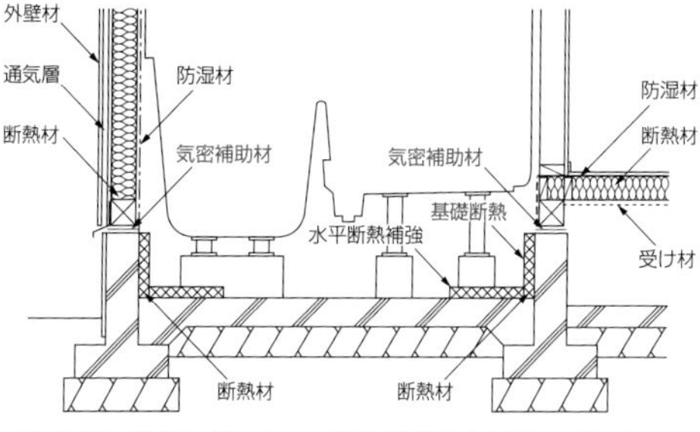

床断熱の住宅で、バスユニット床下を基礎断熱とする場合、バスユニット下部は屋内空間となるため、土台と基礎天端間には気密補助材等を用いてすき間が生じないようにする

図3 床断熱の住宅でバスユニット床下を基礎断熱とする場合の断熱施工例

工事仕様のポイント

- バスユニット下部において床下換気を行う場合、浴槽および洗い場下部など、浴室下部の床に相当する部分が、ウレタン吹付けや発泡プラスチック系断熱材成形板などによって断熱されている必要がある。この場合の断熱材の種類・厚さは問わない。
- 断熱構造となっているバスユニット下部の床下に換気孔を設ける場合、断熱性能の確保および結露防止のため、気流止めを設置し、外気が壁内部、天井裏等に侵入するのを防ぐことが重要である。

③ 断熱性能、断熱材等の施工（1）

仕様書 断熱材の種類

268ページ
Ⅲ-1-1.3.2

表1 記号別の断熱材の種類と規格

記号		断熱材の種類	λ：熱伝導率（W/（m·K））
A	A-1	吹込み用グラスウール （LFGW1052、LFGW1352、LFGW1852） インシュレーションファイバー断熱材（ファイバーボード） 建材畳床（Ⅲ形）	λ=0.052～0.051
	A-2	グラスウール断熱材 通常品（10-50、10-49、10-48） 高性能品（HG10-47、HG10-46） 吹込み用ロックウール（LFRW2547） 建材畳床（K、N形）	λ=0.050～0.046
B		グラスウール断熱材 通常品（12-45、12-44、16-45、16-44、20-42、20-41） 高性能品（HG10-45、HG10-44、HG10-43、HG12-43、HG12-42、HG12-41） ロックウール断熱材（LA、LB、LC） ビーズ法ポリスチレンフォーム断熱材4号 ポリエチレンフォーム断熱材1種1号、2号	λ=0.045～0.041
C		グラスウール断熱材 通常品（20-40、24-38、32-36、40-36、48-35、64-35） 高性能品（HG14-38、HG14-37、HG16-38、HG16-37、HG16-36、HG20-38、HG20-37、HG20-36、HG20-35、HG24-36、HG24-35、HG28-35、HG32-35） インシュレーションファイバー断熱材（ファイバーマット） 吹込み用グラスウール （LFGW2040、LFGW2238、LFGW3238、LFGW3240、LFGW3540） ロックウール断熱材 （LD、MA、MB、MC、HA、HB） ビーズ法ポリスチレンフォーム断熱材2号、3号 押出法ポリスチレンフォーム断熱材 1種b（A、B、C） ポリエチレンフォーム断熱材2種 吹込み用セルローズファイバー （LFCF2540、LFCF4040、LFCF4540、LFCF5040、LFCF5540） フェノールフォーム断熱材 2種1号（AⅠ、AⅡ）、 3種1号（AⅠ、AⅡ） 吹付け硬質ウレタンフォーム断熱材A種3 吹込み用ロックウール（LFRW6038）	λ=0.040～0.035
D		グラスウール断熱材 通常品（80-33、96-33） 高性能品（HG20-34、HG24-34、HG24-33、HG28-34、HG28-33、HG32-34、HG32-33、HG36-34、HG36-33、HG36-32、HG36-31、HG38-34、HG38-33、HG38-32、HG38-31、HG40-34、HG40-33、HG40-32、HG48-33、HG48-32、HG48-31） ロックウール断熱材（HC） ビーズ法ポリスチレンフォーム断熱材1号 押出法ポリスチレンフォーム断熱材 2種b（A、B、C）	λ=0.034～0.029

D	フェノールフォーム断熱材2種2号（AⅠ、AⅡ） 硬質ウレタンフォーム断熱材1種1号（Ⅰ、Ⅱ） ポリエチレンフォーム断熱材3種 吹付け硬質ウレタンフォーム断熱材A種1、2	λ=0.034～0.029
E	押出法ポリスチレンフォーム断熱材 スキン層なし3種a（A、B、C）、 3種b（A、B、C） スキン層付き3種a（AⅠ、AⅡ、BⅠ、BⅡ、CⅠ、CⅡ）、 3種b（AⅠ、AⅡ、BⅠ、BⅡ、CⅠ、CⅡ） 硬質ウレタンフォーム断熱材 1種2号（Ⅰ、Ⅱ）、 3号（Ⅰ、Ⅱ）、 2種1号（AⅠ、AⅡ）、 2号（AⅠ、AⅡ、BⅠ、BⅡ）、 3号（Ⅰ、Ⅱ）、 4号（Ⅰ、Ⅱ）、 3種1号（AⅠ、AⅡ、BⅠ、BⅡ、CⅠ、CⅡ、DⅠ、DⅡ）、 3種2号（AⅠ、AⅡ、BⅠ、BⅡ、CⅠ、CⅡ、DⅠ、DⅡ） フェノールフォーム断熱材2種3号（AⅠ、AⅡ） 吹付け硬質ウレタンフォーム断熱材A種1H、2H	λ=0.028～0.023
F	押出法ポリスチレンフォーム断熱材 スキン層なし3種aD、 3種bD スキン層付き3種a（DⅠ、DⅡ）、 3種b（DⅠ、DⅡ） 硬質ウレタンフォーム断熱材2種 1号（BⅠ、BⅡ、CⅠ、CⅡ、DⅠ、DⅡ、EⅠ、EⅡ）、 2号（CⅠ、CⅡ、DⅠ、DⅡ、EⅠ、EⅡ、FⅠ、FⅡ） フェノールフォーム断熱材1種 1号（AⅠ、AⅡ、BⅠ、BⅡ、CⅠ、CⅡ、DⅠ、DⅡ、EⅠ、EⅡ）、 2号（AⅠ、AⅡ、BⅠ、BⅡ、CⅠ、CⅡ、DⅠ、DⅡ、EⅠ、EⅡ）、 3号（AⅠ、AⅡ、BⅠ、BⅡ、CⅠ、CⅡ、DⅠ、DⅡ、EⅠ、EⅡ）	λ=0.022以下

memo

工事仕様のポイント

☞ 断熱材は、表1に掲げる種類の断熱材あるいは同表の熱伝導率を有する断熱材とする。

4 断熱性能、断熱材等の施工(2)

仕様書 断熱材の熱抵抗値または厚さ／早見表(142～144ページ)

フラット35S
技術基準
269ページ
Ⅲ-1-1.3.3

断熱材の熱抵抗値または厚さは、地域の区分*、施工部位、断熱材の種類および断熱材の施工方法に応じ、次表に掲げる数値以上とする。ただし、使用する断熱材に、その断熱材の熱抵抗値が表示されている場合には、各部位ごとに必要な熱抵抗値に適合していること(「必要な熱抵抗値」の単位は$m^2 \cdot K/W$)。

表1 1地域・2地域／充填断熱工法の住宅

部位＼断熱材の厚さ		必要な熱抵抗値	断熱材の種類・厚さ(単位:mm)						
			A-1	A-2	B	C	D	E	F
屋根または天井	屋根	6.6	345	330	300	265	225	185	150
	天井	5.7	300	285	260	230	195	160	130
壁		3.3	175	165	150	135	115	95	75
床	外気に接する部分	5.2	275	260	235	210	180	150	115
	その他の部分	3.3	175	165	150	135	115	95	75
土間床等の外周部	外気に接する部分	3.5	185	175	160	140	120	100	80
	その他の部分	1.2	65	60	55	50	45	35	30

表2 1地域・2地域／外張断熱工法または内張断熱工法の住宅

部位＼断熱材の厚さ		必要な熱抵抗値	断熱材の種類・厚さ(単位:mm)						
			A-1	A-2	B	C	D	E	F
屋根または天井		5.7	300	285	260	230	195	160	130
壁		2.9	155	145	135	120	100	85	65
床	外気に接する部分	3.8	200	190	175	155	130	110	85
	その他の部分	―	―	―	―	―	―	―	―
土間床等の外周部	外気に接する部分	3.5	185	175	160	140	120	100	80
	その他の部分	1.2	65	60	55	50	45	35	30

表3 3地域／充填断熱工法の住宅

部位＼断熱材の厚さ		必要な熱抵抗値	断熱材の種類・厚さ(単位:mm)						
			A-1	A-2	B	C	D	E	F
屋根または天井	屋根	4.6	240	230	210	185	160	130	105
	天井	4.0	210	200	180	160	140	115	90
壁		2.2	115	110	100	90	75	65	50
床	外気に接する部分	5.2	275	260	235	210	180	150	115
	その他の部分	3.3	175	165	150	135	115	95	75
土間床等の外周部	外気に接する部分	3.5	185	175	160	140	120	100	80
	その他の部分	1.2	65	60	55	50	45	35	30

＊地域の区分については、フラット35サイト掲載(https://www.flat35.com/download/dl_tech.html)の「【フラット35】・【フラット35】S 技術基準のご案内」を参照。

表4 3地域／外張断熱工法または内張断熱工法の住宅

部位＼断熱材の厚さ		必要な熱抵抗値	断熱材の種類・厚さ（単位：mm）						
			A-1	A-2	B	C	D	E	F
屋根または天井		4.0	210	200	180	160	140	115	90
壁		1.7	90	85	80	70	60	50	40
床	外気に接する部分	3.8	200	190	175	155	130	110	85
	その他の部分	—	—	—	—	—	—	—	—
土間床等の外周部	外気に接する部分	3.5	185	175	160	140	120	100	80
	その他の部分	1.2	65	60	55	50	45	35	30

表5 4地域～7地域／充填断熱工法の住宅

部位＼断熱材の厚さ		必要な熱抵抗値	断熱材の種類・厚さ（単位：mm）						
			A-1	A-2	B	C	D	E	F
屋根または天井	屋根	4.6	240	230	210	185	160	130	105
	天井	4.0	210	200	180	160	140	115	90
壁		2.2	115	110	100	90	75	65	50
床	外気に接する部分	3.3	175	165	150	135	115	95	75
	その他の部分	2.2	115	110	100	90	75	65	50
土間床等の外周部	外気に接する部分	1.7	90	85	80	70	60	50	40
	その他の部分	0.5	30	25	25	20	20	15	15

表6 4地域～7地域／外張断熱工法または内張断熱工法の住宅

部位＼断熱材の厚さ		必要な熱抵抗値	断熱材の種類・厚さ（単位：mm）						
			A-1	A-2	B	C	D	E	F
屋根または天井		4.0	210	200	180	160	140	115	90
壁		1.7	90	85	80	70	60	50	40
床	外気に接する部分	2.5	130	125	115	100	85	70	55
	その他の部分	—	—	—	—	—	—	—	—
土間床等の外周部	外気に接する部分	1.7	90	85	80	70	60	50	40
	その他の部分	0.5	30	25	25	20	20	15	15

工事仕様のポイント

☞ ここに示す材料以外の断熱材を使用する場合や、異なる種類の断熱材を併用する等の際には、熱抵抗の値により断熱材の厚さを求めるか、もしくは各部位の熱貫流率（壁、天井、建具などの各部位ごとの室内からの熱の逃げやすさ）を計算で求め、定められた数値以下とする必要がある。

☞ 1、2地域（寒冷地）は、中間階の外気に接するはり、胴差し等の横架材部分が熱移動の大きい箇所となるため、断熱材を施工する。

⑤ 断熱性能、断熱材等の施工（3）

仕様書 269ページ Ⅲ-1-1.3.3

断熱材の熱抵抗値または厚さ／早見表（つづき）

表7 8地域／充填断熱工法の住宅

部位 ＼ 断熱材の厚さ		必要な熱抵抗値	断熱材の種類・厚さ（単位：mm）						
			A-1	A-2	B	C	D	E	F
屋根または天井	屋根	0.96	50	50	45	40	35	30	25
	天井	0.78	45	40	40	35	30	25	20
壁		—	—	—	—	—	—	—	—
床	外気に接する部分	—	—	—	—	—	—	—	—
	その他の部分	—	—	—	—	—	—	—	—
土間床等の外周部	外気に接する部分	—	—	—	—	—	—	—	—
	その他の部分	—	—	—	—	—	—	—	—

表8 8地域／外張断熱工法または内張断熱工法の住宅

部位 ＼ 断熱材の厚さ		必要な熱抵抗値	断熱材の種類・厚さ（単位：mm）						
			A-1	A-2	B	C	D	E	F
屋根または天井		0.78	45	40	40	35	30	25	20
壁		—	—	—	—	—	—	—	—
床	外気に接する部分	—	—	—	—	—	—	—	—
	その他の部分	—	—	—	—	—	—	—	—
土間床等の外周部	外気に接する部分	—	—	—	—	—	—	—	—
	その他の部分	—	—	—	—	—	—	—	—

早見表の活用にあたっての注意

❶早見表（142〜144ページ）は、断熱材の各グループのうち、熱伝導率の最大値を用いて算出した厚さを5mm単位で切り上げたものである。したがって、使用する断熱材によっては、必要厚さを早見表の数値よりも低い値とすることが可能である。

❷部位（屋根または天井、壁、床）によって異なる施工方法（充填断熱工法、外張断熱工法または内張断熱工法）を採用する場合、当該施工方法に該当するそれぞれの熱抵抗値または厚さを適用する。

❸「土間床等の外周部」の断熱材厚さは、基礎の外側、内側または両側に、地盤面に垂直に施工される断熱材の厚さを示す。なお、断熱材の垂直方向の深さは、基礎底盤上端から基礎天端まで、またはこれと同等以上の断熱性能を確保できるものとすること。

＊地域の区分については、フラット35サイト掲載（https://www.flat35.com/download/dl_tech.html）の「【フラット35】・【フラット35】S 技術基準のご案内」を参照。

仕様書 断熱材の厚さの特例

フラット35S 技術基準
272ページ
Ⅲ-1-1.3.4

一戸建住宅にあっては、床の「外気に接する部分」のうち、住宅の床面積の合計の5%の以下の部分については、142～144ページ「断熱材の熱抵抗値または厚さ」の早見表において、「その他の部分」とみなすことができる。

断熱材の厚さの特例

断熱等性能等級4においては、上記を除き、断熱材の厚さの特例（部位の基準に満たない箇所が生じた場合に他の部位の断熱強化で補完できる規定（いわゆるトレードオフ規定））はない。

仕様書 断熱の施工方法

268ページ
Ⅲ-1-1.3

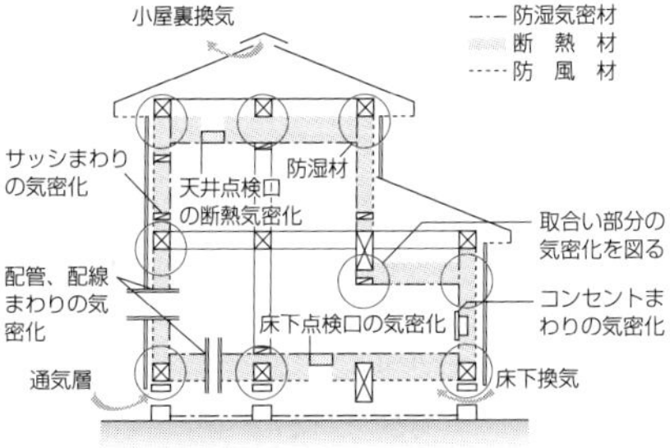

充填断熱工法による場合

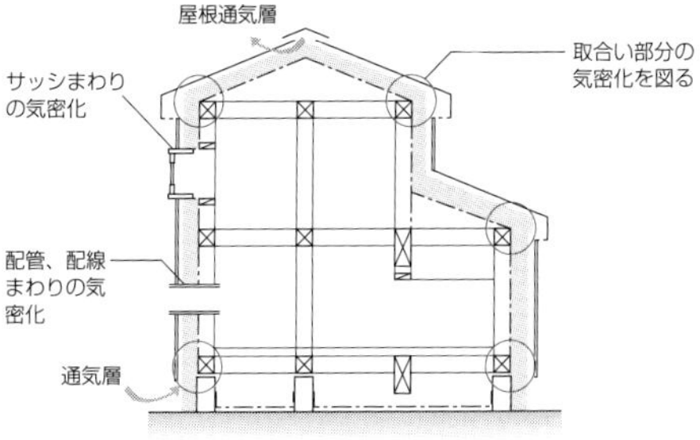

外張断熱工法による場合

図1 断熱の施工方法

工事仕様のポイント

- 木造住宅の断熱施工方法は、充填断熱工法と外張断熱工法の2つに大別される。「充填断熱工法」は柱などの構造部材間の空間に断熱材を詰め込み断熱する工法で、「外張断熱工法」は柱などの構造部材の外気側に断熱材を張り付けていく工法（屋根または天井、外壁、外気に接する床において適用）である。
- 断熱材の早見表で柱等の構造部材間におさまらない数値になっている箇所は、充填断熱を行い不足分の厚さの断熱材を外張りする。

6 断熱性能、断熱材等の施工(4)

仕様書 防湿材の施工

フラット35S 技術基準
275ページ
Ⅲ-1-1.4.3

グラスウール、ロックウール、セルローズファイバー等の繊維系断熱材およびJIS A 9526に規定する吹付け硬質ウレタンフォームA種3、その他これらに類する透湿抵抗の小さい断熱材(以下「繊維系断熱材等」という)を使用する場合は、外気等に接する部分に防湿材等を室内側に施工して防湿層を設ける。ただし、次のいずれかの場合は、当該部位について防湿層の設置を省略できる。

イ.土塗り壁の外側に断熱層がある場合
ロ.床断熱において、断熱材下側が床下に露出する場合、または湿気の排出を妨げない構成となっている場合
ハ.建設地の地域の区分が8地域の場合
ニ.断熱層が単一の材料で均質に施工され、透湿抵抗比が次の値以上である場合
(イ)1地域~3地域で、壁は5、屋根または天井は6
(ロ)4地域で、壁は3、屋根または天井は4
(ハ)5地域~7地域で、壁は2、屋根または天井は3
ホ.イからニと同等以上の結露の発生の防止に有効な措置を講ずる場合は、特記による。

表1 透湿抵抗の大きい断熱材

断熱材の種類		備考
プラスチック系断熱材	ビーズ法ポリスチレンフォーム断熱材1号	1)
	ビーズ法ポリスチレンフォーム断熱材2号	
	ビーズ法ポリスチレンフォーム断熱材3号	
	ビーズ法ポリスチレンフォーム断熱材4号	
	押出法ポリスチレンフォーム断熱材1種b(スキン層なし)	
	押出法ポリスチレンフォーム断熱材2種b(スキン層なし)	
	押出法ポリスチレンフォーム断熱材3種a(スキン層なし)、3種b(スキン層なし)	
	押出法ポリスチレンフォーム断熱材3種a(スキン層あり)、3種b(スキン層あり)	
	硬質ウレタンフォーム断熱材1種1号	
	硬質ウレタンフォーム断熱材1種2号	
	硬質ウレタンフォーム断熱材1種3号	
	硬質ウレタンフォーム断熱材2種1号	
	硬質ウレタンフォーム断熱材2種2号	
	硬質ウレタンフォーム断熱材2種3号	
	硬質ウレタンフォーム断熱材2種4号	
	硬質ウレタンフォーム断熱材3種1号	
	硬質ウレタンフォーム断熱材3種2号	
	ポリエチレンフォーム断熱材1種1号	
	ポリエチレンフォーム断熱材1種2号	
	ポリエチレンフォーム断熱材2種	
	ポリエチレンフォーム断熱材3種	
	フェノールフォーム断熱材1種1号	
	フェノールフォーム断熱材1種2号	
	フェノールフォーム断熱材1種3号	
	フェノールフォーム断熱材2種1号	
	フェノールフォーム断熱材2種2号	
	フェノールフォーム断熱材2種3号	
	フェノールフォーム断熱材3種1号	
	建築物断熱用吹付け硬質ウレタンフォームA種1	2)
	建築物断熱用吹付け硬質ウレタンフォームA種1H	

1) JIS A 9521:2017に基づく表記名。
2) JIS A 9526:2015に基づく表記名。

防湿材端部の処理

防湿材の端部は、防湿層を連続させるため、せっこうボード、合板、乾燥木材等で押さえる。押えが不十分だと、室内の湿った空気が断熱層へ流入し断熱性能が低下するほか、壁体内結露の危険性が高まる。

仕様書 276ページ Ⅲ-1-1.4.6　**床の施工**

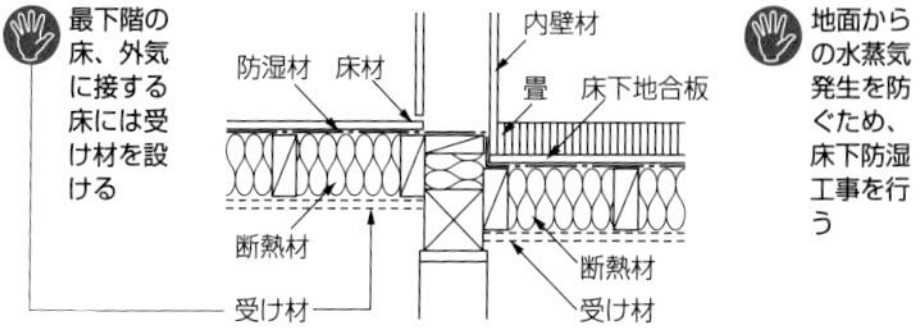

根太に段差をつける場合

図1 バリアフリー床における断熱施工（例）

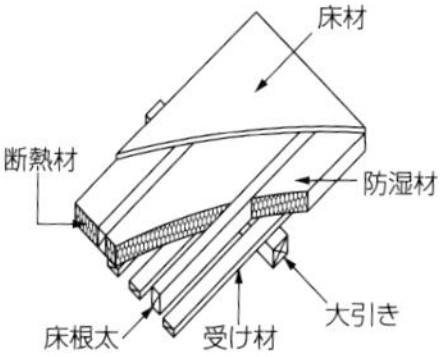

耳なし断熱材を使用する場合
（無機繊維系断熱材）

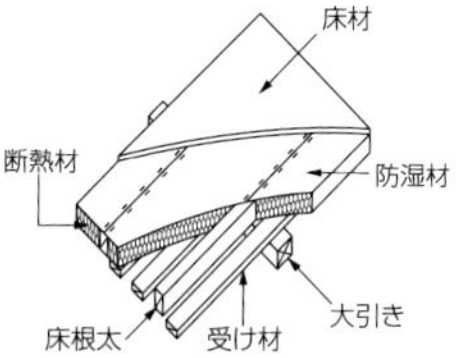

耳付き断熱材を使用する場合
（無機繊維系断熱材）

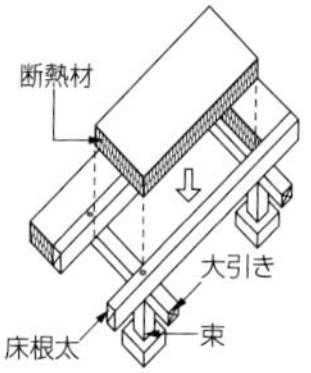

ボード状断熱材を
大引きに渡す場合

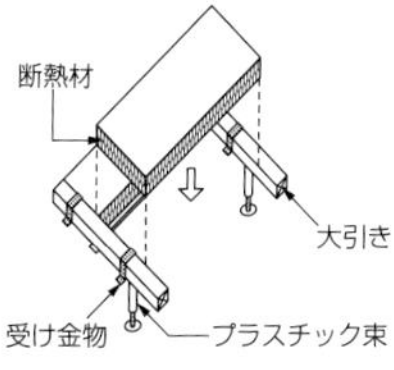

ボード状断熱材を受け金物を
用いて取り付ける場合

図2 床の断熱材施工（例）

工事仕様のポイント

- 耳付きの防湿材を備えたフェルト状断熱材を用いる場合は、防湿材を室内側に向けて施工する。なお、継目はすき間なく十分突き付け施工し、すき間が生じた場合は、防湿材にアルミテープ等の防湿テープで補修する。
- 透湿抵抗比とは、断熱層の外気側表面より室内側に施工される材料の透湿抵抗の合計値を、断熱層の外気側表面より外気側に施工される材料の透湿抵抗の合計値で除した値のこと。

⑦ 断熱性能、断熱材等の施工(5)

仕様書 壁の施工

フラット35S
技術基準
276ページ
Ⅲ-1-1.4.7

1.断熱層の屋外側に通気層を設け、壁内結露を防止する構造とする。ただし、次のいずれかに該当する場合は、通気層を設置しないことができる。
　イ.1地域および2地域以外で、防湿層にJIS A 6930(住宅用プラスチック系防湿フィルム)を用いる場合
　ロ.1地域および2地域以外で、防湿層が0.082m²・s・Pa/ng以上の透湿抵抗を有する場合
　ハ.1地域および2地域以外で、断熱層の外気側にALCパネルまたはこれと同等以上の断熱性・吸湿性を有する材料を用い、防湿層が0.019m²・s・Pa/ng以上の透湿抵抗を有する場合
　ニ.断熱層が単一の材料で均質に施工され、透湿抵抗比が次の値以上である場合
　　(イ)1地域、2地域および3地域は5
　　(ロ)4地域は3
　　(ハ)5地域、6地域および7地域は2
　ホ.建設地の地域の区分が8地域の場合
　ヘ.イからホと同等以上の結露の発生の防止に有効な措置を講ずる場合は、特記による。
2.断熱層の屋外側に通気層を設け、かつ、繊維系断熱材等を使用する場合には、断熱材と通気層の間に、次のいずれか、またはこれらと同等以上の強度および透湿性を有する防風材を施工して防風層を設ける。
　イ.JIS A 6111(透湿防水シート)に適合するシート
　ロ.合板
　ハ.シージングボード
　ニ.火山性ガラス質複層板、MDF、構造用パネル(OSB)等の面材
　ホ.付加断熱材として使用される発泡プラスチック系断熱材、ボード状繊維系断熱材
　ヘ.付属防湿層付き断熱材の外気側シート

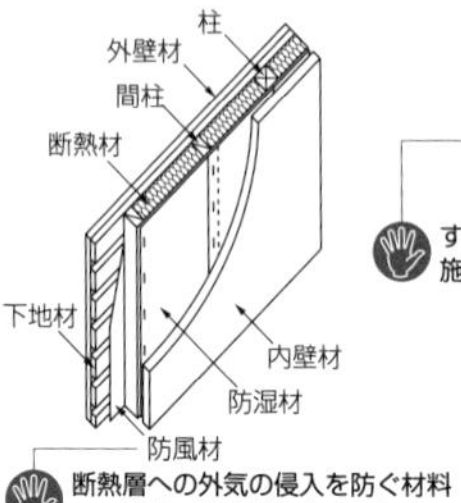

無機繊維系断熱材の充填(大壁)

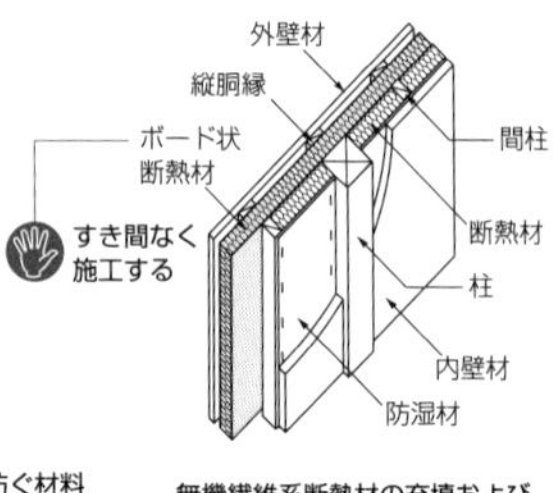

無機繊維系断熱材の充填およびボード状断熱材の外張併用(真壁)
(貫を省略した場合)

図1 壁の断熱材施工(例)①

配管部は管の防露措置を行い、断熱材は配管の屋外側に施工する

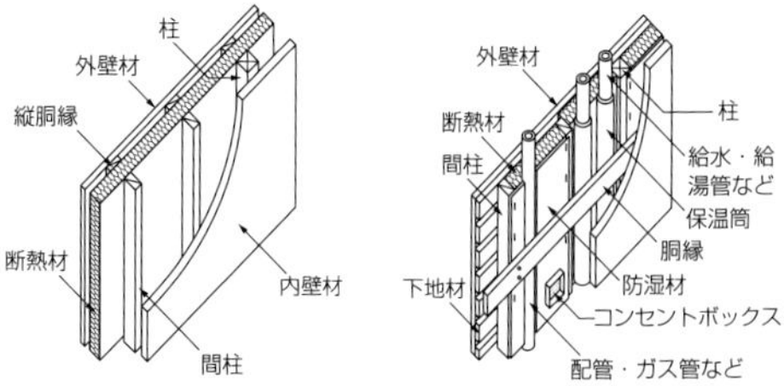

発泡プラスチック系断熱材の外張り（大壁）

無機繊維系断熱材の充填（大壁）配管・配線などの施工例

図2 壁の断熱材施工（例）②

仕様書 277ページ Ⅲ-1-1.4.8 **天井の施工**

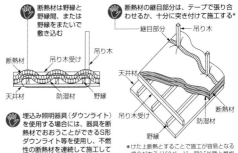

断熱材は野縁と野縁間、または野縁をまたいで敷き込む

断熱材の継目部分は、テープで張り合わせるか、十分に突き付けて施工する*

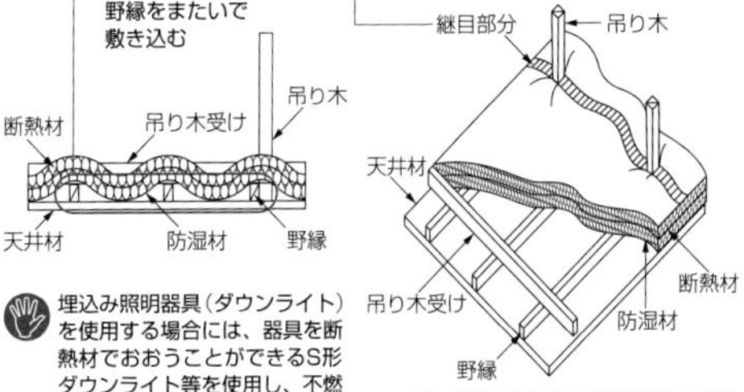

埋込み照明器具（ダウンライト）を使用する場合には、器具を断熱材でおおうことができるS形ダウンライト等を使用し、不燃性の断熱材を連続して施工して断熱層を設ける

*けた上断熱とすることで施工が容易となる場合がある（158ページ・図3「外壁と屋根の取合い部の施工（例）①」参照）。

図3 天井の断熱材施工（例）

M形は天井裏に熱を放出するため断熱材で覆う場合はS形を使用する

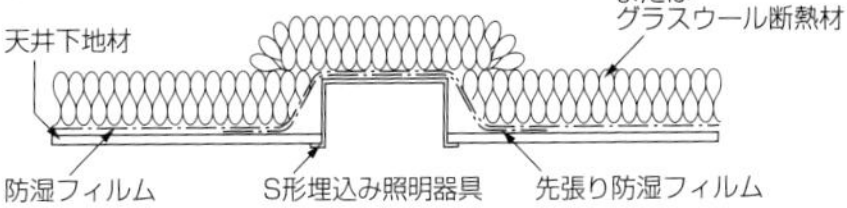

図4 S形ダウンライト

工事仕様のポイント

- 外壁内通気措置を施した場合、現場発泡断熱材を透湿防水シートに直接吹き付けると通気層側にふくらみ、通気を阻害するおそれがあるため、面材等で通気層の厚さが低減しないように施工する。また数回に分けて吹き付け、断熱材内部にスキン層を形成させる。
- 天井の断熱材は、天井と外壁との取合い部、間仕切り壁との交差部、吊り木周囲の部分ですき間が生じないよう、天井全面に敷き込む。また、断熱材で小屋裏換気経路をふさがないよう注意する。

8 断熱性能、断熱材等の施工(6)

仕様書 屋根の施工

フラット35S 技術基準
277ページ
Ⅲ-1-1.4.9

1. 断熱材の外側には、通気層を設ける。ただし、次のいずれかに該当する場合は、通気層を設置しないことができる。
   イ. 1地域および2地域以外で、防湿層にJIS A 6930(住宅用プラスチック系防湿フィルム)を用いる場合
   ロ. 1地域および2地域以外で、防湿層が0.082m^2・s・Pa/ng以上の透湿抵抗を有する場合
   ハ. 1地域および2地域以外で、断熱層の外気側にALCパネルまたはこれと同等以上の断熱性・吸湿性を有する材料を用い、防湿層が0.019m^2・s・Pa/ng以上の透湿抵抗を有する場合
   ニ. 断熱層が単一の材料で均質に施工され、透湿抵抗比が次の値以上である場合
      (イ) 1地域、2地域および3地域は6
      (ロ) 4地域は4
      (ハ) 5地域、6地域および7地域は3
   ホ. 建設地の地域の区分が8地域の場合
   ヘ. イからホと同等以上の結露の発生の防止に有効な措置を講ずる場合は、特記による。
2. 断熱層の屋外側に通気層を設け、かつ、繊維系断熱材等を使用する場合には、断熱材と通気層の間に、次のいずれか、またはこれらと同等以上の強度および透湿性を有する防風材を施工して防風層を設ける。
   イ. JIS A 6111(透湿防水シート)に適合するシート
   ロ. 合板
   ハ. シージングボード
   ニ. 火山性ガラス質複層板、MDF、構造用パネル(OSB)等の面材
   ホ. 付加断熱材として使用される発泡プラスチック系断熱材、ボード状繊維系断熱材
   ヘ. 付属防湿層付き断熱材の外気側シート

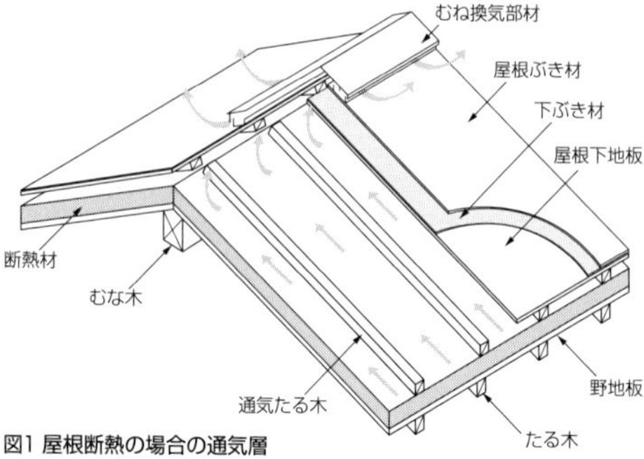

図1 屋根断熱の場合の通気層

📖 仕様書　気流止め

278ページ
Ⅲ-1-1.4.10

❶屋根または天井と壁および壁と床との取合い部においては、外気が室内に流入しないよう、当該取合い部に気流止めを設ける等、有効な措置を講じる。
❷間仕切り壁と天井または床との取合い部において、間仕切り壁の内部の空間が、天井裏または床裏に対し開放されている場合にあっては、当該取合い部に気流止めを設ける。
❸外壁の内部の空間が、天井裏または床裏に対し開放されている住宅の当該外壁に充填断熱工法により断熱施工する場合にあっては、当該外壁の上下端部と床、天井または屋根との取合い部に気流止めを設ける。

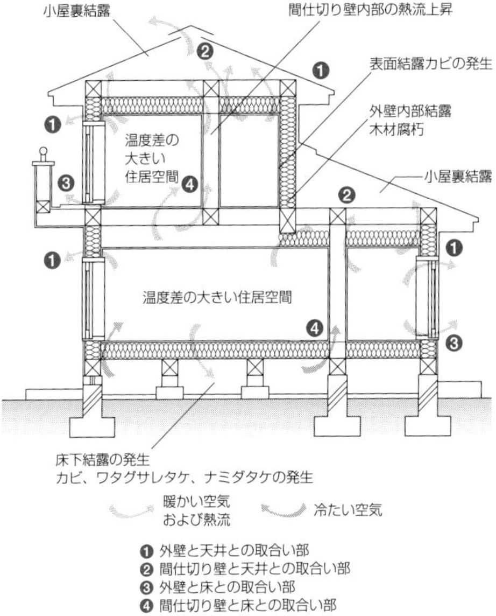

図2 断熱材のすき間が生じやすい箇所

工事仕様のポイント

- ☞ 屋根断熱の場合の施工では、施工後、有害なたるみ、ずれ、すき間などが生じないよう、原則として受け材を設ける。
- ☞ 断熱材を屋根のたる木の屋外側に取り付ける場合は、屋根と外壁の取合い部で断熱材のすき間が生じないよう施工する。
- ☞ 屋根断熱の通気層への入気のため、軒裏には通気孔を設ける。
- ☞ 外壁、間仕切り壁の上下端部の気流止めには、乾燥木材、合板、シート状防湿材など気密性に優れた材料を使用する。

9 断熱性能、断熱材等の施工（7）

仕様書 278ページ Ⅲ-1-1.4.10

気流止め（つづき）

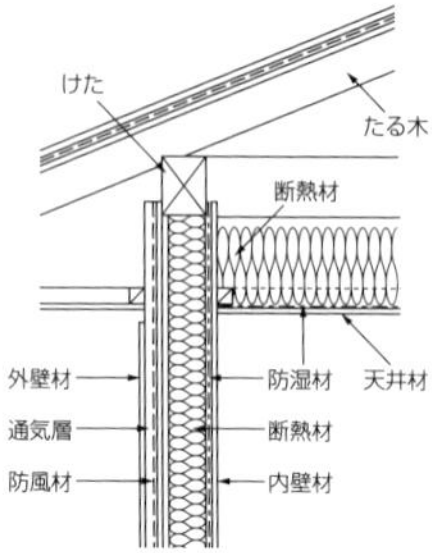

外壁と天井との取合い部
（外壁部に充填する場合）

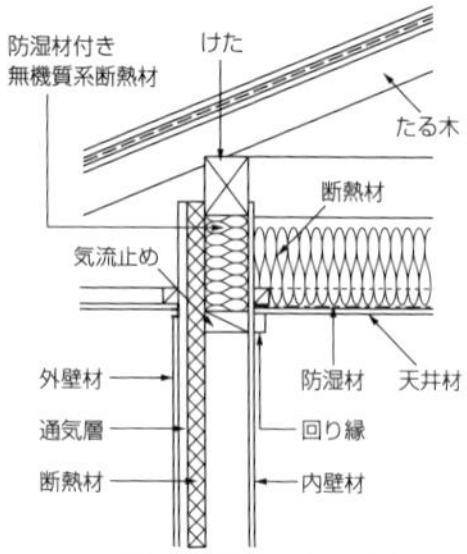

外壁と天井との取合い部
（外壁部を外張りとする場合）

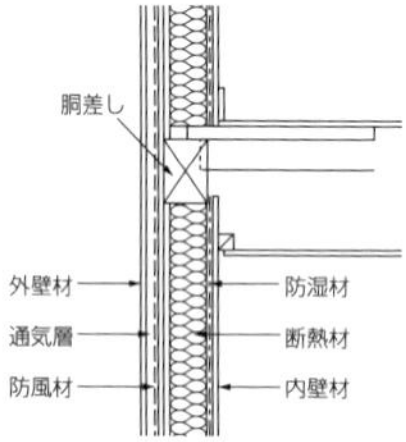

外壁と胴差しの取合い部

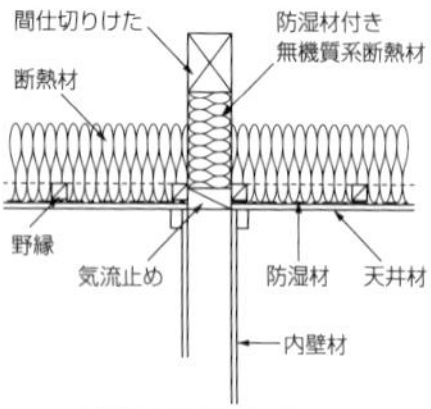

間仕切り壁部の気流止め
（間仕切り壁と天井との取合い部）

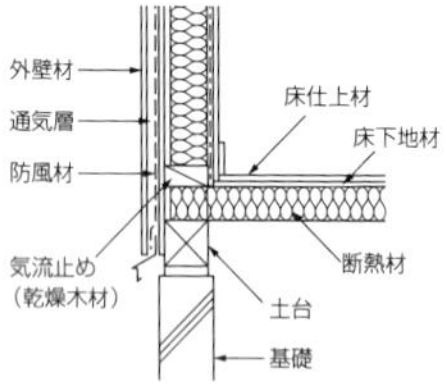

外壁と床との取合い部

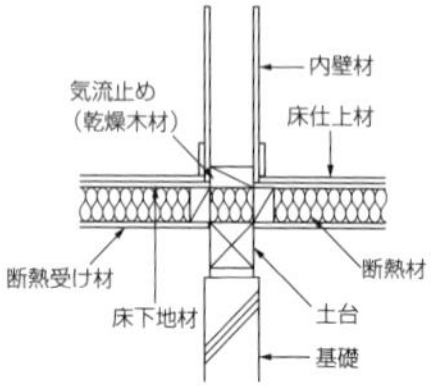

間仕切り壁と床との取合い部
（床根太が直交する場合）

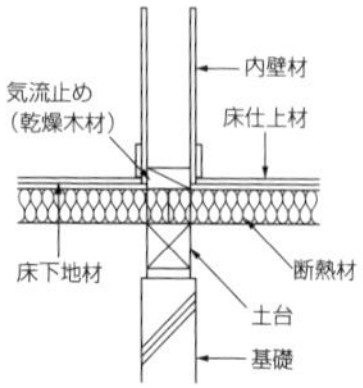

間仕切り壁と床との取合い部
（床根太が平行する場合）

図1 取合い部の断熱材施工（例）①

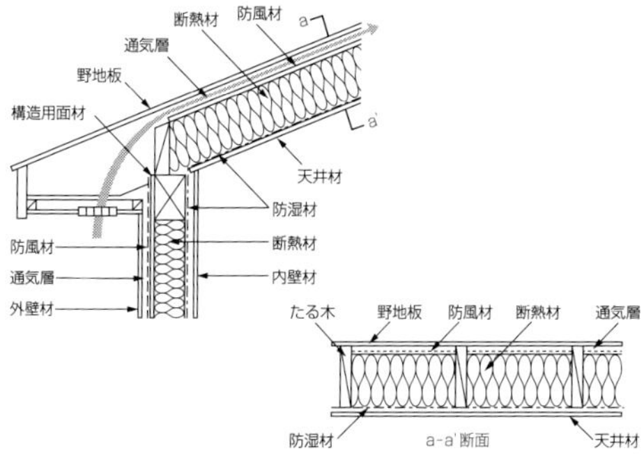

たる木内部で通気層を確保する場合（充填）

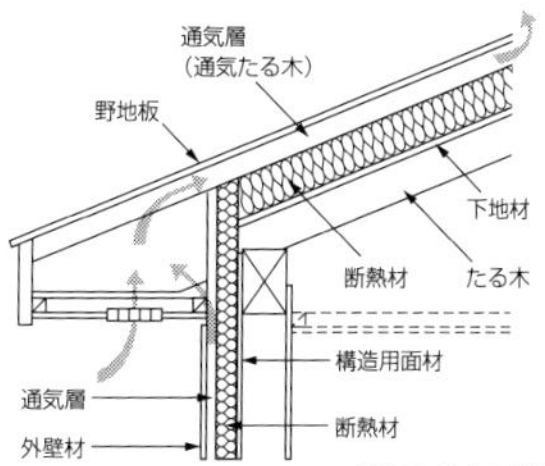

通気たる木を設け通気層を確保する場合（外張り）

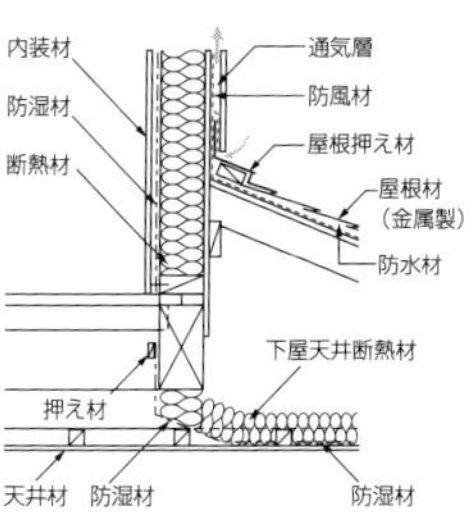

下屋部の天井断熱

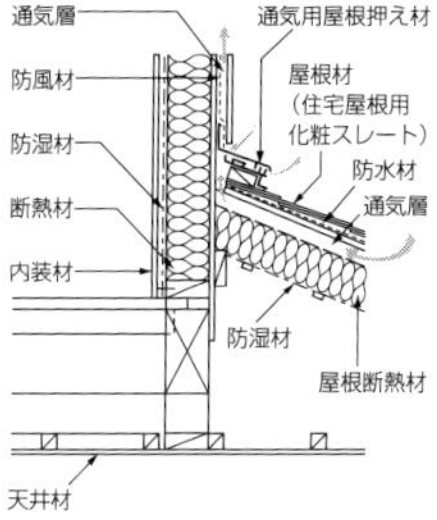

下屋部の屋根断熱

図2 取合い部の断熱材施工（例）②（外壁部と屋根との取合い部例）

工事仕様のポイント

- 屋根または天井と壁、壁と床との取合い部には、外気が室内に流入しないよう、取合い部に気流止めを設ける等の措置を講じる。
- 間仕切り壁の内部の空間が、天井裏・床裏に対し開放されている場合は、間仕切り壁と天井・床との取合い部に気流止めを設ける。
- 外壁の内部の空間が、天井裏・床裏に対し開放されている住宅の外壁に充填断熱工法により断熱施工する場合は、外壁の上下端部と床、天井または屋根との取合い部に気流止めを設ける。

⑩ 気密工事 充填断熱工法または繊維系断熱材を用いた外張断熱工法による場合（1）

仕様書 壁、床、天井（または屋根）の施工

286ページ
Ⅲ-1-1.5.3

合板等による気密層施工を行う場合、合板継手部分は受け材上部でくぎ打ち、実加工とする場合は気密テープを用いてなくてもよい

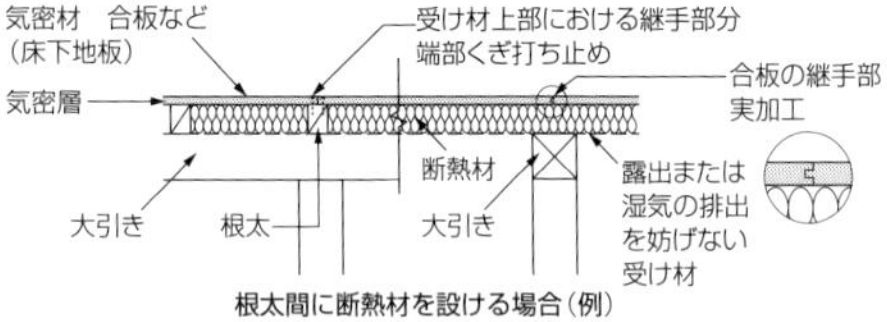

根太間に断熱材を設ける場合（例）

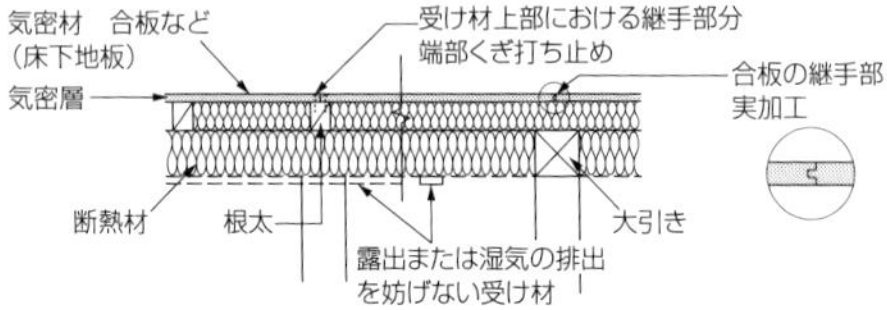

断熱材を気密材と密着せずに施工する場合は、①断熱層の連続性確保、②気密層の連続性確保、③適切な防露措置を行う

根太・大引き間に断熱材を設ける施工（例）

図1 防湿フィルムの施工を要さない床の施工（例）

仕様書 壁、床、天井（または屋根）の取合い部の施工

287ページ
Ⅲ-1-1.5.4

外壁の防湿フィルムをけたまで連続させる

けたまで連続させる

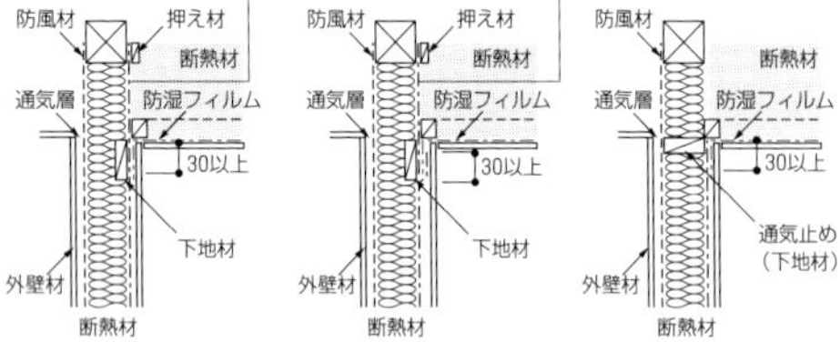

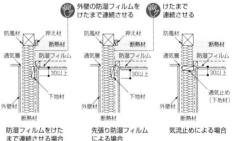

防湿フィルムをけたまで連続させる場合　　先張り防湿フィルムによる場合　　気流止めによる場合

図2 屋根直下の天井と外壁の取合い部の施工（例）

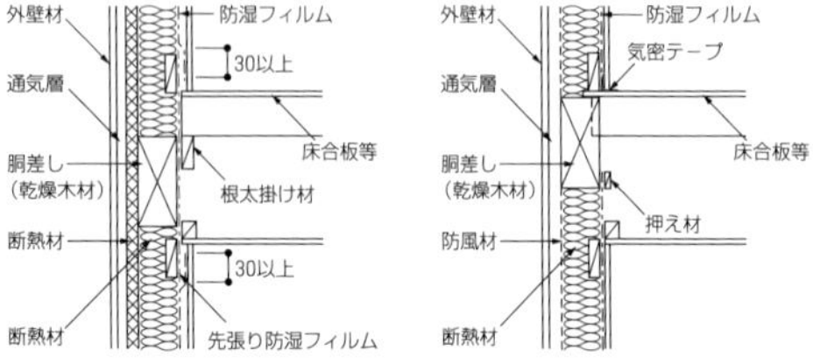

先張り防湿フィルムがある場合　　先張り防湿フィルムがない場合

図3 中間階の床と外壁の取合い部の施工（例）

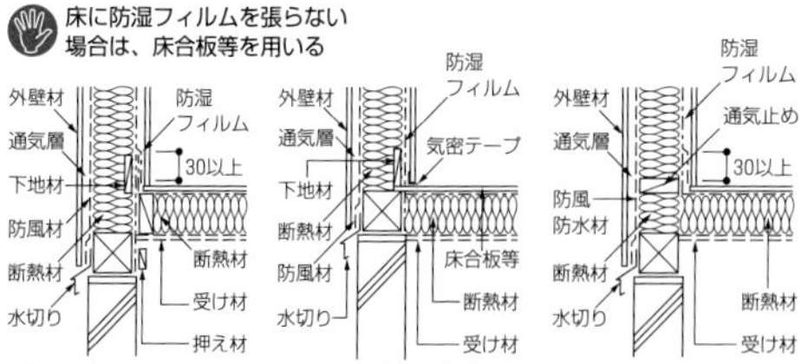

先張り防湿フィルムを土台まで連続させる場合　床合板を直接土台にくぎ留め　取合い部外壁内に気流止めを用いる場合

図4 最下階の床と外壁の取合い部の施工（例）

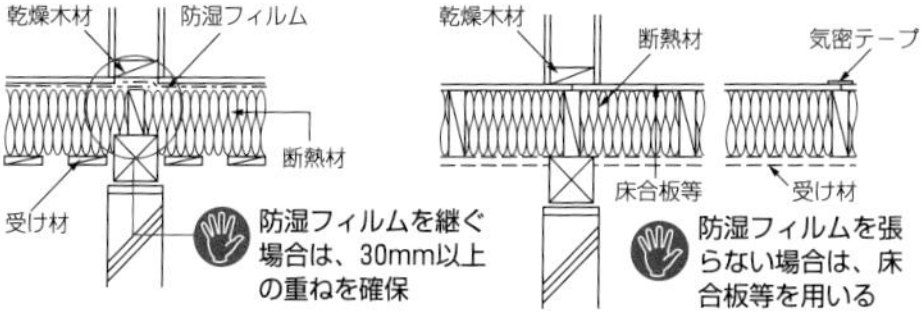

防湿フィルムを床下に先張りする場合　床合板等による場合

図5 最下階の床と間仕切り壁の取合い部の施工（例）

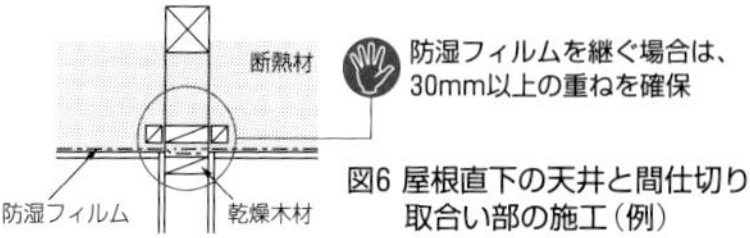

図6 屋根直下の天井と間仕切り壁の取合い部の施工（例）

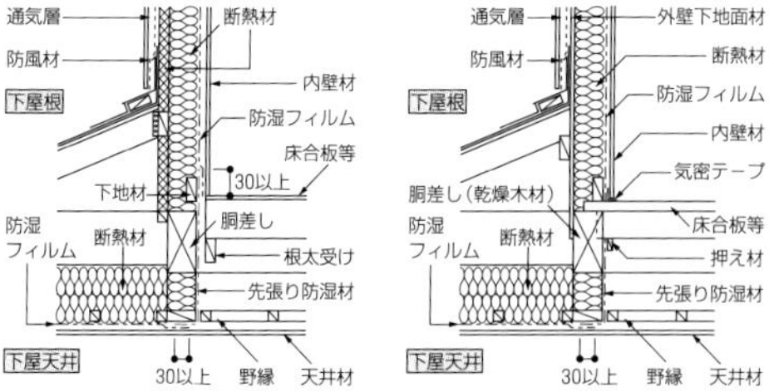

図7 下屋部分の取合い部の施工（例）

工事仕様のポイント

☞ 断熱材と気密材は、密着させて施工することが望ましいが、やむを得ず断熱材と気密材を密着せずに施工する場合は、①断熱層の連続性の確保、②気密層の連続性の確保、③適切な防露措置（防湿層、通気層、防風層、気流止めなどの対策）を満足させる。

☞ 壁・床・天井における防湿フィルムの施工では、継目を縦・横とも下地材のある部分で30mm以上重ね合わせ、防湿フィルム相互を気密テープ等を用いて貼り合わせ、気密性を確保する。

⑪ 気密工事 充填断熱工法または繊維系断熱材を用いた外張断熱工法による場合(2)

仕様書 288ページ Ⅲ-1-1.5.5 ボード状繊維系断熱材を用いた外張断熱工法による場合

壁・床・天井における防湿フィルムの施工では、継目を縦・横とも下地材のある部分で30mm以上重ね合わせ、防湿フィルム相互を気密テープ等を用いて貼り合わせ、気密性を確保する

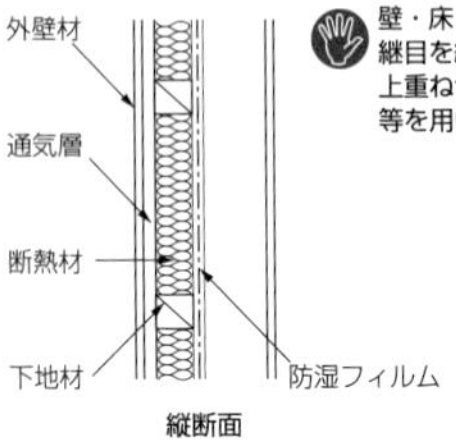

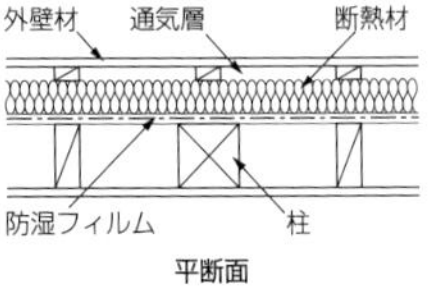

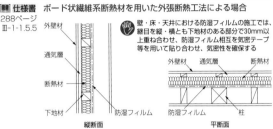

図1 ボード状繊維系断熱材の外張断熱工法の場合

仕様書 288ページ Ⅲ-1-1.5.7 細部の気密処理(1地域～3地域において建設する場合)

サッシ枠取付け部で結露が生じないよう、構造材や防湿フィルムとサッシ枠のすき間を気密補助材で処理する

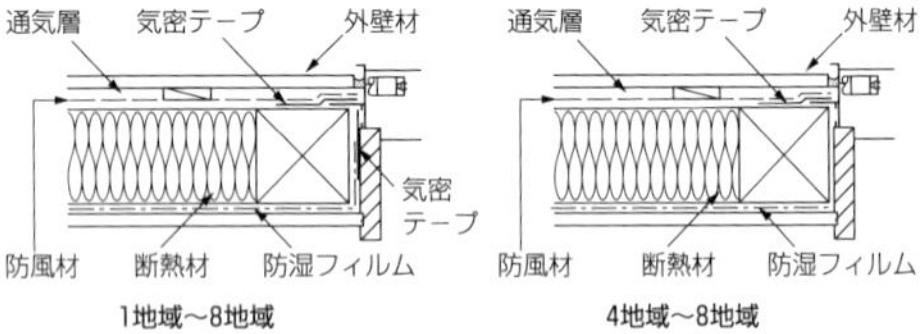

図2 開口部まわりの施工(例)

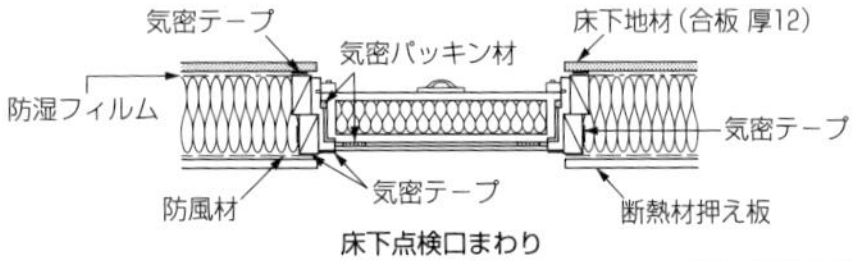

点検口の枠材には防湿フィルムを気密テープ等で留め付ける

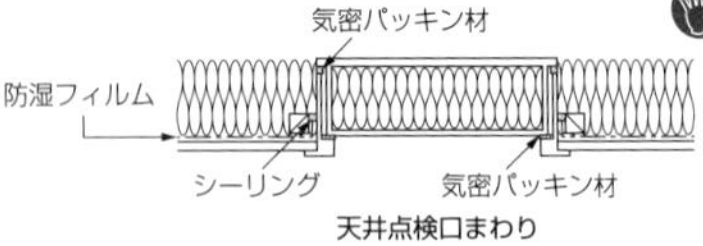

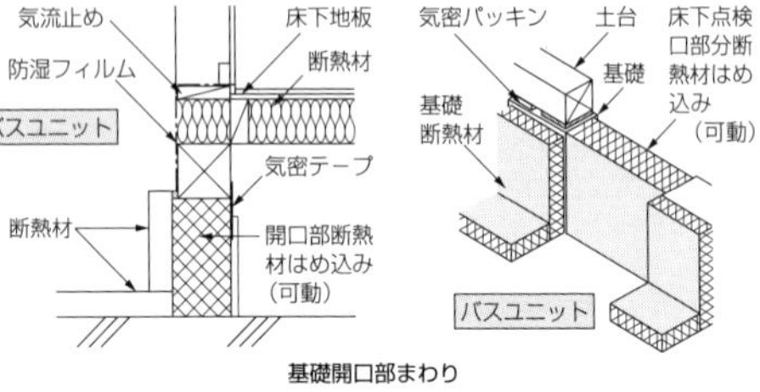

図3 点検口まわりの施工(例)

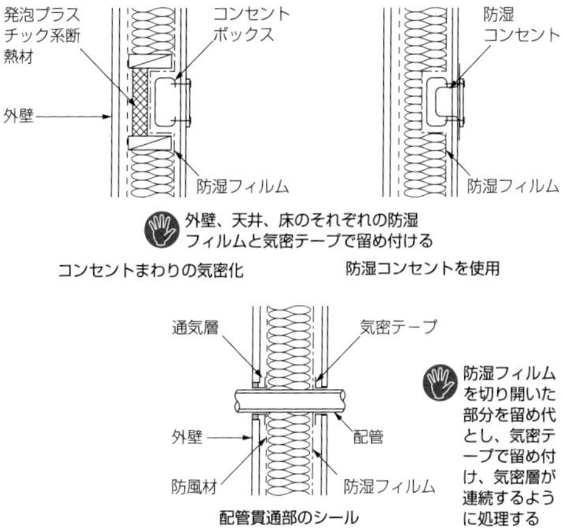

図4 気密層の連続性を保つための方法

壁・床・天井の施工

防湿フィルムは、継目を縦、横とも下地材のある部分で30mm以上重ね合わせ、その部分を合板、せっこうボード、乾燥した木材等で挟みつける。防湿フィルムの留付けは、ステープルを用い、縦目にそって200～300mm程度の間隔で下地材に留め付け、防湿フィルムの継目部分は、次のいずれかとし、気密性を確保する。

❶内装下地材等をくぎ留めし、防湿フィルムの継目部分を挟みつける。内装下地材等に木を使用する場合、乾燥した材料を使用する。
❷防湿フィルム相互をテープで貼り合わせる。
❸防湿フィルム相互をコーキングにより取付ける。

最上階の和室の天井を、目透し天井、竿縁天井等とする場合には、防湿フィルムが連続するように留意する。また、間仕切り壁の下地材の施工は天井、床の断熱材および防湿層の施工後に行い、間仕切り壁で防湿フィルムが連続するようにおさめる。

4地域～8地域で建設する場合であっても、細部の気密処理の施工に十分注意する

工事仕様のポイント

☞ やむを得ず断熱材と気密材を密着せずに施工する場合は、①断熱層の連続性の確保、②気密層の連続性の確保、③適切な防露措置を満足させながら適切に施工する。

☞ 防湿フィルムには、JIS A 6930(住宅用プラスチック系防湿フィルム)に適合するもの等の使用が望ましい。この材料は、防湿層の剛性が高く、防湿層の平面保持がよく、仕上材で防湿層を押さえたとき、重ね部分の気密精度が向上し、施工も容易になる。

⑫ 気密工事 発泡プラスチック系断熱材を用いた外張断熱工法による場合

仕様書 発泡プラスチック系断熱材を用いた外張断熱工法による場合

295ページ
Ⅲ-1-1.6.1

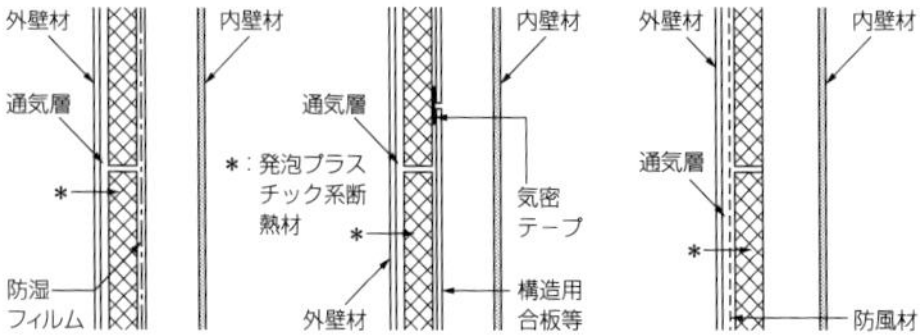

屋内側に防湿フィルムを用いる場合　屋内側に構造用合板等を用いる場合　屋外側に透湿防水シートを用いる場合

図1 発泡プラスチック系断熱材外張工法の場合の気密仕様（例）①
1地域～3地域の場合（相当すき間面積2.0cm²/m²以下）

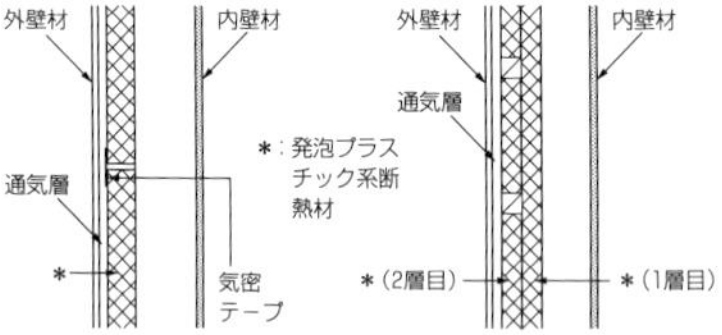

気密補助材を用いる場合　2層以上の断熱材を用いる場合

図2 発泡プラスチック系断熱材外張工法の場合の気密仕様（例）②
4地域～8地域の場合（相当すき間面積5.0cm²/m²以下、2.0cm²/m²超）

仕様書 壁、屋根およびその取合い部の施工

295ページ
Ⅲ-1-1.6.3

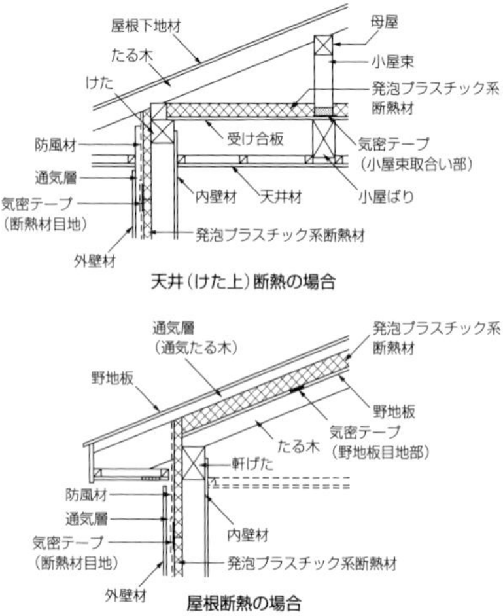

図3 外壁と屋根の取合い部の施工（例）①

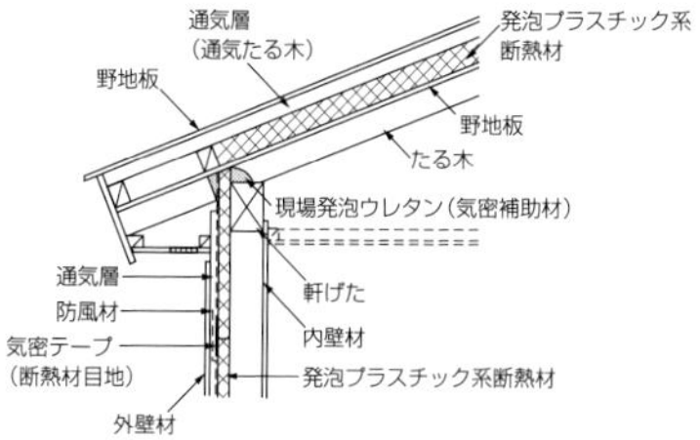

屋根断熱（たる木が断熱材を貫通する）の場合

図4 外壁と屋根の取合い部の施工（例）②

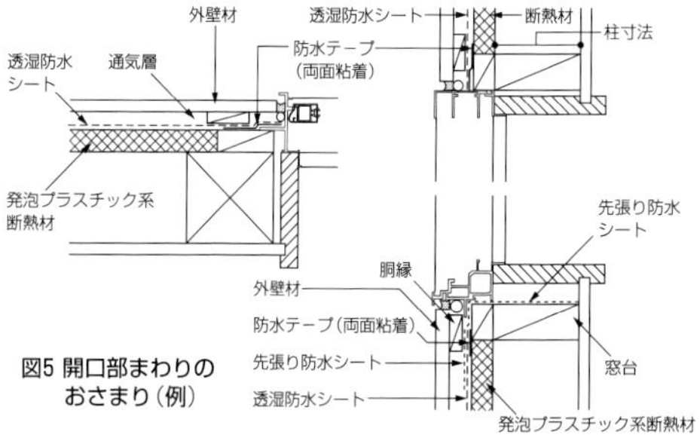

図5 開口部まわりの
おさまり（例）

📖 仕様書　基礎断熱部の取合い等

296ページ
Ⅲ-1-1.6.4

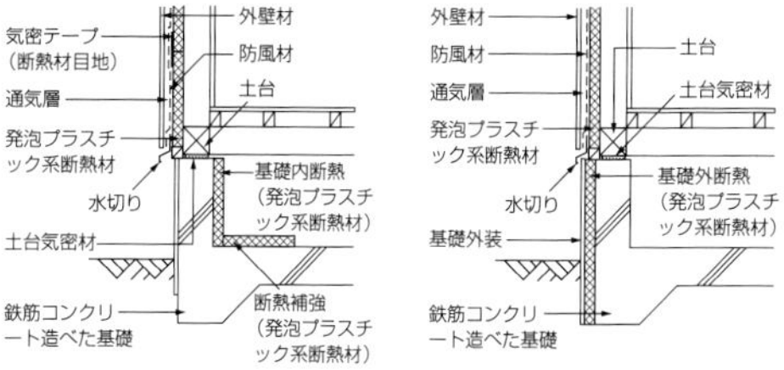

基礎内断熱の場合　　　基礎外断熱の場合

注）基礎外断熱の場合は、地中に埋めた断熱材がシロアリの被害を受けやすいため、本工法はシロアリの被害が比較的少ない地域（北海道、青森県、岩手県、秋田県、宮城県、山形県、福島県、新潟県、富山県、石川県および福井県）においてのみ採用を検討する。

図6 外壁と基礎の取合い部の施工（例）

工事仕様のポイント

- ☞ 防湿フィルムを用いた気密工事のほかに、断熱材の継目を適切に処理することで気密性を確保する仕様や、断熱材の外側に透湿防水シートを用いて気密性を確保する仕様等がある。
- ☞ 住宅瑕疵担保責任保険における外壁に係る設計施工基準では、通気構法とする場合、原則として透湿防水シートを使用することとなっている。このため、防水の観点から透湿防水シート以外の部材を防水紙として使用できない場合がある。

⑬ 開口部の断熱性能／1地域～7地域に適用

仕様書 開口部比率

フラット35S 技術基準
299ページ Ⅲ-1-1.7.1

開口部比率（屋根または天井、外壁、開口部、床等の外皮等面積の合計に占める開口部面積の合計の割合）を計算する場合の開口部の断熱性能は、一戸建の住宅にあっては表1、共同住宅等にあっては表2の開口部比率の区分に応じて、160ページ「開口部建具の種類」により決定する。

表1 一戸建の住宅における開口部比率の区分

地域の区分*1	開口部比率の区分	
1～3地域	(い)	0.07未満
	(ろ)	0.07以上0.09未満
	(は)	0.09以上0.11未満
	(に)	0.11以上
4～8地域	(い)	0.08未満
	(ろ)	0.08以上0.11未満
	(は)	0.11以上0.13未満
	(に)	0.13以上

表2 共同住宅等における開口部比率の区分

地域の区分*1	開口部比率の区分	
1～3地域	(い)	0.05未満
	(ろ)	0.05以上0.07未満
	(は)	0.07以上0.09未満
	(に)	0.09以上
4～8地域	(い)	0.05未満
	(ろ)	0.05以上0.07未満
	(は)	0.07以上0.08未満
	(に)	0.08以上

仕様書 開口部建具の種類

フラット35S 技術基準
299ページ Ⅲ-1-1.7.2

1. 開口部の断熱の仕様は、地域の区分に応じ、次のいずれかとする。
   イ. 開口部比率を計算する場合は、次表の開口部比率の区分に応じた熱貫流率を満たすものとする。
   ロ. 開口部比率を計算しない場合は、イの表のうち、開口部比率（に）の区分に掲げる熱貫流率を満たすものとする。
2. 窓の合計面積が住宅の床面積の2%以下となるものについては、前記1によらず施工することができる。

表3 開口部建具の熱貫流率

地域の区分	開口部比率の区分			熱貫流率
		一戸建の住宅	共同住宅等	
1･2･3地域	(い)	0.07未満	0.05未満	2.91以下
	(ろ)	0.07以上0.09未満	0.05以上0.07未満	2.33以下
	(は)	0.09以上0.11未満	0.07以上0.09未満	1.90以下
	(に)	0.11以上	0.09以上	1.60以下
4地域	(い)	0.08未満	0.05未満	4.07以下
	(ろ)	0.08以上0.11未満	0.05以上0.07未満	3.49以下
	(は)	0.11以上0.13未満	0.07以上0.08未満	2.91以下
	(に)	0.13以上	0.08以上	2.33以下
5･6･7地域	(い)	0.08未満	0.05未満	6.51以下
	(ろ)	0.08以上0.11未満	0.05以上0.07未満	4.65以下
	(は)	0.11以上0.13未満	0.07以上0.08未満	4.07以下
	(に)	0.13以上	0.08以上	3.49以下
8地域		－		

*1 地域の区分については、フラット35サイト掲載（https://www.flat35.com/download/dl_tech.html）の「【フラット35】・【フラット35】S 技術基準のご案内」を参照。

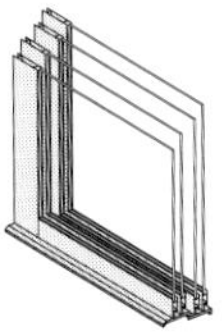

二重構造建具

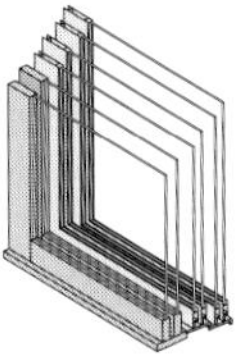

三重構造建具

＊ガラスの間に乾燥空気を入れ密閉し、断熱効果を高めた複層ガラスをはめ込んだ一重の建具。

複層ガラス入り建具

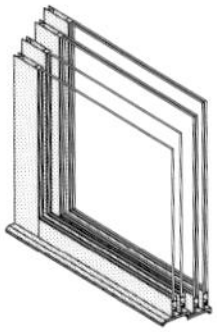

単体ガラス入り建具と
複層ガラス入り建具の二重構造

開口部に二重、三重のサッシ（ドア）を使用する場合は、内側ほど気密性、断熱性が高いものを使用することが、サッシ（ドア）の間（風除室を含む）の結露を防ぐうえで重要

図1 開口部建具の種類

memo

工事仕様のポイント

- 断熱等性能等級4の基準に適合する住宅とする場合には、断熱性能の高い開口部とする。その仕様は、各断熱地域の区分ごと・開口部比率の区分ごとに、160ページ「開口部建具の種類」に掲げる熱貫流率を満たすものとする*2。
- 開口部の熱貫流率が試験等によって確認された建具は、各断熱地域の区分ごと・開口部比率の区分ごとに定められた必要性能に応じて用いることが可能である（160ページ参照）。

＊2 具体的な仕様は、220ページ・付録3「「建具とガラスの組合せ」による開口部の熱貫流率」に掲げる仕様から選択することができる。

⑭ 開口部の日射遮蔽措置／5地域～8地域に適用

仕様書 303ページ Ⅲ-1-1.8

開口部の日射遮蔽措置

開口部の日射遮蔽措置に関する基準の対象

基準の対象となるのは、窓（掃き出し窓・框ドア（戸が四周の框材と面積の大部分を占めるガラスで構成されるドア）を含む）であり、ドアなどの窓以外の開口部は含まれない。

開口部比率を計算する場合の区分

表1 一戸建の住宅における開口部比率の区分

地域の区分*	開口部比率の区分	
1～3地域	(い)	0.07未満
	(ろ)	0.07以上0.09未満
	(は)	0.09以上0.11未満
	(に)	0.11以上
4～8地域	(い)	0.08未満
	(ろ)	0.08以上0.11未満
	(は)	0.11以上0.13未満
	(に)	0.13以上

表2 共同住宅等における開口部比率の区分

地域の区分*	開口部比率の区分	
1～3地域	(い)	0.05未満
	(ろ)	0.05以上0.07未満
	(は)	0.07以上0.09未満
	(に)	0.09以上
4～8地域	(い)	0.05未満
	(ろ)	0.05以上0.07未満
	(は)	0.07以上0.08未満
	(に)	0.08以上

仕様書 一戸建の住宅における開口部の日射遮蔽措置

フラット35S 技術基準 303ページ Ⅲ-1-1.8.1

1. 5地域、6地域および7地域における住宅の開口部（全方位）は、日射遮蔽措置を講じた次表のいずれかとする。
   イ. ガラスの日射熱取得率が0.49以下であるもの
   ロ. ガラスの日射熱取得率が0.74以下のものに、ひさし、軒等を設けるもの
   ハ. 付属部材（南±22.5度に設置するものについては、外付けブラインドに限る）を設けるもの
   ニ. 開口部比率を計算する場合は、162ページ・表1の区分に応じて、次表のいずれかとする。

表3 5地域・6地域・7地域における住宅の開口部（全方位）の日射遮蔽措置

開口部比率の区分	日射遮蔽措置（いずれか）
(ろ) 0.08以上0.11未満 開口部比率要計算	(イ)ガラスの日射熱取得率が0.74以下であるもの
	(ロ)付属部材またはひさし、軒等を設けるもの
(は)(に) 0.11以上 開口部比率要計算	(イ)ガラスの日射熱取得率が0.49以下であるもの
	(ロ)ガラスの日射熱取得率が0.74以下のものに、ひさし、軒等を設けるもの
	(ハ)付属部材（南±22.5度に設置するものについては、外付けブラインドに限る）を設けるもの

フラット35S 技術基準 303ページ Ⅲ-1-1.8.1

2. 8地域における住宅の開口部（全方位）は、日射遮蔽措置を講じた次表のいずれかとする。
   イ. 付属部材またはひさし、軒等を設けるもの
   ロ. 開口部比率を計算する場合は、162ページ・表1の区分に応じて、次表のいずれかとする。

＊地域の区分については、フラット35サイト掲載（https://www.flat35.com/download/dl_tech.html）の「【フラット35】・【フラット35】S 技術基準のご案内」を参照。

表4 8地域における住宅の開口部（全方位）の日射遮蔽措置

開口部比率の区分	日射遮蔽措置（いずれか）
（ろ） 0.08以上0.11未満 開口部比率要計算	北±22.5度の方位を除く開口部に付属部材またはひさし、軒等を設けるもの
（は）（に） 0.11以上 開口部比率要計算	付属部材またはひさし、軒等を設けるもの

仕様書 共同住宅等における開口部の日射遮蔽措置（8地域に適用）

フラット35S技術基準
303ページ Ⅲ-1-1.8.2

1.8地域における住宅の開口部（全方位）は、日射遮蔽措置を講じた次表のいずれかとする。
イ.北±22.5度の方位を除く開口部に付属部材またはひさし、軒等を設けるもの
ロ.開口部比率を計算する場合は、162ページ・表2の区分に応じて、次表による。

表5 8地域における住宅の開口部（全方位）の日射遮蔽措置

開口部比率の区分	日射遮蔽措置（いずれか）
（に） 0.08以上 開口部比率要計算	北±22.5度の方位を除く開口部に付属部材またはひさし、軒等を設けるもの

仕様書 小窓等における日射遮蔽措置

フラット35S技術基準
303ページ Ⅲ-1-1.8.3

窓（直達光が入射する天窓は除く）の合計面積が、住宅の床面積の4%以下となるものについては、開口部の日射遮蔽性能の基準の対象外とすることができる。

ひさし、軒等

ひさし、軒等として認められるオーバーハング型日除けは、右図のように、外壁面からの出寸法が窓下端から日除けの下端までの高さ寸法の0.3倍以上のものをいう。

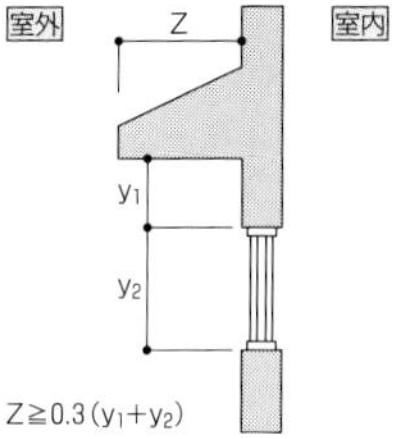

図1 ひさしによる日射の遮蔽

工事仕様のポイント

- 開口部の日射遮蔽措置に関する基準を満たすためには、窓の日射熱取得率が、地域の区分および開口部比率の区分ごとに定められた基準値を下回っていることが必要となる。基準を満たすためには、窓本体の遮熱性能を高める方法と、窓の内外に日除けを設置する方法、さらに両者を組み合わせた方法がある。
- 浴室・トイレ等の小窓などで、床面積の合計の4%以下の窓については、日射遮蔽性能の基準の対象外として施工することができる。

2 バリアフリー性に関する基準に係る仕様
高齢者等配慮対策等級3

① 部屋の配置、住戸内の段差の解消、住戸内階段（1）

📖 仕様書　バリアフリー性に関する基準に係る仕様／総則

323ページ
Ⅲ-4.1.1

「日常生活空間」とは、高齢者等の利用を想定する一の主たる玄関、便所、浴室、脱衣室、洗面所、寝室（以下「特定寝室」という）、食事室、および特定寝室の存する階（接地階を除く）にあるバルコニー、特定寝室の存する階にあるすべての居室ならびにこれらを結ぶ一の主たる経路をいう。

表1「高齢者等配慮対策等級（専用部分）」の各等級の水準*

等級	必要な対策
等級5	a 移動等に伴う転倒、転落等の防止に特に配慮した措置が講じられていること。 b 介助が必要となった場合を想定し、介助用車いす使用者が、基本生活行為を行うことを容易にすることに特に配慮した措置が講じられていること。
等級4	a 移動等に伴う転倒、転落等の防止に配慮した措置が講じられていること。 b 介助が必要になった場合を想定し、介助用車いす使用者が、基本生活行為を行うことを容易にすることに配慮した措置が講じられていること。
等級3	a 移動等に伴う転倒、転落等の防止のための基本的な措置が講じられていること。 b 介助が必要になった場合を想定し、介助用車いす使用者が、基本生活行為を行うことを容易にするための基本的な措置が講じられていること。
等級2	移動等に伴う転倒、転落等の防止のための基本的な措置が講じられていること。
等級1	移動等に伴う転倒、転落等の防止のための建築基準法に定める措置が講じられていること。

*「住宅の品質確保の促進等に関する法律」（平成11年法律第81号）第3条第1項の規定に基づく「日本住宅性能表示基準」（平成13年国土交通省告示第1346号）による。

📖 仕様書　部屋の配置

フラット35S 技術基準

特定寝室がある階には、便所を配置する。

323ページ
Ⅲ-4.2.1

📖 仕様書　段差の解消①

フラット35S 技術基準

324ページ
Ⅲ-4.3.1

日常生活空間内の床は、段差のない構造（仕上がり5mm以下の段差が生じるものを含む。以下同じ）とする。ただし、次のイ～へに掲げる部分にあっては、この限りではない。なお、へに掲げる部分に踏み段を設ける場合、踏み段は1段とし、奥行は300mm以上、幅は600mm以上で、踏み段とバルコニーの端との距離を1,200mm以上とする。

イ. 玄関の出入口の段差で、くつずりと玄関外側の高低差を20mm以下とし、かつ、くつずりと玄関土間の高低差を5mm以下

ロ. 勝手口その他の屋外に面する開口部（玄関を除く。以下、本項において「勝手口等」という）の出入口および上がり框の段差

ハ. 玄関の上がり框の段差

ニ. 浴室の出入口の段差で、20mm以下の単純段差とする、または浴室内外の高低差を120mm以下、またぎ高さを180mm以下とし、かつ手すりを設置したもの

ホ. 接地階を有する住宅のバルコニーの出入口の段差

へ. 接地階を有しない住宅のバルコニーの出入口の段差のうち、次の（イ）～（ホ）に掲げる段差

（イ）180mm以下の単純段差
（ロ）250mm以下の単純段差とし、手すりを設置できるようにしたもの
（ハ）踏み段を設ける場合、360mm以下の単純段差とし、バルコニーと踏み段との段差および踏み段と框との段差を180mm以下の単純段差としたもの
（ニ）屋内側および屋外側の高さが180mm以下のまたぎ段差とし、手すりを設置できるようにしたもの
（ホ）踏み段を設ける場合、屋内側の高さが180mm以下で、屋外側の高さが360mm以下のまたぎ段差とし、バルコニーと踏み段との段差および踏み段と框との段差を180mm以下の単純段差とし、手すりを設置できるようにしたもの

上記へに掲げる部分以外に踏み段を設ける場合
踏み段の奥行は300mm以上、幅は600mm以上とする。

a≦5mm、b≦5mm
図1 段差のない構造

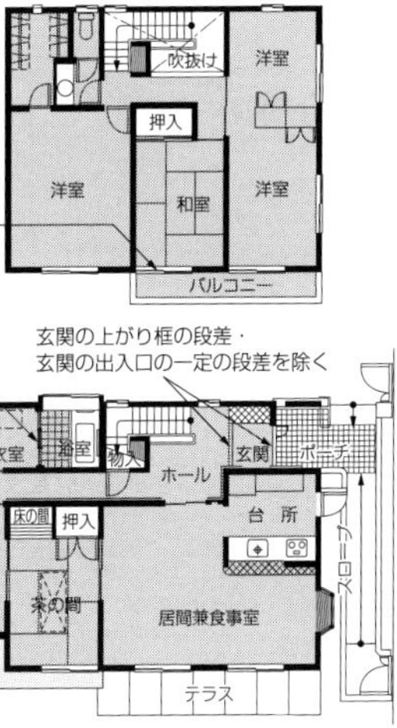

特定寝室と便所、洗面所、居間、食事室等の日常生活に最低限必要な空間は、可能な限り同一階に配置するのが望ましい

図2 一戸建住宅で段差解消する箇所（例）

工事仕様のポイント

☞「特定寝室」とは、高齢者が利用する寝室および高齢者がいない場合で、入居者が将来、高齢化した場合などに利用予定の居室をいう。
☞「段差のない構造」とは、和室と廊下、和室と洋室および居室（居間、食事室、その他の寝室等）の出入口等に生じる段差を、仕上がり寸法で5mm以内におさめる構造で、仕上がり寸法で5mm以内の段差とするには、施工誤差等を考慮し、設計寸法ではより小さい段差としておくなどの配慮が必要。

② 部屋の配置、住戸内の段差の解消、住戸内階段（2）

仕様書 段差の解消①（つづき）

324ページ
Ⅲ-4.3.1

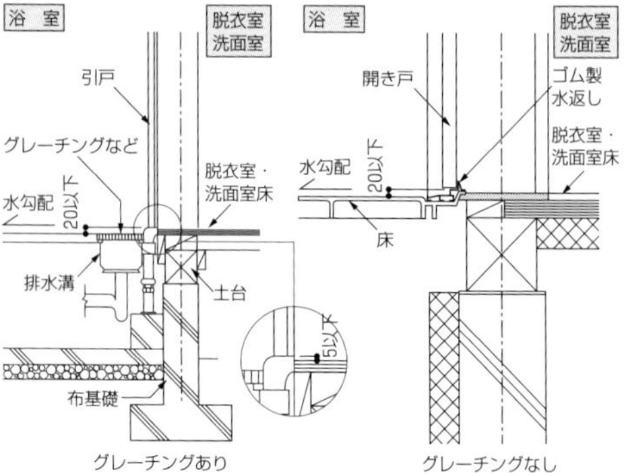

バスユニットの場合

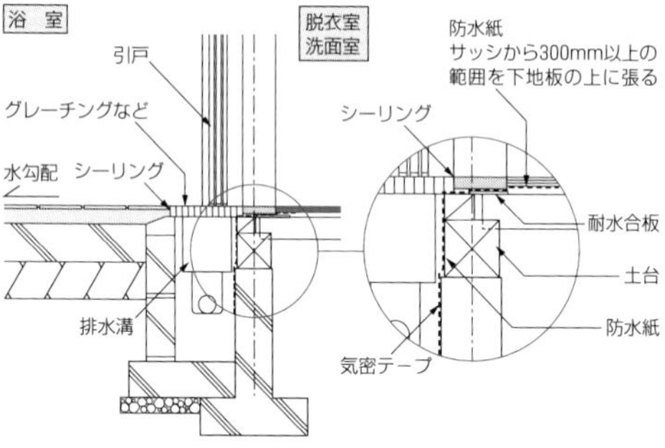

従来浴室の場合

図1 浴室出入口段差を20mm以下とする施工例

仕様書 段差の解消②

フラット35S
技術基準

324ページ
Ⅲ-4.3.1

日常生活空間内の居室の部分の床のうち、次のイ～ホに掲げるすべてに適合するものとその他の部分の床との間には、300mm以上450mm以下の段差を設けることができるものとする。

イ. 介助用車いすの移動の妨げとならない位置にあること
ロ. 面積が3m²以上9m²（当該居室の面積が18m²以下の場合にあっては、当該面積の1/2）未満であること
ハ. 当該部分の面積の合計が、当該居室の面積の1/2未満であること
ニ. 間口（工事を伴わない撤去等により確保できる部分の長さを含む）が1,500mm以上であること
ホ. その他の部分の床より高い位置にあること

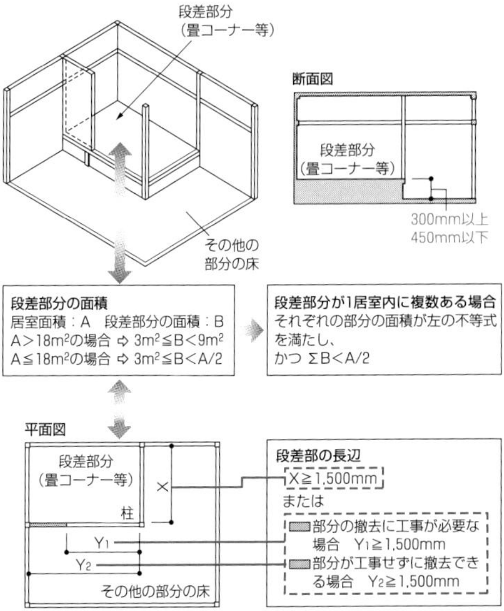

上記の条件（位置、面積、長辺等）に合致する畳コーナー等は、車いすからの移動が容易である300～450mmの段差を設けることができる

図2 300mm以上450mm以下の段差を設けることができる場合

仕様書　段差の解消③

フラット35S 技術基準
324ページ
Ⅲ-4.3.1

日常生活空間外の床は、段差のない構造とする。ただし、次のイ～ヘに掲げる部分にあっては、この限りではない。

イ.玄関の出入口の段差
ロ.玄関の上がり框の段差
ハ.勝手口等の出入口および上がり框の段差
ニ.バルコニーの出入口の段差
ホ.浴室の出入口の段差
ヘ.室内または室の部分の床とその他の部分の床の90mm以上の段差

工事仕様のポイント

- 高齢者等配慮対策等級3に対応する仕様は、①移動等に伴う転倒、転落等の防止に配慮した基本的な措置、②介助が必要になった場合を想定し、介助用車いす使用者が、基本生活行為を行うことを容易にするための基本的な措置、が講じられていることをいう。
- 所定の条件（位置、面積、長辺等）に合致する畳コーナー等は、車いすからの移動が容易である300～450mmの段差を設けることができる。

③ 部屋の配置、住戸内の段差の解消、住戸内階段(3)

仕様書　床組

325ページ
Ⅲ-4.3.2

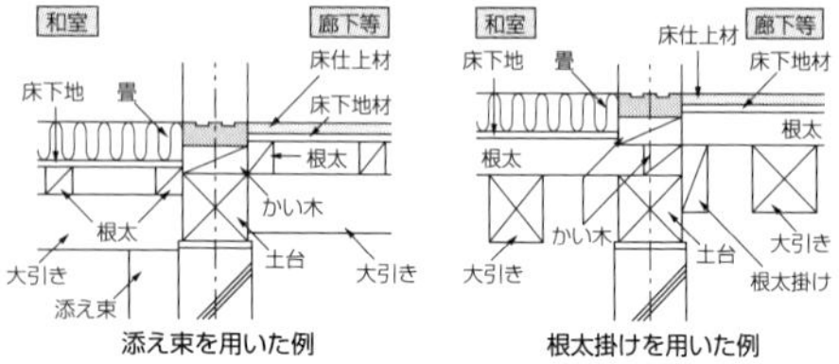

図1 床組による段差解消(例)

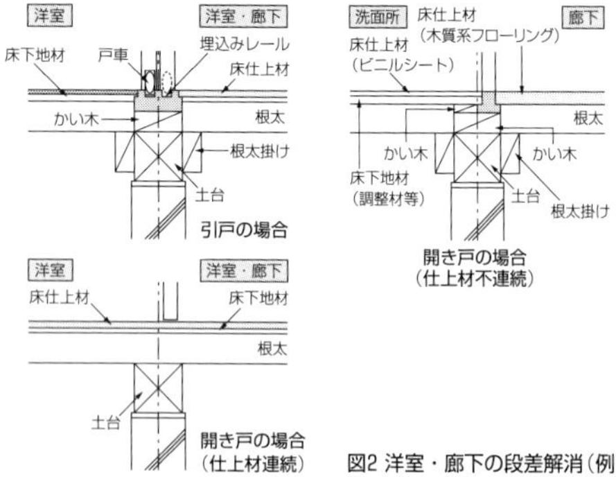

図2 洋室・廊下の段差解消(例)

仕様書　住戸内階段の勾配

フラット35S
技術基準

328ページ
Ⅲ-4.4.1

住戸内階段の勾配および踏み面と蹴上げの寸法は、次のイ、ロおよびハ(ただし、階段の曲がり部分で、その形状が、次の(イ)、(ロ)または(ハ)に該当する部分については、この限りではない)による。ただし、ホームエレベーターを設置する場合にあっては、この限りではない。

イ.階段の勾配(R/T)を、22/21以下とする。

ロ.踏み面(T)を195mm以上とする。

ハ.踏み面(T)と蹴上げ(R)の関係を、550mm≦T+2R≦650mmとする。

〈イ、ロおよびハが緩和される曲がり部分〉

(イ)90°曲がり部分が、下階床から上り3段以内となる場合で、その踏み面の狭いほうの形状が、すべて30°以上となる回り階段の部分

(ロ)90°曲がり部分が、踊り場から上り3段以内となる場合で、その踏み面の狭いほうの形状が、すべて30°以上となる回り階段の部分

(ハ)180°曲がり部分が4段となる場合で、その踏み面の狭いほうの形状が60°、30°、30°および60°の順となる回り階段の部分

表1 階段の勾配基準等に基づく踏み面・蹴上げ寸法早見表

		蹴上げ寸法	
		基準寸法（勾配：22/21以下）	推奨寸法*（勾配：6/7以下）
踏み面寸法	195mm	178～204mm	－
	200mm	175～209mm	－
	205mm	173～214mm	173～175mm
	210mm	170～220mm	170～180mm
	215mm	168～217mm	168～184mm
	220mm	165～215mm	165～188mm
	225mm	163～212mm	163～192mm
	230mm	160～210mm	160～197mm
	235mm	158～207mm	158～201mm
	240mm	155～205mm	155～205mm
	245mm	153～202mm	153～202mm
	250mm	150～200mm	150～200mm
	255mm	148～197mm	148～197mm
	260mm	145～195mm	145～195mm
	265mm	143～192mm	143～192mm
	270mm	140～190mm	140～190mm
	275mm	138～187mm	138～187mm
	280mm	135～185mm	135～185mm
	285mm	133～182mm	133～182mm
	290mm	130～180mm	130～180mm
	295mm	128～177mm	128～177mm
	300mm	125～175mm	125～175mm
	以下省略		

＊推奨寸法は、性能評価基準の等級4（日常生活空間内に限る）および等級5に相当する。

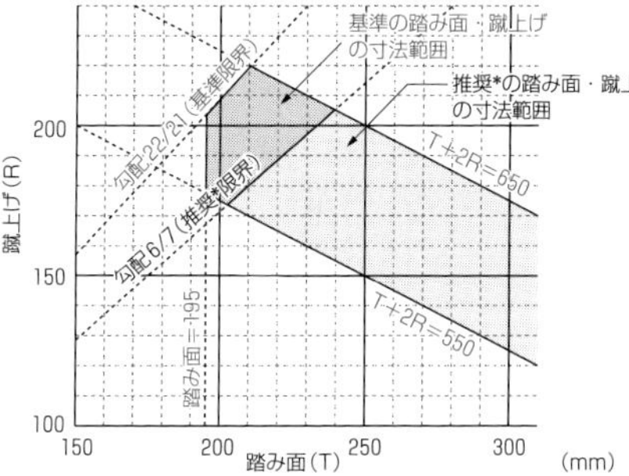

＊推奨寸法は、性能評価基準の等級4（日常生活空間内に限る）および等級5に相当する。

図3 階段の勾配基準に基づく階段の踏み面・蹴上げ寸法

工事仕様のポイント

☞ 階段昇降は、加齢に伴う身体機能の低下の影響を最も顕著に受ける行為である。また、階段は転倒などの事故が起こった場合に大けがになりやすい場所であるため、適切な形状·勾配·寸法とする。

☞ 階段の曲がり部分の踏み面寸法は、踏み板の狭い側の幅木側面から、それぞれ30cmの点を結ぶ距離とする。なお、170ページ・図2の（イ）（ロ）（ハ）の形状の曲がり部分を設ける場合、その部分の階段の勾配・踏み面・蹴上げ寸法の基準が緩和される。

④ 部屋の配置、住戸内の段差の解消、住戸内階段（4）

仕様書 328ページ Ⅲ-4.4.1

住戸内階段の勾配（つづき）

寸法規定（168ページ「住戸内階段の勾配」参照）が緩和される曲がり部分

下図に示した（イ）、（ロ）、（ハ）の階段曲がり部分については、万一その曲がり部分で転倒した場合にも、直下に床や踊り場があること等、一定に階段の安全性が確保されているため、踏み面寸法等の基準が緩和されている。

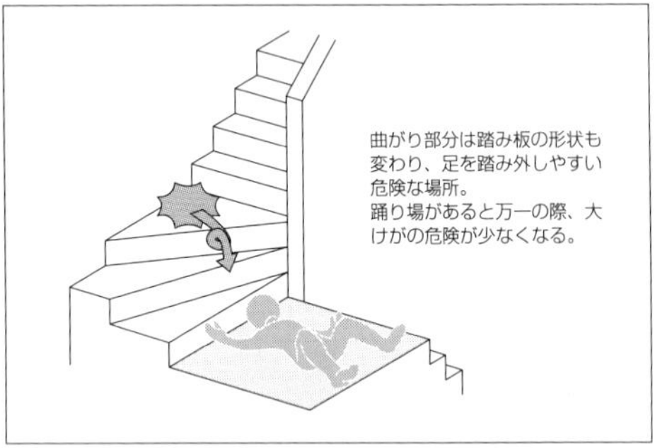

曲がり部分は踏み板の形状も変わり、足を踏み外しやすい危険な場所。
踊り場があると万一の際、大けがの危険が少なくなる。

図1 足を踏み外しやすい危険な箇所に設ける踊り場

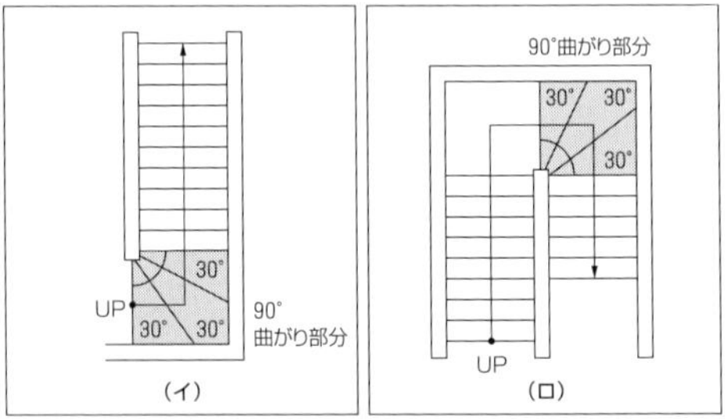

（イ）90°曲がり部分が、下階床から上り3段以内となる場合で、その踏み面の狭いほうの形状がすべて30°以上となる回り階段の部分

（ロ）90°曲がり部分が、踊り場から上り3段以内となる場合で、その踏み面の狭いほうの形状がすべて30°以上となる回り階段の部分

（ハ）180°曲がり部分が4段となる場合で、その踏み面の狭いほうの形状が60°、30°、30°および60°の順となる回り階段の部分

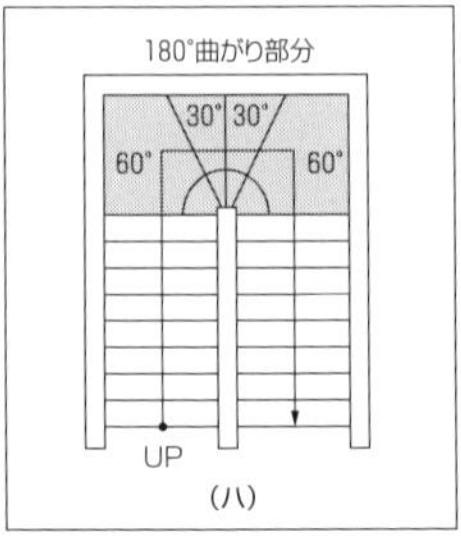

図2 階段に係る勾配・寸法規定が緩和される曲がり部分

📖 仕様書　住戸内階段の構造

フラット35S
技術基準
329ページ
Ⅲ-4.4.2

住戸内階段の蹴込みは、30mm以内とする。ただし、ホームエレベーターを設置する場合にあっては、この限りではない。

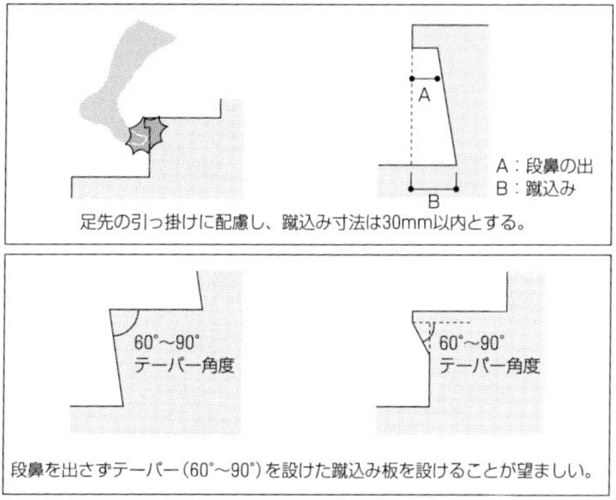
A
B
A：段鼻の出
B：蹴込み
足先の引っ掛けに配慮し、蹴込み寸法は30mm以内とする。
60°～90°
テーパー角度
60°～90°
テーパー角度
段鼻を出さずテーパー（60°～90°）を設けた蹴込み板を設けることが望ましい。

図3 蹴込み部分の留意点

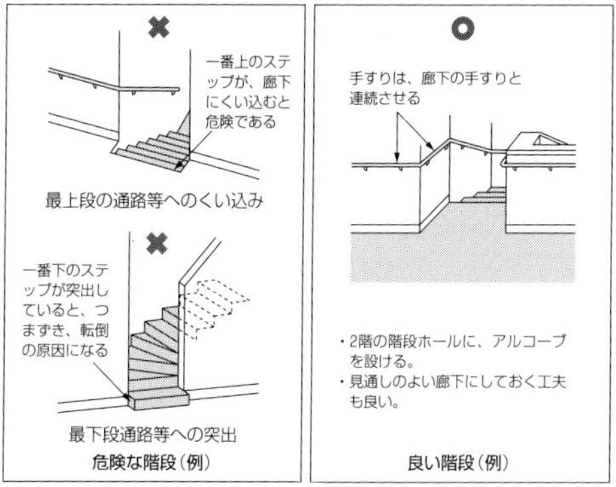
✖
一番上のステップが、廊下にくい込むと危険である
最上段の通路等へのくい込み
✖
一番下のステップが突出していると、つまずき、転倒の原因になる
最下段通路等への突出
危険な階段（例）
○
手すりは、廊下の手すりと連続させる
・2階の階段ホールに、アルコーブを設ける。
・見通しのよい廊下にしておく工夫も良い。
良い階段（例）

図4 廊下等への突出の防止

工事仕様のポイント

☞ 住戸内階段の踏み面（T）と蹴上げ（R）の寸法は、①勾配（R/T）が22/21以下、②踏み面が195mm以上、③踏み面に蹴上げ寸法の2倍を加えた寸法が550～650mmとする。ただし、②③については、90°曲がり部分が下階床から上り3段以内、90°曲がり部分が踊り場から上り3段以内、180°曲がり部分が4段で、それぞれ規定の角度の踏み面形状の回り階段となっている場合には、勾配・寸法規定が緩和される。

5 手すり（1）

仕様書 手すり

331ページ
Ⅲ-4.5

表1 手すり設置箇所別の留意事項

設置箇所	留意事項
共通事項	・手すりの選定では、直径28～40mmの範囲内で、入居予定者に最も適した太さとする。 ・構造用合板のみを受け材として直接手すりを取り付ける場合で、ブラケットの座金が薄いときは、全ねじタイプの木ねじ（木ねじ全体にねじ切りがあるもの）を用いることが望ましい。 ・水平手すりの設置高さは、750～800mmを標準とする。 ・水平手すりの端部は、壁側または下側に曲げることが望ましい（同様の効果がある、手すり端部で固定するタイプのブラケットとしてもよい）。
玄関（上がり框部）	・靴を着脱する位置に、縦手すり等を設置する。なお、縦手すりの長さは、上端が肩ごしにくる程度とする。
廊下	・出入口建具等の部分を除き、原則として、手すりは連続して設置する。
階段	・手すりの設置高さは、750～800mmを標準とする。 ・階段の片側のみに設置する場合は、原則として、下階に向かって利用者の利き腕側とする。 ・原則として、手すりは連続して設置する。 ・転倒を防止するため、上階の手すり端部は、最上段より水平に200mm以上のばすことが望ましい。
便所	・便器からの立上り、移動、安定の行為を補完するのに最も有効な手すりは、L型手すりである。また、手すりを設置する位置は、ペーパーホルダーなどとの位置関係に注意する必要がある。なお、ペーパーホルダーなどの設置位置については、原則として、JIS S 0026（高齢者・障害者配慮設計指針－公共トイレにおける便房内操作部の形状、色、配置及び器具の配置）を参考に、居住者の利用を考慮した位置とする。
洗面所 脱衣室	・高齢者が使用する浴室出入口の段差が20mmを超える場合、およびまたぎ段差になる場合は、脱衣室側と浴室側の両方に縦手すりを設置する。
浴室	・浴室内での移動、立ち座り、またぎ越し等の行為時に、姿勢保持を図ることは安全性の観点から特に重要であり、手すりの設置（または設置準備）は表2に示す設置箇所、用途、種類を十分理解し、有効に機能するよう総合的に行う。 ・表2の（イ）の手すりは、一般的に高齢者のみならず、同居家族にも利用されるので最も重要である。 ・表2の（ロ）の手すりは、浴槽内の立ち座りのみでなく、万一の際の溺れ防止にも効果的である。

仕様書 手すりの設置箇所／住戸内階段

フラット35S技術基準

331ページ
Ⅲ-4.5.1

住戸内階段は、以下のとおりとする。

イ. 住戸内階段には、手すりを設置する。

ロ. 勾配が45°を超える場合（168ページ「住戸内階段の勾配」のハ（イ）～（ハ）のいずれかに該当する部分を除く）は、両側に手すりを設置する（ホームエレベーター設置時は、この限りではない）。

ハ. 設置高さは、踏み面の先端からの高さ700mm～900mmの位置とする（ホームエレベーター設置時は、この限りではない）。

階段の有効幅員

高齢者等配慮対策等級3では階段の有効幅員の規定はないが、建築基準法では75cm以上（直上階の居室の床面積が200m²を超える場合は120cm以上）と規定。ただし、手すりの幅のうち、片側につき10cm（両側に手すりがある場合はそれぞれ10cm）を限度として、手すりがないものとして幅を算定できる。

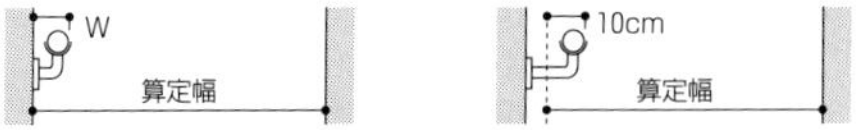

突出部Wが10cm以下の場合　　突出部が10cmを超える場合

図1 階段の有効幅員の算定方法

仕様書　手すりの設置箇所／浴室

フラット35S 技術基準
331ページ
Ⅲ-4.5.1

日常生活空間内の浴室には、浴槽出入りのための手すりを設置する。

表2 浴室手すりの種類と目的

設置箇所	主要用途	手すりの種類	留意事項（標準的な設置位置・寸法）
（イ）洗い場側の浴槽縁の鉛直線上の壁面	浴槽出入り（またぎ越し）時の姿勢安定	縦手すり	洗い場の立ち座り用との兼用は可能。兼用の場合は、手すり下端を床から高くしないように注意（床から下端600mm程度、長さ800mm以上）。
（ロ）浴槽の側部壁面	浴槽内の立ち座り、および姿勢保持	L型手すりまたは横手すり	立った時の姿勢保持のために、L型手すりが望ましい。横手すり部分が、浴槽ふたにぶつからない高さにする（浴槽の縁上端から手すり水平部上端まで100mm～200mm程度）。
（ハ）出入口の把手側の壁面	浴室出入りの際の姿勢保持	縦手すり	脱衣室側にも縦手すりを設置。出入口段差がない場合でも、姿勢保持に有効である（床から下端750mm程度、長さ600mm以上）。
（ニ）洗い場の壁面	洗い場の立ち座り	縦手すり	この手すりは立ち座り専用のため、（イ）の手すりがある場合でも設置するのが望ましい（床から下端600mm程度、長さ800mm以上）。
（ホ）出入口から洗い場までの壁面	浴室内での移動時の歩行安定	横手すり	利用者に最も適した高さとする。タオル掛けの代わりに、この手すりの設置を奨める（標準は、床から750mm程度）。

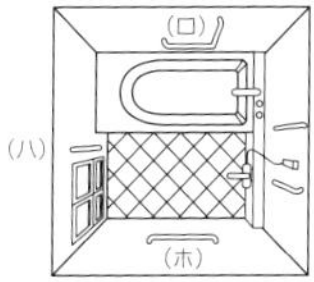

図2 浴室手すりの標準的な設置例

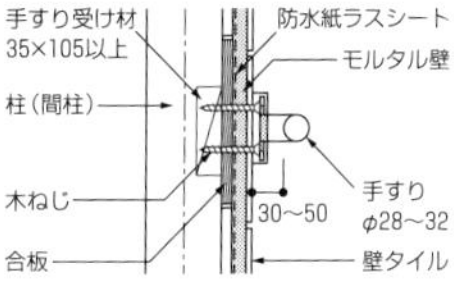

図3 浴室手すりの設置方法

工事仕様のポイント

- 住戸内階段には手すりを設置し、踏み面の先端からの高さ700～900mmの位置とする。また、勾配が45°を超える場合は、原則として、両側に手すりを設置する。
- 階段の有効幅員については、手すり突出部が片側につき10cm（両側に手すりが設けられている場合はそれぞれ10cm）を限度として、手すりがないものとして幅を算定することができる。
- 浴室には、浴槽出入りのための手すりを設ける。

⑥ 手すり（2）

仕様書 手すりの設置箇所／便所、玄関、脱衣室

フラット35S 技術基準
331ページ Ⅲ-4.5.1

1. 日常生活空間内の便所には、立ち座りのための手すりを設置する。
2. 日常生活空間内の玄関には、上がり框部の昇降および靴の着脱のための手すりを設置するか、または設置準備をする。
3. 日常生活空間内の脱衣室には、衣服の着脱のための手すりを設置するか、または設置準備をする。

仕様書 手すりの設置箇所／バルコニー

フラット35S 技術基準
331ページ Ⅲ-4.5.1

バルコニーには、転落防止のために、手すりを次のいずれかにより設置する。ただし、外部の地面、床等からの高さが1m以下の範囲、または開閉できない窓その他転落のおそれのないものについては、この限りではない。

イ. 腰壁その他、足がかりとなるおそれのある部分（以下、本項において「腰壁等」という）の高さが650mm以上1,100mm未満の場合、床面から1,100mm以上の高さに達するように設置する。
ロ. 腰壁等の高さが300mm以上650mm未満の場合、腰壁等から800mm以上の高さに達するように設置する。
ハ. 腰壁等の高さが300mm未満の場合、床面から1,100mm以上の高さに達するように設置する。

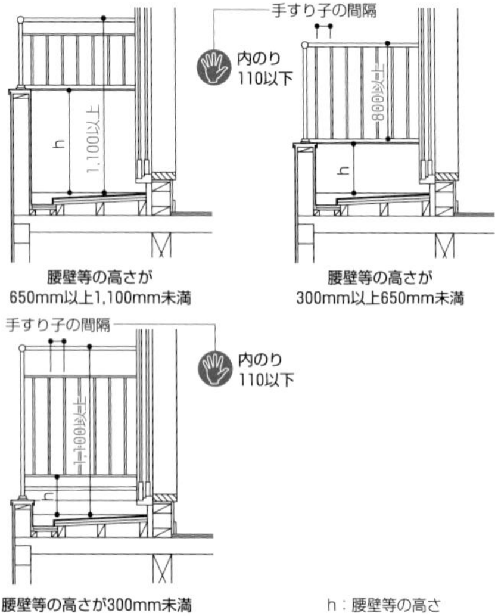

図1 バルコニーの転落防止用手すり（例）

仕様書　手すりの設置箇所／2階以上の窓

フラット35S技術基準
331ページ
Ⅲ-4.5.1

2階以上の窓には、転落防止のための手すりを次のいずれかにより設置する。ただし、外部の地面、床等からの高さが1m以下の範囲、または開閉できない窓その他転落のおそれのないものについては、この限りではない。

イ．窓台その他、足がかりとなるおそれのある部分（以下、本項において「窓台等」という）の高さが650mm以上800mm未満の場合、床面から800mm（3階以上の窓は1,100mm）以上の高さに達するように設置する。

ロ．窓台等の高さが300mm以上650mm未満の場合、窓台等から800mm以上の高さに達するように設置する。

ハ．窓台等の高さが300mm未満の場合、床面から1,100mm以上の高さに達するように設置する。

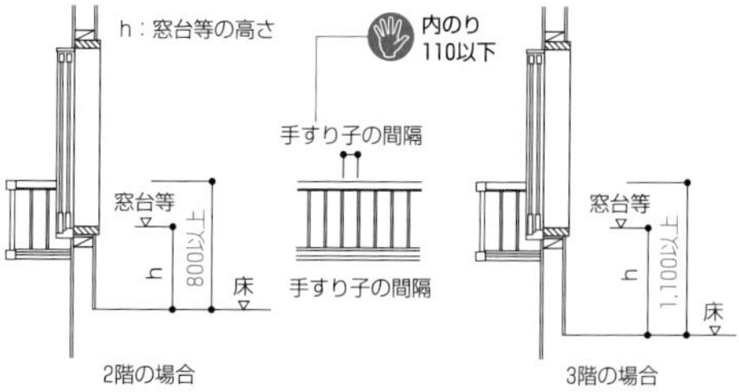

窓台等の高さが650mm以上800mm未満

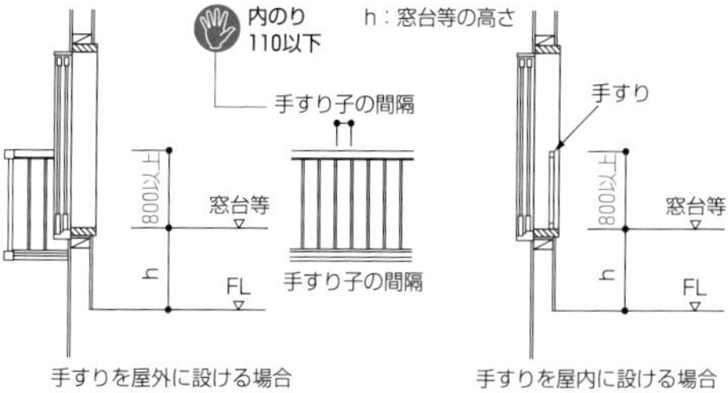

窓台等の高さが300mm以上650mm未満

図2 2階以上の窓の転落防止用手すり（例）①

工事仕様のポイント

- 日常生活空間内の便所には、立ち座りのための手すりを設置する。
- 転落防止のための手すりは、安全性の確保のために設置するものであり、具体的には、①大人が寄りかかって乗り越えないこと、②子供がよじ登って乗り越えないこと、の2つの趣旨がある。これらを踏まえ、基準を満足するよう設置することはもちろんのこと、足がかりとなる部分の有無や居住者の体型等も勘案のうえ、適切に設計することが重要である。

⑦ 手すり（3）

仕様書 手すりの設置箇所／2階以上の窓（つづき）

331ページ
Ⅲ-4.5.1

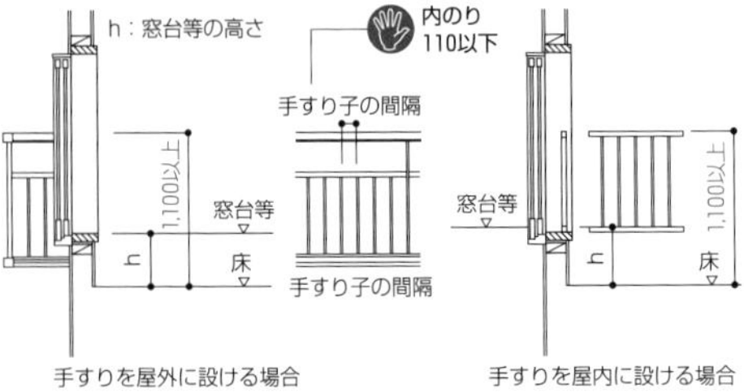

窓台等の高さが300mm未満

図1 2階以上の窓の転落防止用手すり（例）②

仕様書 手すりの設置箇所／廊下および階段／手すり子

フラット35S
技術基準

331ページ
Ⅲ-4.5.1

1. 廊下および階段（高さ1m以下の階段を除く）のうち、片側または両側が壁となっていない部分には、開放されている側に転落防止のための手すりを次のいずれかにより設置する。ただし、外部の地面、床等からの高さが1m以下の範囲、または開閉できない窓その他転落のおそれのないものについては、この限りではない。
   イ. 腰壁等の高さが650mm以上800mm未満の場合、床面（階段にあっては踏み面の先端）から800mm以上の高さに達するように設置する。
   ロ. 腰壁等の高さが650mm未満の場合、腰壁等から800mm以上の高さに達するように設置する。
2. 転落防止のための手すりの手すり子で、床面（階段にあっては踏み面の先端）および腰壁等または窓台等（腰壁等または窓台等の高さが650mm未満の場合に限る）からの高さが、800mm以内の部分に存するものの相互の間隔は、内のり寸法で110mm以下とする。

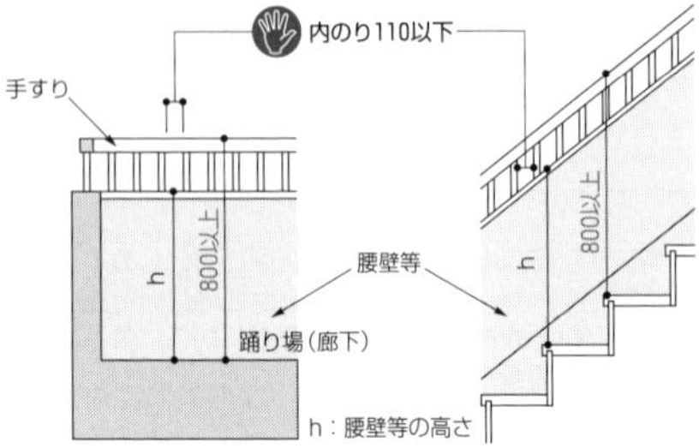

腰壁等の高さが650mm以上800mm未満

図2 廊下・階段の転落防止用手すり（例）①

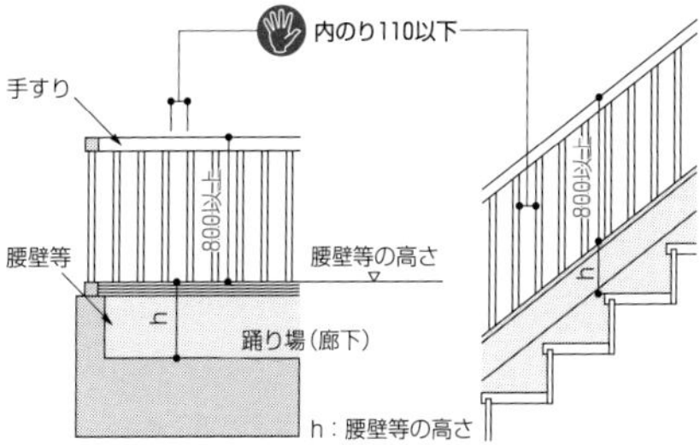

腰壁等の高さが650mm未満

図3 廊下・階段の転落防止用手すり（例）②

仕様書 手すりの取付け等、手すり取付け下地

332ページ
Ⅲ-4.5.2
Ⅲ-4.5.3

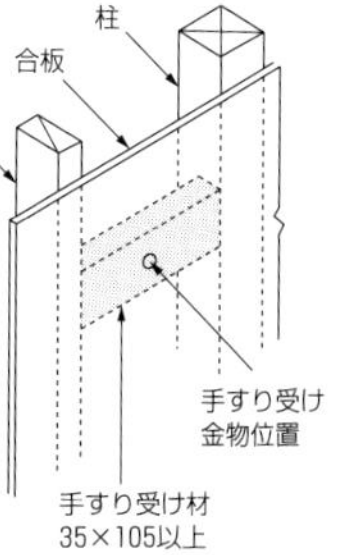

横手すりの受け材設置（例）

構造用合板に直接取り付ける場合は、全ねじタイプのねじを用いるのが望ましい

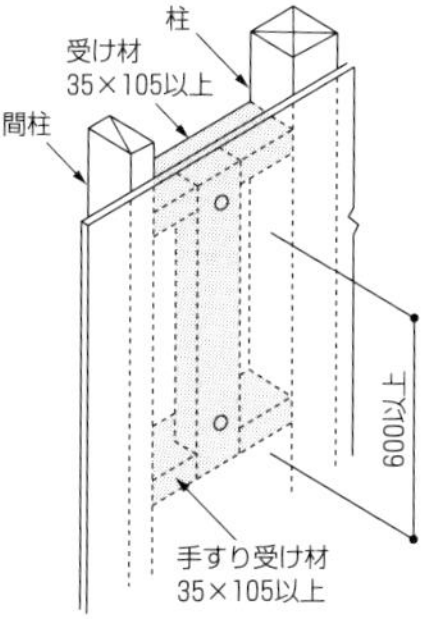

縦手すりの受け材設置（例）
（柱間の位置に縦手すりを設置する場合）

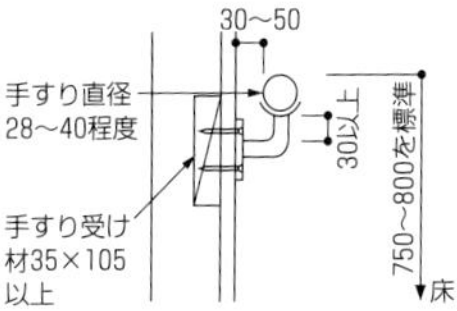

図4 手すり受け材の設置（例）

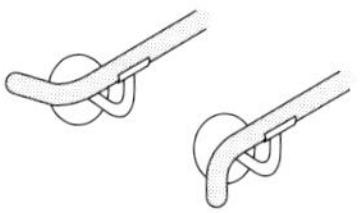

図5 手すり端部の曲げ処理

工事仕様のポイント

☞ 手すりの設置準備のみを行う際には、下地補強箇所を図面に明示し、建物に施した下地補強箇所には、ピンやマークなどで位置がわかるようにしておく。また、壁の下地材料として、せっこうボードを使用する場合など、壁表面が繰り返し荷重に弱い場合は、合板などで手すり支持箇所を部分的に補強する。JIS A 6901による普通硬質せっこうボード、シージング硬質せっこうボードなどを用いて、せっこうボード表面の破断を防止する方法もある。

8 廊下および出入口の幅員

仕様書 廊下の幅員の確保

フラット35S 技術基準
337ページ
Ⅲ-4.6.1

日常生活空間内の通路の有効な幅員は、780mm（柱等の箇所にあっては750mm）以上とする。

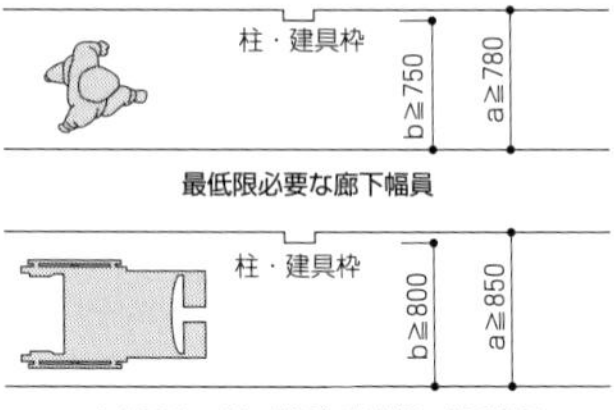

図1 廊下の有効幅員

仕様書 出入口の幅員の確保

フラット35S 技術基準
337ページ
Ⅲ-4.6.1

出入口の幅員については、次による。
イ. 日常生活空間内（浴室を除く）の出入口の幅員は、次のいずれかに該当するものとする。
（イ）出入口の有効幅員を750mm以上とする。
（ロ）やむを得ず将来の改造（構造耐力上主要な部分である柱または壁の撤去、もしくは改造を要しないものに限る）により出入口の幅を確保する場合は、開口部枠を取り外した開口の内のり（ラフ開口幅）を750mm以上とする（玄関を除く）。
ロ. 日常生活空間内の浴室の出入口の有効幅員は、600mm以上とする。

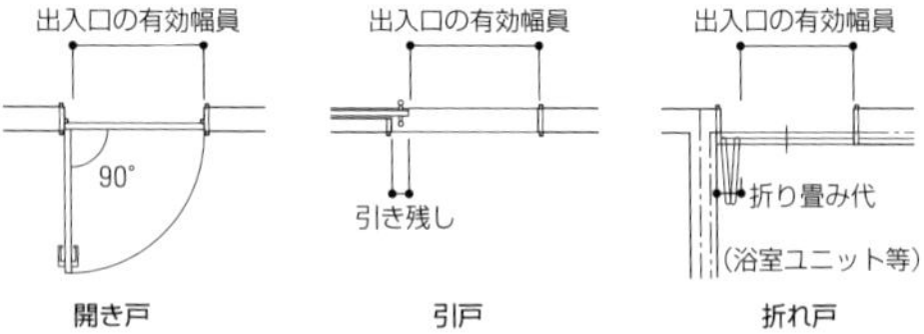

図2 出入口の有効幅員の計測方法

将来の改造による対応

出入口幅については、やむを得ない場合に限り、将来の改造（構造耐力上主要な部分である柱または壁の撤去、もしくは改造を要しないものに限る）による対応を、玄関・浴室を除き許容しているが、この場合には、将来の改造後における出入口としての機能（寒気の遮断、視線の遮断、明かり漏れの防止等）を想定しておく必要がある。また、玄関・浴室は、防犯や水処理などの機能上、扉の撤去が不可能であると考え、将来の改造等による幅員確保（ラフ開口幅）は適用できないこととしている。

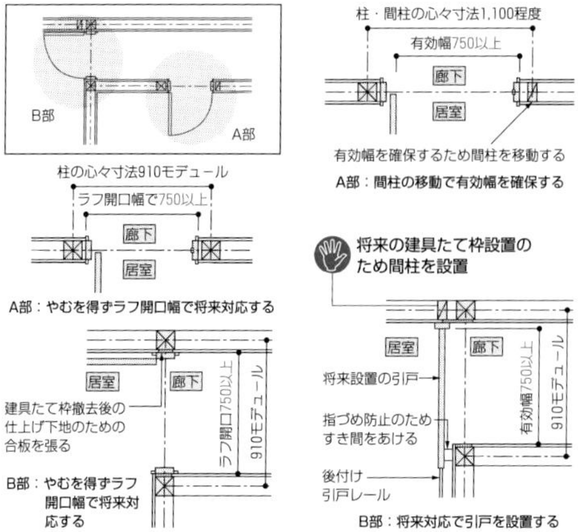

図3 構造上重要な柱以外の間柱などを調整して開口幅を確保する場合（例）

📖 仕様書 337ページ Ⅲ-4.6.2

廊下の内壁下地

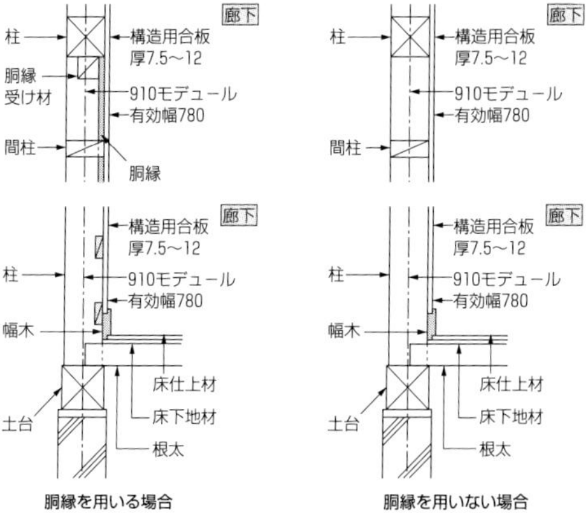

図4 廊下の有効幅員を確保するための内壁下地（例）

工事仕様のポイント

☞「廊下の幅員」とは、実際に通行できる有効幅員を指し、幅の計測では幅木、回り縁、コーナー保護材、建具枠、手すりおよびビニルクロス、壁紙等の仕上材はないものとして算出できる。

☞「出入口の有効幅員」とは、建具を開放したときに実際に通過できる幅を指し、開き戸の場合は戸板の幅から建具の厚みを減じた寸法、引戸の場合は引き残しを勘案した通行上有効な幅員をいう。

☞ 浴室の出入口は、入浴用車いすでの介助入浴ができる幅が良い。

9 寝室・便所・浴室、その他の配慮

仕様書 寝室、便所および浴室の規模

フラット35S 技術基準
341ページ
Ⅲ-4.7.1

1. 日常生活空間内の浴室は、短辺方向の内のり寸法を1,300mm以上、かつ有効面積（内のり寸法による面積）を2.0m²以上とする。
2. 日常生活空間内の便所は、次のいずれかに掲げるものとし、かつ当該便所の便器を腰掛け式とする。
   イ. 長辺（軽微な改造により確保できる部分の長さを含む）が内のり寸法で1,300mm以上であること。
   ロ. 便器の前方または側方について、便器と壁の距離（ドアの開放により確保できる部分または軽微な改造により確保できる部分の長さを含む）が500mm以上であること。
3. 特定寝室の面積は、内のり寸法で9m²以上とする。

浴室等の規模

在宅での介助を行うためには、浴室についても、介助入浴が可能なスペースをあらかじめ確保しておくことが必要である。また、便所についても、できる限り便器側方に介助スペースとなる部分を確保するか、将来軽微な改造により確保できるようにしておく。

外形の小さい便器を利用すると、比較的容易に介助スペースを確保することができる。

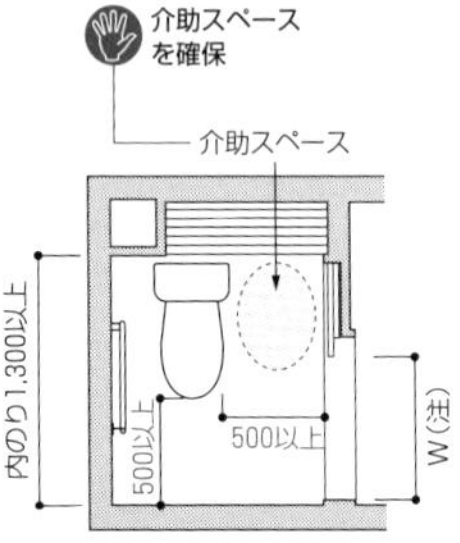

最初からスペースを確保

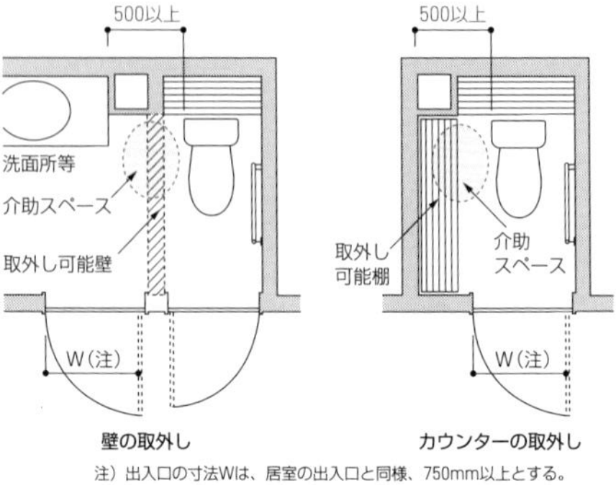

壁の取外し　　カウンターの取外し

注）出入口の寸法Wは、居室の出入口と同様、750mm以上とする。

図1 便所の介助スペースの確保（例）

表1 床仕上材の種類と一般的な特徴および使用上の留意点

床仕上材		歩きやすい	滑らない	歩行音がない	よごれにくい	掃除がしやすい	特性と高齢者の利用に対する注意事項
畳		○	◎	◎	×	△	・車いす（介助用車いす）の使用は、畳を傷めるので留意する。 ・仕上材が変わる見切り部分（敷居等）に段差を設けない。 ・敷居のよごれに注意する。
木質系床材	縁甲板（塗装品）	○	△	▲	△	○	・表面仕上げは、滑りにくいものを選択する。 ・塗布するワックスにより滑りやすくなることがあるので、ワックスの選択に留意する。
	木質系フローリング	○	△	▲	△	○	
コルク系床材	コルクタイル	○	○	○	▲	○	・歩行感が良い。 ・よごれやすいので、張り替えを可能にする（予備を確保しておくとよい）。 ・表面処理塗装が多いと歩行感が低下し、滑りやすくなる。少ないとよごれやすくなる。 ・直射日光による退色は、改善されているものがある（コルク系フローリングは張り替えがしにくい）。
	コルク系フローリング	○	○	△	▲	○	
プラスチック系タイル床材	ビニル系タイル	○	▲	○	◎	◎	・耐水性、耐久性に優れたものが多く、水まわりに用いられる。 ・濡れても滑りにくいものを選択し、素足で歩行する部屋に用いる場合は、歩行感にも留意する。
プラスチック系シート床材	（発泡層なし） 長尺塩ビシート インレイドシート	○	△	○	◎	◎	・耐水性、耐久性に優れ、歩行感も良いため、台所、洗面所、便所等の水まわりに使用されることが多い。 ・濡れても滑りにくいものを選択する。 ・耐久性を考慮して、表面の透明ビニル層が薄いものは避ける。 ・表面に凹凸があるものには、よごれを落としにくいものがあるので注意する。
	（発泡層あり） クッションフロア 複合ビニルシート	◎	△	○	○	◎	
カーペット床材	長尺カーペット	◎	◎	◎	×	▲	・毛足の短いものを使用する。 ・防炎性、防汚性、耐摩耗性にも留意する。
	タイルカーペット	◎	◎	◎	▲	△	・滑りにくさ、歩行感、耐摩耗性に優れる。 ・防炎性、防汚性にも留意する。 ・取り替えが可能なので、予備を確保する。
磁器質・せっ器質タイル床材	施釉タイル	▲	×	▲	◎	◎	・浴室の場合はモザイクタイルにして目地を細かくし、滑りに注意する。 ・施釉タイルは、濡れた場合に特に滑りやすいので、なるべく避ける。 ・無釉タイルには、表面が粗面のものや、ノンスリップ加工を施したものを選定する。 ・玄関等で使うと砂等が残りやすい。
	無釉タイル	△	◎	▲	◎	◎	
モルタル塗り	モルタル金ごて仕上げ	△	△	▲	○	○	・泥がかぶさった状態で濡れると、滑りやすくなるので、使用場所に注意する。
	モルタル木ごて仕上げ	△	◎	▲	▲	△	・比較的粗面に仕上がる。 ・足を引きずる場合、履き物の摩耗が激しい。
	モルタル刷毛引仕上げ	△	◎	▲	△	△	・ノンスリップ処理の状態に仕上げるため、スローブ等によく用いられる。 ・摩擦係数が高く、つまずきやすいため、防滑性を特に必要とする場合以外は避ける。

◎優れている　○やや優れている　△ふつう　▲やや劣る　×劣る

工事仕様のポイント

- 浴室は、短辺方向の内のり寸法を1,300mm以上、かつ有効面積（内のり寸法による面積）を2.0m²以上とする。
- 便所は、①長辺（軽微な改造により確保できる部分の長さを含む）が内のり寸法で1,300mm以上、②便器の前方または側方について、便器と壁の距離（ドアの開放により確保できる部分または軽微な改造により確保できる部分の長さを含む）が500mm以上のいずれかとし、かつ当該便所の便器を腰掛け式とする。

3 耐久性・可変性に関する基準に係る仕様
劣化対策等級3、維持管理対策等級2など

① 基礎工事、床下換気、床下防湿

仕様書 基礎工事

フラット35S 技術基準

344ページ Ⅲ-5.2
35ページ Ⅱ-3.3.2 Ⅱ-3.3.3

地面から基礎上端まで、または地面から土台下端までの高さは、400mm以上とする。

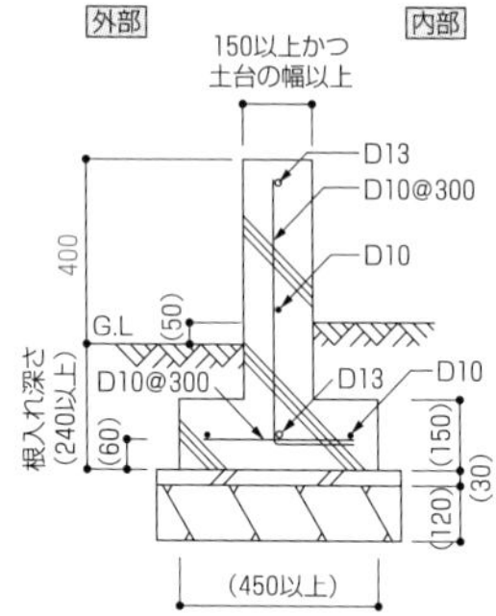

＊(　)内寸法は一般的な参考例。

図1 布基礎詳細例

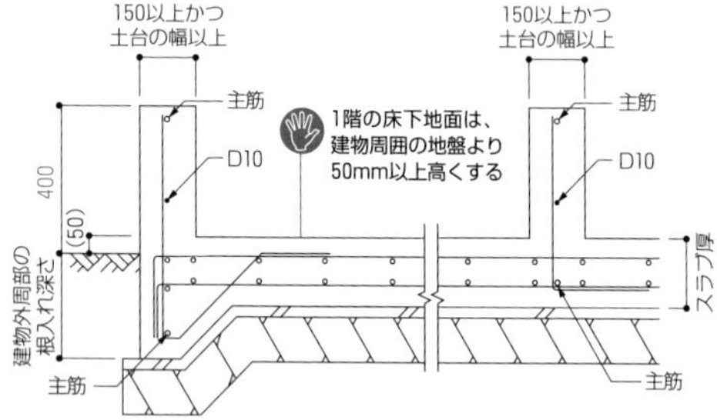

図2 べた基礎詳細例

仕様書 床下換気

フラット35S 技術基準

344ページ Ⅲ-5.3
37ページ Ⅱ-3.3.11

床下空間が生じる場合の床下換気措置は、次のイ、ロのいずれかによる。ただし、床下空間が生じない場合や基礎断熱工事（24ページ）を行う場合は、床下換気孔を設置しない。

イ.外周部の基礎には、有効換気面積300cm^{2}以上の床下換気孔を間隔4m以内ごとに設ける。

ロ.ねこ土台を使用する場合は、外周部の土台の全周にわたって、1m当たり有効面積75cm^{2}以上の換気孔を設ける。

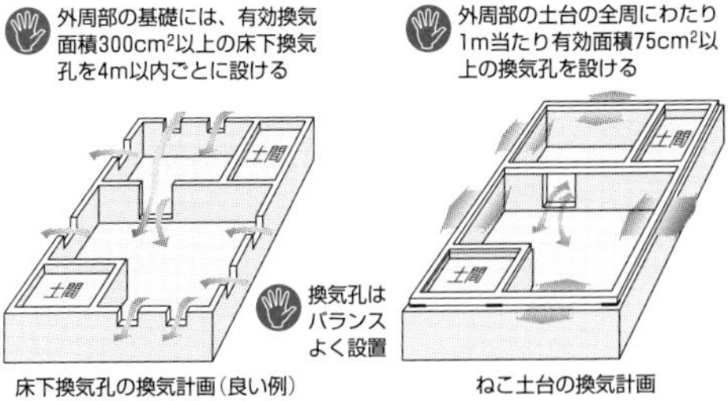

外周部の基礎には、有効換気面積300cm²以上の床下換気孔を4m以内ごとに設ける
外周部の土台の全周にわたり1m当たり有効面積75cm²以上の換気孔を設ける
土間
換気孔はバランスよく設置
床下換気孔の換気計画（良い例）
ねこ土台の換気計画

図3 床下換気

仕様書 床下防湿

フラット35S技術基準
344ページ Ⅲ-5.4
37ページ Ⅱ-3.3.15

床下防湿措置は、次の1、2のいずれかまたは両方による。ただし、基礎の構造をべた基礎とした場合、床下防湿措置は不要とする。

1. 防湿用コンクリートを施工する場合
床下地面全面に厚さ60mm以上のコンクリートを打設する。
2. 防湿フィルムを施工する場合
床下地面全面にJIS A 6930（住宅用プラスチック系防湿フィルム）、JIS Z 1702（包装用ポリエチレンフィルム）もしくはJIS K 6781（農業用ポリエチレンフィルム）に適合するもの、またはこれらと同等以上の効力を有する防湿フィルムで厚さ0.1mm以上のものを敷き詰める。

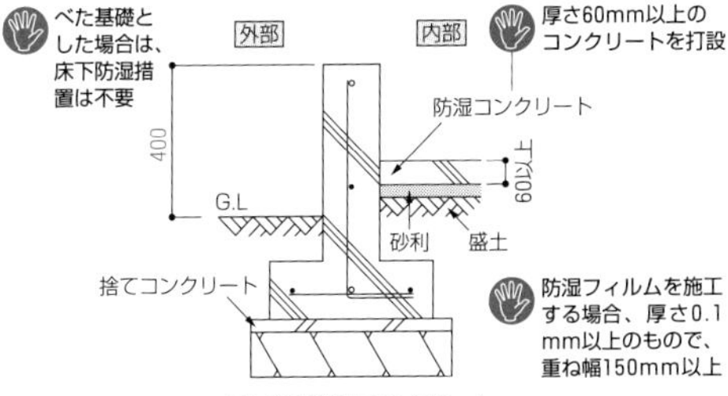

べた基礎とした場合は、床下防湿措置は不要
外部
内部
厚さ60mm以上のコンクリートを打設
防湿コンクリート
400
60以上
G.L
砂利
盛土
捨てコンクリート
防湿フィルムを施工する場合、厚さ0.1mm以上のもので、重ね幅150mm以上

図4 床下防湿コンクリート

工事仕様のポイント

- 基礎工事において、地面から基礎上端まで、または地面から土台下端までの高さは400mm以上とする。
- 床下空間が生じる場合、いずれかの換気措置を講じる。①外周部の基礎に有効換気面積300cm²以上の床下換気孔を間隔4m以内ごとに設ける、②ねこ土台の場合、外周部の土台の全周に、1m当たり有効面先75cm²以上の換気孔を設ける。また、床下空間が生じない場合、基礎断熱工法の場合は、床下換気措置は不要とする。

② 木部の防腐・防蟻措置

仕様書 土台の防腐・防蟻措置

フラット35S 技術基準
344ページ Ⅲ-5.5.1
75ページ Ⅱ-4.3.1

1.土台の防腐・防蟻措置（北海道および青森県にあっては防腐措置のみ）は、次のいずれかによる。
イ.ヒノキ、ヒバ、ベイヒ、ベイヒバ、クリ、ケヤキ、ベイスギ、タイワンヒノキ、コウヤマキ、サワラ、ネズコ、イチイ、カヤ、ウェスタンレッドシーダー、インセンスシーダーまたはセンペルセコイヤを用いた製材、もしくはこれらの樹種を使用した構造用集成材または構造用単板積層材を用いる。
ロ.JASに定める保存処理性能区分K3相当以上の防腐・防蟻処理材（北海道および青森県にあっては、K2相当以上の防腐処理材）を用いる。
2.土台に接する外壁の下端には、水切りを設ける。

仕様書 外壁の軸組の防腐・防蟻措置

フラット35S 技術基準
344ページ Ⅲ-5.5.2

地面から高さが1m以内の外壁の軸組（土台および室内側に露出した部分を除く）の防腐・防蟻措置（北海道および青森県にあっては防腐措置のみ）は、次の表1の1または2による。

表1 外壁の軸組の防腐・防蟻措置

1. 外壁の構造等および軸組の材料（次のイおよびロによる）		2.防腐・防蟻処理材
イ.外壁の構造等（いずれか）	（イ）外壁内に通気層を設け、壁体内通気が可能な構造とする。	JASに定める保存処理性能区分K3以上の防腐・防蟻処理材*2を用いる
	（ロ）軒の出を90cm以上、かつ、柱が直接外気に接する構造（真壁構造）とする。	
ロ.軸組の材料（いずれか）	（イ）軸組は、製材または集成材等*1を用い、防腐および防蟻に有効な薬剤を塗布、加圧注入、浸漬、もしくは吹き付けられたものまたは防腐および防蟻に有効な接着剤が混入されたものとする。	
	（ロ）断面寸法135mm×135mm以上の製材または集成材等*1	
	（ハ）スギ、カラマツ、ダフリカカラマツ、クヌギ、ミズナラ、ベイマツ（ダグラスファー）、アピトン、ウェスタンラーチ、カプール、ケンパス、セランガンバツ、サイプレスパイン、ボンゴシ、イペ、ジャラ、タマラックまたはパシフィックコーストイエローシーダーを用いた製材またはこれらにより構成される集成材等*1で、断面寸法120mm×120mm以上のものを用いる。	
	（ニ）ヒノキ、ヒバ、ベイヒ、ベイヒバ、クリ、ケヤキ、ベイスギ、タイワンヒノキ、コウヤマキ、サワラ、ネズコ、イチイ、カヤ、ウェスタンレッドシーダー、インセンスシーダーまたはセンペルセコイヤを用いた製材、もしくはこれらの樹種により構成された集成材等*1を用いる。	

*1 集成材等とは、次のものをいう。

化粧ばり構造用集成柱	集成材のJASに適合するもの
構造用集成材	集成材のJASに適合するもの
構造用単板積層材	単板積層材のJASに適合するもの

＊2 防腐・防蟻処理材には、JIS K 1570に規定する木材保存剤またはこれと同等の薬剤を用いたK3以上の薬剤の浸潤度および吸収量を確保する工場処理その他これと同等の性能を有する処理を含む。

仕様書 外壁下地材の防腐・防蟻措置

フラット35S 技術基準

345ページ Ⅲ-5.5.3

地面から高さが1m以内の木質系外壁下地材（室内側に露出した部分を除く）の防腐・防蟻措置（北海道および青森県にあっては防腐措置のみ）は、次の表2の1または2による。

表2 外壁下地材の防腐・防蟻措置

1. 外壁の構造等および木質系外壁下地材の材料（次のイおよびロによる）		2.防腐・防蟻処理材
イ.外壁の構造等（いずれか）	（イ）外壁内に通気層を設け、壁体内通気が可能な構造とする。	JASに定める保存処理性能区分K3以上の防腐・防蟻処理材＊3を用いる
	（ロ）軒の出を90cm以上、かつ、柱が直接外気に接する構造（真壁構造）とする。	
ロ.木質系外壁下地材の材料（いずれか）	（イ）外壁下地材には、製材・集成材等＊1または構造用合板等＊2を用い、防腐および防蟻に有効な薬剤を塗布、加圧注入、浸漬、もしくは吹き付けられたもの、または防腐および防蟻に有効な接着剤が混入されたもの。	
	（ロ）ヒノキ、ヒバ、ベイヒ、ベイヒバ、クリ、ケヤキ、ベイスギ、タイワンヒノキ、コウヤマキ、サワラ、ネズコ、イチイ、カヤ、ウェスタンレッドシーダー、インセンスシーダーまたはセンペルセコイヤを用いた製材、もしくはこれらの樹種により構成された集成材等＊1	

＊1 集成材等とは、次のものをいう。

化粧ばり構造用集成柱	集成材のJASに適合するもの
構造用集成材	集成材のJASに適合するもの
構造用単板積層材	単板積層材のJASに適合するもの

＊2 構造用合板等とは、次のものをいう。

構造用合板	合板のJASに適合するもの
構造用パネル	構造用パネルのJASに適合するもの
パーティクルボードのPタイプ	JIS A 5908
ミディアムデンシティファイバーボード（MDF）のPタイプ	JIS A 5905

＊3 防腐・防蟻処理材には、JIS K 1570に規定する木材保存剤またはこれと同等の薬剤を用いたK3以上の薬剤の浸潤度および吸収量を確保する工場処理その他これと同等の性能を有する処理を含む。

工事仕様のポイント

☞ 外壁の軸組の防腐・防蟻措置は、地面から高さが1m以内の部分を、①～⑤のいずれかとする。
①外壁通気構造等＋薬剤処理（現場処理可）
②外壁通気構造等＋小径135mm角以上
③外壁通気構造等＋小径120mm角以上＋スギ等
④外壁通気構造等＋ヒノキ等の高耐久性樹種
⑤K3相当以上の防腐・防蟻処理　等

③ 床下地面の防蟻措置、浴室等の防水措置

仕様書　床下地面の防蟻措置

フラット35S技術基準
345ページ Ⅲ-5.6
50ページ Ⅱ-3.4.5
76ページ Ⅱ-4.4

床下地面に講じる防蟻措置は、次のいずれかによる。ただし、北海道、青森県、岩手県、秋田県、宮城県、山形県、福島県、新潟県、富山県、石川県および福井県においては、地面に講ずる防蟻措置を省略することができる。
イ.鉄筋コンクリート造のべた基礎
ロ.地面を一様に打設したコンクリート(布基礎と鉄筋により一体となったものに限る)でおおう。
ハ.薬剤により、布基礎内周部および束石の周囲の土壌処理を行う。

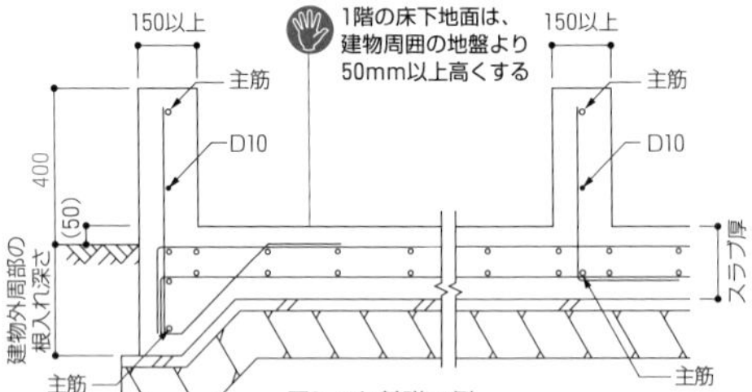

図1 べた基礎の例

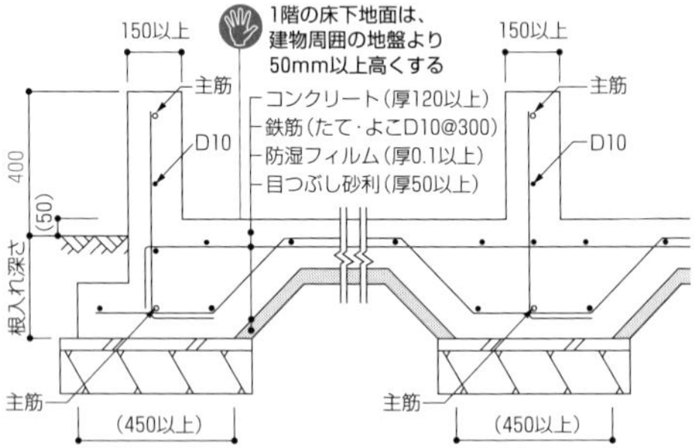

図2 防蟻用に打設したコンクリートの例

基礎断熱工法を用いる場合

床下地面には、次のいずれかの措置を講ずる。ただし、床下地面の防蟻措置が必要な地域(北海道、青森県、岩手県、秋田県、宮城県、山形県、福島県、新潟県、富山県、石川県および福井県以外の地域)に建設する住宅では、3または4に限る。
1.床下全面にJIS A 6930(住宅用プラスチック系防湿フィルム)、JIS Z 1702(包装用ポリエチレンフィルム)もしくはJIS K 6781(農業用ポリエチレンフィルム)に適合するもの、またはこれらと同等以上の効力を有する防湿フィルム

で厚さ0.1mm以上のものを敷き詰める。なお、防湿フィルムの重ね幅は300mm以上とし、防湿フィルムの全面をコンクリートまたは乾燥した砂等で押さえ、押えの厚さは50mm以上とする。
2. 床下全面に、厚さ100mm以上のコンクリートを打設する。
3. 鉄筋コンクリート造のべた基礎（厚さは100mm以上で、防湿コンクリートを兼ねる）とする。
4. 基礎と鉄筋により一体となって基礎の内周部の地盤上に、一様に打設されたコンクリート（厚さ100mm以上で防湿コンクリートを兼ねる）でおおう。

仕様書 浴室等の防水措置

フラット35S技術基準

346ページ
Ⅲ-5.7

1. 浴室の壁の軸組等（木質の下地材・室内側に露出した部分を含む）、床組（地上2階以上にある場合は下地材を含む）および天井は、次のいずれかの防水措置を行う。ただし、1階の浴室まわりをコンクリートブロック造の腰壁または鉄筋コンクリート造の腰高布基礎とした部分は除く。
   イ. JIS A 4416（住宅用浴室ユニット）に規定する浴室ユニットとする。
   ロ. 浴室の壁の軸組等、床組および天井に対して、防水上有効な仕上げを行う。
   ハ. 浴室の壁の軸組等、床組および天井に対して、184ページ・表1「外壁の軸組の防腐・防蟻措置」の1または2、および185ページ・表2「外壁下地材の防腐・防蟻措置」の1または2による防腐・防蟻措置を行う。
2. 脱衣室の壁の軸組等（木質の下地材・室内側に露出した部分を含む）および床組（地上2階以上にある場合は下地材を含む）は、次のいずれかの防水措置を行う。
   イ. 脱衣室の壁の軸組等および床組に対して、防水紙、ビニル壁紙、シージングせっこうボード、ビニル床シートまたは耐水合板（普通合板1類、構造用合板特類または1類）を用いる。
   ロ. 脱衣室の壁の軸組等および床組に対して、184ページ・表1「外壁の軸組の防腐・防蟻措置」の1または2、および185ページ・表2「外壁下地材の防腐・防蟻措置」の1または2による防腐・防蟻措置を行う。

工事仕様のポイント

☞ 床下地面の防蟻措置は、①鉄筋コンクリート造のべた基礎、②コンクリート（布基礎と鉄筋により一体となったもの）、③土壌処理のいずれかとし、北海道、青森県、岩手県、秋田県、宮城県、山形県、福島県、新潟県、富山県、石川県および福井県では省略することができる。

☞ 浴室の防水措置について、軸組等、床組、天井は、①浴室ユニット、②防水上有効な仕上げ、③防腐・防蟻措置のいずれかとする。

④ 小屋裏換気、専用配管

仕様書　小屋裏換気

フラット35技術基準
346ページ Ⅲ-5.8
169ページ Ⅱ-8.9

小屋裏空間が生じる場合の小屋裏換気は、次の1および2による。ただし、天井面ではなく屋根面に断熱材を施工する場合（屋根断熱）は、小屋裏換気孔は設置しないこととする。

1. 小屋裏換気孔は、独立した小屋裏ごとに2箇所以上、換気に有効な位置に設ける。
2. 換気孔の有効換気面積等は、次のいずれかによる。
   イ. 両妻壁にそれぞれ換気孔（吸排気両用）を設ける場合は、換気孔をできるだけ上部に設けることとし、換気孔の面積の合計は、天井面積の1/300以上とする。
   ロ. 軒裏に換気孔（吸排気両用）を設ける場合は、換気孔の面積の合計を天井面積の1/250以上とする。
   ハ. 軒裏または小屋裏の壁のうち、屋外に面するものに吸気孔を、小屋裏の壁に排気孔を、垂直距離で900mm以上離して設ける場合は、それぞれの換気孔の面積を天井面積の1/900以上とする。
   ニ. 排気筒その他の器具を用いた排気孔は、できるだけ小屋裏頂部に設けることとし、排気孔の面積は天井面積の1/1,600以上とする。また、軒裏または小屋裏の壁のうち、屋外に面するものに設ける吸気孔の面積は、天井面積の1/900以上とする。
   ホ. 軒裏または小屋裏の壁のうち、屋外に面するものに吸気孔を設け、かつ、むね部に排気孔を設ける場合は、吸気孔の面積を天井面積の1/900以上とし、排気孔の面積を天井面積の1/1,600以上とする。

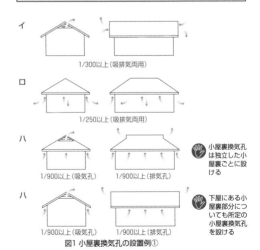

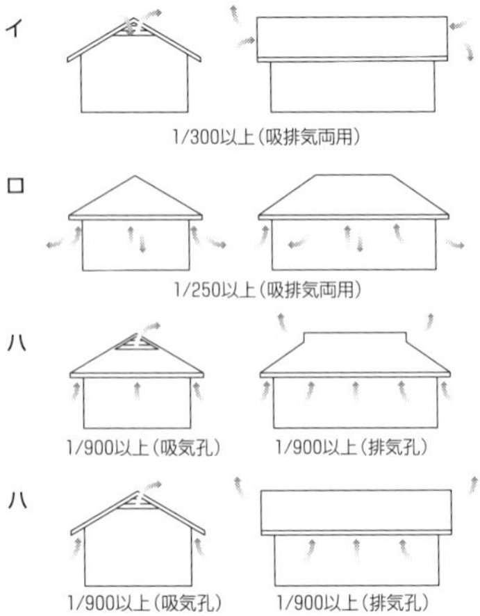

小屋裏換気孔は独立した小屋裏ごとに設ける

下屋にある小屋裏部分についても所定の小屋裏換気孔を設ける

図1 小屋裏換気孔の設置例①

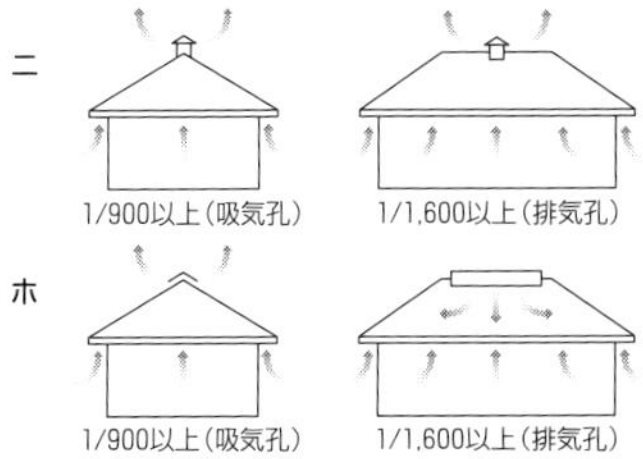

図2 小屋裏換気孔の設置例②

片流れ屋根のけらば軒裏に、一様に有孔板を設置する場合は、けらば軒裏に1/250以上（吸排気両用）を確保すればよい

仕様書　専用配管

フラット35S 技術基準
346ページ Ⅲ-5.9

専用配管は、次による。

1. 専用配管は、壁、柱、床、はりおよび基礎の立上り部分を貫通する場合を除き、コンクリート内に埋め込まない。
2. 地中に埋設された専用配管の上には、コンクリート（建物の外部に存在する土間床コンクリートおよび建物の構造躯体に影響を及ぼさないものは除く）を打設しない。ただし、法令（条例を含む）の規定により、凍結のおそれがあるとして配管を地中に埋設する場合は、打設することができる。
3. 専用の排水管（継手およびヘッダーを含む）の内面が、排水管内の清掃に支障を及ぼさないように凹凸がなく、かつ当該排水管にたわみ、抜け、その他変形が生じないように設置する。

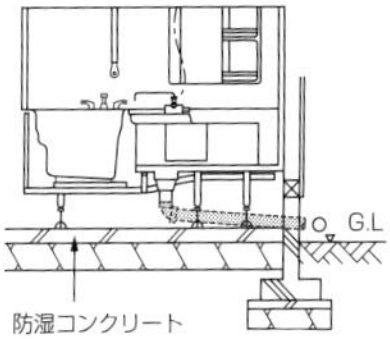

図3 浴室下部の配管方法

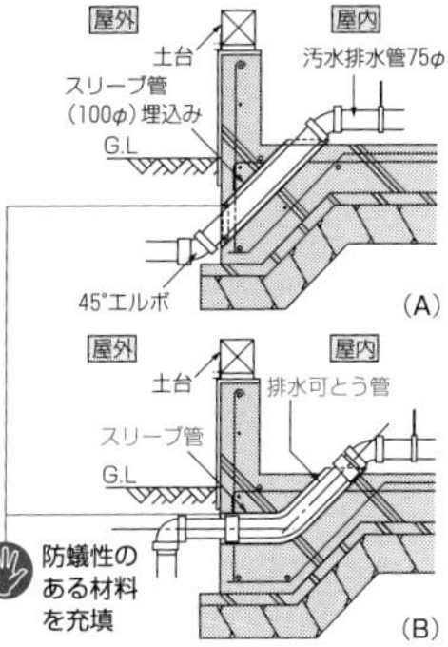

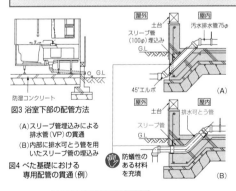

(A)スリーブ管埋込みによる排水管（VP）の貫通
(B)内部に排水可とう管を用いたスリーブ管の埋込み

図4 べた基礎における専用配管の貫通（例）

防蟻性のある材料を充填

工事仕様のポイント

☞ スリーブ管をべた基礎へ埋設する際は、以下のような防蟻上有効な措置を施す。①建物から屋外への排水は、基礎コンクリート打設前にスリーブ管を埋設、②スリーブ管は、内部の排水管が取り替えしやすいように、余裕ある管径とする、③スリーブ管は、基礎配筋をよけた位置に挿入し、鉄筋かぶり厚を損なわないようにする、④基礎の外周取合い部では、排水管とスリーブ管とのすき間に、防蟻性のある材料を充填する等。

＊「屋根断熱の場合の屋根の施工」は85ページ参照。

① 部屋の配置、住戸内の段差の解消(1)

仕様書 バリアフリー性に関する基準に係る仕様/総則

358ページ
Ⅳ-5.1.1

「日常生活空間」とは、高齢者等の利用を想定する一の主たる玄関、便所、浴室、脱衣室、洗面所、寝室(以下「特定寝室」という)、食事室および特定寝室の存する階(接地階を除く)にあるバルコニー、特定寝室の存する階にあるすべての居室ならびにこれらを結ぶ一の主たる経路をいう。
高齢者等配慮対策等級4の水準については、164ページ・表1参照。

仕様書 部屋の配置

フラット35S 技術基準

358ページ
Ⅳ-5.2.1

部屋の配置は、次の1または2のいずれかによる。
1. 特定寝室がある階には、便所および浴室を配置する。
2. 次のイまたはロに適合するホームエレベーターを設置し、かつ特定寝室がある階に便所を配置する。
   イ. 出入口の有効幅員が750mm以上とする。
   ロ. 通路等から直進して入ることができるよう設置し、出入口の有効幅員を650mm以上とする。

仕様書 段差の解消①

フラット35S 技術基準

358ページ
Ⅳ-5.3.1

日常生活空間内の床を、段差のない構造(仕上がり5mm以下の段差が生じるものを含む。以下本項において同じ)とする。ただし、次のイ~ハに掲げる段差にあっては、この限りではない。
   イ. 玄関の出入口の段差で、くつずりと玄関外側の高低差を20mm以下とし、かつ、くつずりと玄関土間の高低差を5mm以下としたもの
   ロ. 勝手口その他屋外に面する開口(玄関を除く。以下、本項において「勝手口等」という)の出入口および上がり框の段差
   ハ. 浴室の出入口の段差で、20mm以下の単純段差

仕様書 段差の解消②

フラット35S 技術基準

358ページ
Ⅳ-5.3.1

日常生活空間内の玄関の上がり框においては、次のイ~ニまでに掲げる段差を設けることができるものとする。踏み段を設ける場合、踏み段は1段とし、奥行は300mm以上、幅は600mm以上とする。
   イ. 当該玄関が接地階以外にある場合の玄関の上がり框の段差で、110mm(踏み段を設ける場合には360mm)以下としたもの。
   ロ. 当該玄関が接地階にある場合の玄関の上がり框の段差で、180mm(踏み段を設ける場合には360mm)以下としたもの。
   ハ. 当該玄関が接地階以外にあり、踏み段を設ける場合、

土間と踏み段との段差および踏み段と上がり框の段差で、110mm以下としたもの。
二. 当該玄関が接地階にあり、踏み段を設ける場合、土間と踏み段との段差および踏み段と上がり框の段差で、180mm以下としたもの。

表1 玄関の上がり框に設けることができる段差

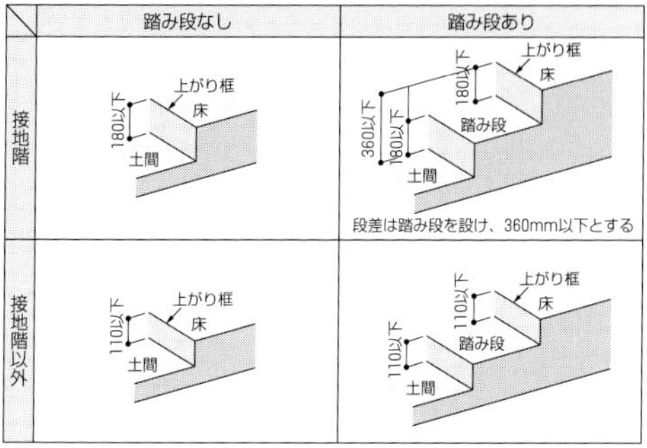

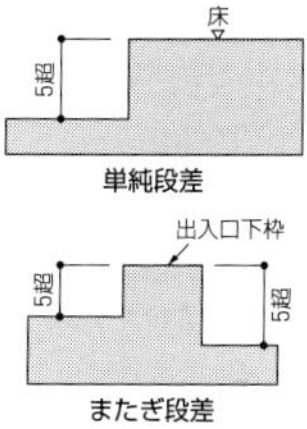

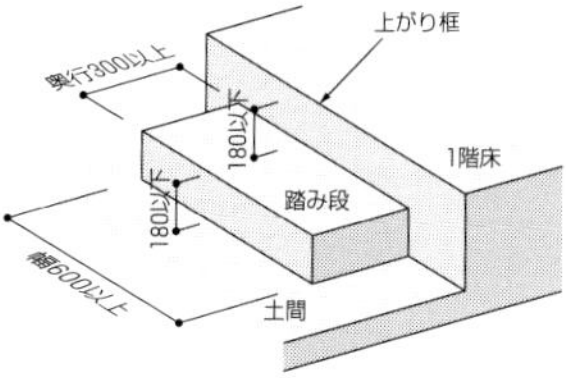

図1 単純段差・またぎ段差　　図2 踏み段

memo

工事仕様のポイント

- 部屋の配置については、次のいずれかによる。①特定寝室がある階に便所、浴室を配置する、②ホームエレベーター（出入口の有効幅員750mm以上（通路等から直進して入れる場合には出入口の有効幅員650mm以上））を設置し、かつ特定寝室がある階に便所を配置する。
- 接地階では、通気確保等への配慮から、床下空間を設けるなど、敷地面から45cm以上床レベルを上げるのが一般的。

② 部屋の配置、住戸内の段差の解消（2）

仕様書　段差の解消③

フラット35S 技術基準
358ページ
Ⅳ-5.3.1

日常生活空間内の居室の部分の床のうち、次のイ～ホのすべてに適合するものとその他の部分の床との間には、300mm以上450mm以下の段差を設けることができるものとする。

イ. 介助用車いすの移動の妨げとならない位置であること
ロ. 面積が3m^{2}以上9m^2（当該居室の面積が18m^{2}以下の場合、当該面積の1/2）未満であること
ハ. 当該部分の面積の合計が、当該居室の面積の1/2未満であること
ニ. 間口（工事を伴わない撤去等により確保できる部分の長さを含む）が1,500mm以上であること
ホ. その他の部分の床より高い位置にあること

仕様書　段差の解消④

フラット35S 技術基準
358ページ
Ⅳ-5.3.1

1. 接地階を有する住宅の日常生活空間内のバルコニーの出入口には、次のイ～ホに掲げる段差を設けることができるものとする。踏み段を設ける場合、踏み段は1段とし、奥行は300mm以上、幅は600mm以上、かつ、当該踏み段とバルコニーの端との距離を1,200mm以上とする（以下、本項において踏み段については同じ）。
   イ. 180mm以下の単純段差
   ロ. 250mm以下の単純段差（手すりを設置した場合に限る）
   ハ. 踏み段を設ける場合、360mm以下の単純段差とし、バルコニーと踏み段との段差および踏み段と框との段差を、180mm以下の単純段差としたもの
   ニ. 屋内側および屋外側の高さが、180mm以下のまたぎ段差（手すりを設置した場合に限る）
   ホ. 踏み段を設ける場合、屋内側の高さが180mm以下で、屋外側の高さが360mm以下のまたぎ段差とし、バルコニーと踏み段との段差および踏み段と框との段差を、180mm以下の単純段差としたもの（手すりを設置した場合に限る）
2. 接地階を有しない住宅の日常生活空間内のバルコニーの出入口には、次のイまたはロに掲げる段差を設けることができるものとする。
   イ. 180mm以下の単純段差
   ロ. 踏み段を設ける場合、360mm以下の単純段差とし、バルコニーと踏み段との段差および踏み段と框との段差を、180mm以下の単純段差としたもの
3. 日常生活空間外の床を、段差のない構造とする。ただし、次のイ～ヘに掲げる段差にあっては、この限りではない。
   イ. 玄関の出入口の段差
   ロ. 玄関の上がり框の段差
   ハ. 勝手口等の出入口および上がり框の段差

ニ．バルコニーの出入口の段差
ホ．浴室の出入口の段差
ヘ．室内または室の部分の床とその他の部分の床の90mm以上の段差

表1 日常生活空間内のバルコニー出入口に設けることができる段差（例）

	単純段差	またぎ段差
接地階を有する住宅のバルコニー	踏み段なし 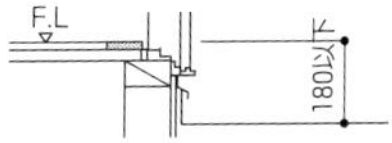 踏み段あり 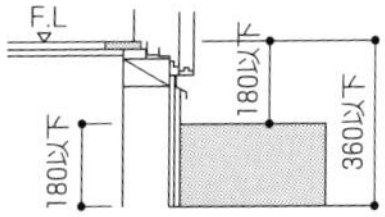 	踏み段なし（手すりを設置した場合に限る） 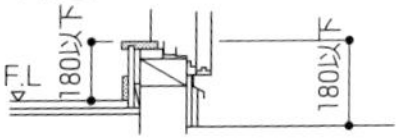 踏み段あり（手すりを設置した場合に限る） 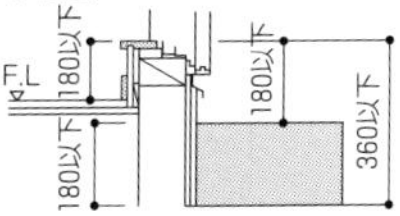
接地階を有しない住宅のバルコニー	踏み段なし 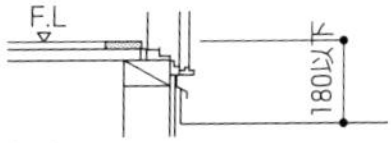 踏み段あり 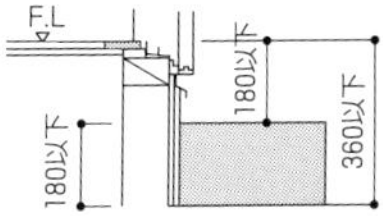 	またぎ段差は設置できない

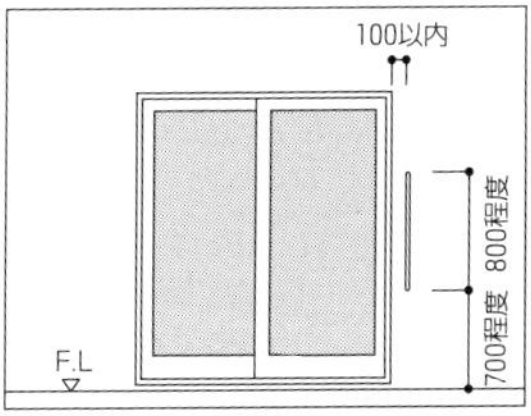

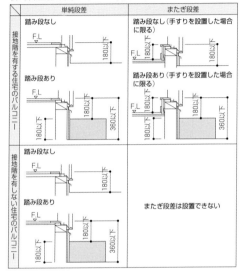

図1 バルコニー出入口の段差部分に設ける縦手すりの設置（例）／室内側

工事仕様のポイント

☞ 接地階を有する住宅の日常生活空間内のバルコニーの出入口には、180mm以下の単純段差を設けることができる。手すりを設置した場合には、250mm以下の単純段差とすることができる。このほかには、所定の寸法を満たすまたぎ段差や、踏み段を用いた段差を設けることも可能である。

③ 住戸内階段、手すり、幅員、寝室・便所・浴室(1)

仕様書 住戸内階段の勾配

フラット35S
技術基準

361ページ
Ⅳ-5.4.1

1. 日常生活空間内の住戸内階段の勾配および踏み面と蹴上げの寸法は、次のイおよびロによる。ただし、ホームエレベーターが設置されている場合は、2による。
   イ. 階段の勾配(R/T)を、6/7以下とする。
   ロ. 踏み面(T)と蹴上げ(R)の関係を、550mm≦T+2R≦650mmとする。
2. 日常生活空間外の住戸内階段および日常生活空間内の住戸内階段(ホームエレベーターが設置されている場合に限る)の勾配および踏み面と蹴上げ寸法は、次のイ～ハによる。ただし、階段の曲がり部分について、その形状が168ページ「住戸内階段の勾配」のハ(イ)、(ロ)または(ハ)に該当する場合は、この限りではない。
   イ. 階段の勾配(R/T)を、22/21以下とする。
   ロ. 踏み面(T)を195mm以上とする。
   ハ. 踏み面(T)と蹴上げ(R)の関係を、550mm≦T+2R≦650mmとする。

勾配・寸法規定が緩和される曲がり部分

次のいずれかに該当する部分にあっては、上記2のイ～ハの規定は適用しないものとする。

❶90°屈曲部分が下階床から上り3段以内で構成され、かつ、その踏み面の狭いほうの形状がすべて30°以上となる回り階段の部分。
❷90°屈曲部分が踊り場から上り3段以内で構成され、かつ、その踏み面の狭いほうの形状がすべて30°以上となる回り階段の部分。
❸180°屈曲部分が4段で構成され、かつ、その踏み面の狭いほうの形状が60°、30°、30°および60°の順となる回り階段の部分。

170ページ・図1「足を踏み外しやすい危険な箇所における踊り場」、図2「階段に係る勾配・寸法規定が緩和される曲がり部分」を参照。

仕様書 住戸内階段の構造

フラット35S
技術基準

362ページ
Ⅳ-5.4.2

1. 日常生活空間内の住戸内階段は、回り階段等、安全上問題があると考えられる形式とせず、かつ最上段の通路等へのくい込み部分、最下段の通路等への突出部分を設けない。ただし、ホームエレベーターが設置されている場合にあっては、この限りではない。
2. 住戸内階段の蹴込みは、次のイおよびロによる。ただし、ホームエレベーターが設置されている場合にあっては、この限りではない。

イ.日常生活空間内の住戸内階段の蹴込みは30mm以下とし、蹴込み板を設ける。
ロ.日常生活空間外の住戸内階段の蹴込みは、30mm以下とする。

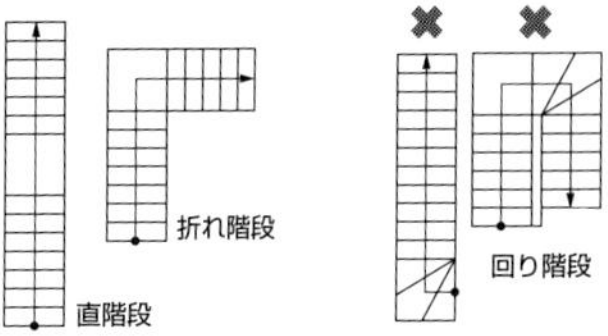

図1 住戸内階段の構造

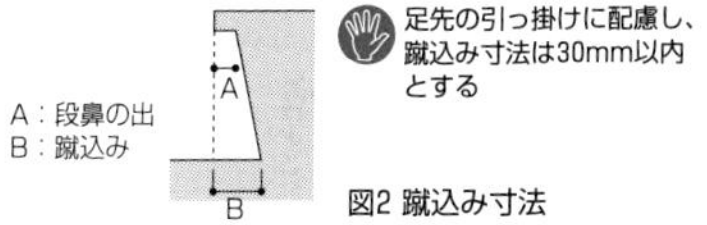

図2 蹴込み寸法

仕様書　手すりの設置箇所／住戸内階段

フラット35S技術基準
362ページ
Ⅳ-5.5.1

住戸内階段については、次のイ～ハによる。
イ.住戸内階段には、手すりを設置する。
ロ.勾配が45°を超える場合にあっては、両側に手すりを設置する（ホームエレベーターが設けられており、またはその階段が日常生活空間外にあり、かつ、168ページ「住戸内階段の勾配」のイ～ハおよび171ページ「住戸内階段の構造」に掲げる基準に適合している場合を除く）。
ハ.設置高さは、踏み面の先端からの高さを700mm～900mmの位置とする。

173ページ・図1「階段の有効幅員の算定方法」を参照。

仕様書　手すりの設置箇所／浴室

フラット35S技術基準
362ページ
Ⅳ-5.5.1

日常生活空間内の浴室には、浴槽出入りのための手すりを設置する。

173ページ・表2「浴室手すりの種類と目的」、図2「浴室手すりの標準的な設置例」、図3「浴室手すりの設置方法」を参照。

工事仕様のポイント

☞ 日常生活空間内の住戸内階段の蹴込みは30mm以下とし、蹴込み板を設ける。また、日常生活空間外の住戸内階段の蹴込みは30mm以下とする。ただし、いずれにおいてもホームエレベーターを設置する場合には、この限りではない。

④ 住戸内階段、手すり、幅員、寝室・便所・浴室（2）

仕様書　手すりの設置箇所／便所、玄関、脱衣室

フラット35S 技術基準

362ページ
Ⅳ-5.5.1

1. 日常生活空間内の便所には、立ち座りのための手すりを設置する。
2. 日常生活空間内の玄関には、上がり框部の昇降および靴の着脱のための手すりを設置する。
3. 日常生活空間内の脱衣室には、衣服の着脱のための手すりを設置する。

仕様書　手すりの設置箇所／バルコニー

フラット35S 技術基準

362ページ
Ⅳ-5.5.1

バルコニーには、転落防止のための手すりを、次のイ～ハのいずれかにより設置する。ただし、外部の地面、床等からの高さが1m以下の範囲または開閉できない窓、その他転落のおそれのないものについては、この限りではない。

イ. 腰壁その他足がかりとなるおそれのある部分（以下、本項において「腰壁等」という）の高さが650mm以上1,100mm未満の場合、床面から1,100mm以上の高さに達するように設置する。

ロ. 腰壁等の高さが300mm以上650mm未満の場合、腰壁等から800mm以上の高さに達するように設置する。

ハ. 腰壁等の高さが300mm未満の場合、床面から1,100mm以上の高さに達するように設置する。

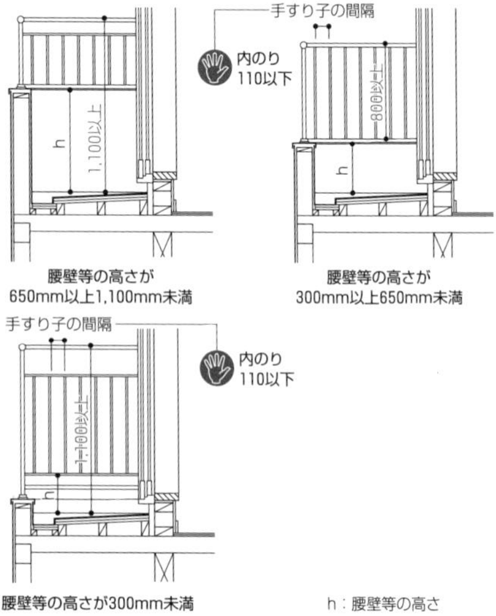

図1 バルコニーの転落防止用手すり（例）

📖 仕様書　手すりの設置箇所／2階以上の窓

フラット35S 技術基準
362ページ
Ⅳ-5.5.1

2階以上の窓には、転落防止のための手すりを、次のイ～ハのいずれかにより設置する。ただし、外部の地面、床等からの高さが1m以下の範囲または開閉できない窓、その他転落のおそれのないものについては、この限りではない。

イ. 窓台その他足がかりとなるおそれのある部分（以下、本項において「窓台等」という）の高さが、650mm以上800mm未満の場合、床面から800mm（3階以上の窓は1,100mm）以上の高さに達するように設置する。

ロ. 窓台等の高さが300mm以上650mm未満の場合、窓台等から800mm以上の高さに達するように設置する。

ハ. 窓台等の高さが300mm未満の場合、床面から1,100mm以上の高さに達するように設置する。

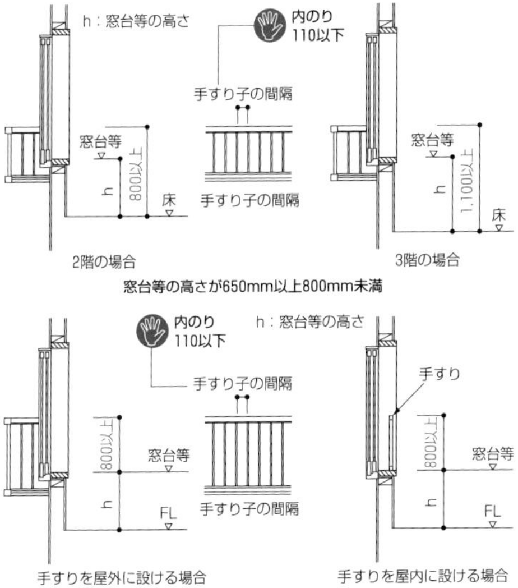

窓台等の高さが300mm以上650mm未満

図2 2階以上の窓の転落防止用手すり（例）①

工事仕様のポイント

☞ 便所には、立ち座りのための手すりを設置する。
☞ 玄関には上がり框の昇降、靴の着脱用の手すりを設置する。
☞ 脱衣室には、衣服の着脱用の手すりを設置する。
☞ 転落防止のための手すりについては、175ページ「工事仕様のポイント」を参照のこと。

5 住戸内階段、手すり、幅員、寝室・便所・浴室(3)

仕様書 手すりの設置箇所／2階以上の窓(つづき)

362ページ
Ⅳ-5.5.1

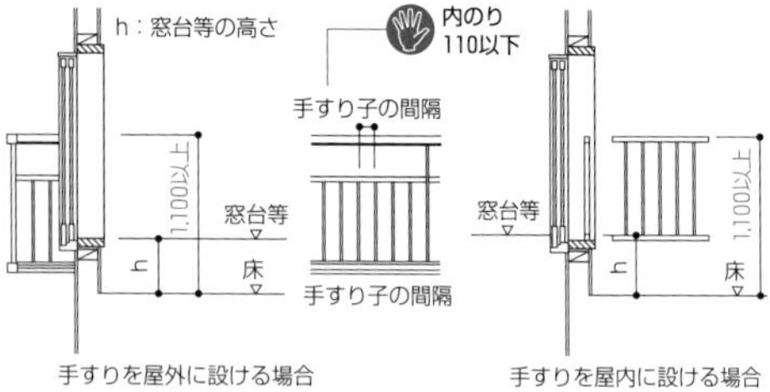

窓台等の高さが300mm未満

図1 2階以上の窓の転落防止用手すり(例)②

仕様書 手すりの設置箇所／廊下および階段／手すり子

フラット35S
技術基準

362ページ
Ⅳ-5.5.1

1. 廊下および階段(高さ1m以下の階段を除く)のうち、片側または両側が壁となっていない部分には、開放されている側に転落防止のための手すりを、次のイまたはロのいずれかにより設置する。ただし、外部の地面、床等からの高さが1m以下の範囲または開閉できない窓、その他転落のおそれのないものについては、この限りではない。
   - イ. 腰壁等の高さが650mm以上800mm未満の場合、床面(階段にあっては踏み面の先端)から800mm以上の高さに達するように設置する。
   - ロ. 腰壁等の高さが650mm未満の場合、腰壁等から800mm以上の高さに達するように設置する。
2. 転落防止のための手すりの手すり子で、床面(階段にあっては踏み面の先端)および腰壁等または窓台等(腰壁等または窓台等の高さが650mm未満の場合に限る)からの高さが、800mm以内の部分に存するものの相互の間隔は、内のり寸法で110mm以下とする。

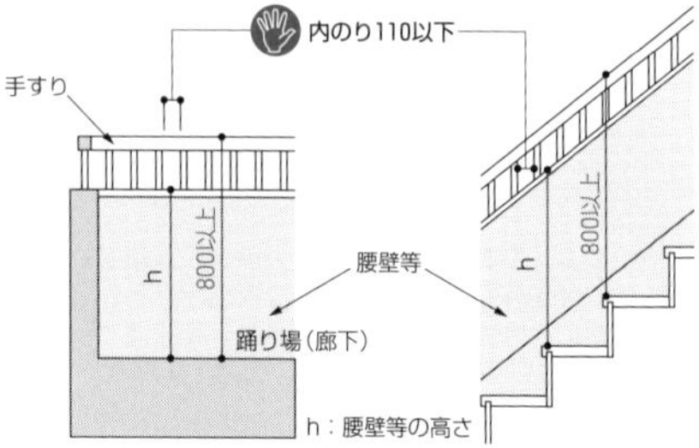

腰壁等の高さが650mm以上800mm未満

図2 廊下・階段の転落防止用手すり(例)①

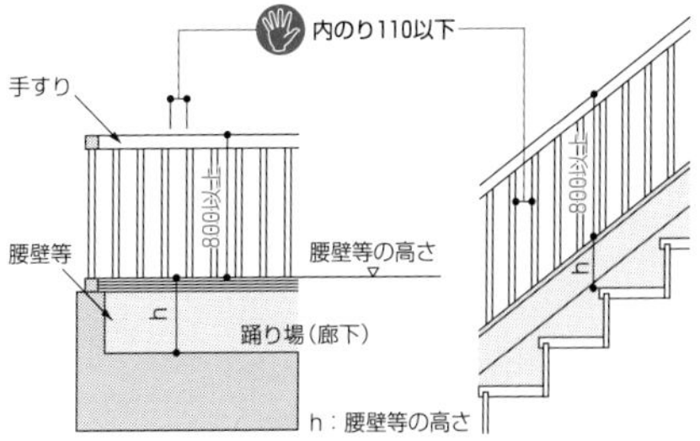

腰壁等の高さが650mm未満

図3 廊下・階段の転落防止用手すり（例）②

仕様書 廊下の幅員の確保

フラット35S技術基準
363ページ
Ⅳ-5.6.1

1. 日常生活空間内の通路の有効な幅員は、780mm（柱等の箇所にあっては750mm）以上とする。
2. ホームエレベーター（出入口の有効幅員が750mm以上（通路等から直進して入ることができる場合は、650mm以上）のものに限る）を設置する場合にあっては、当該ホームエレベーターと日常生活空間とを結ぶ経路内の通路の有効な幅員は、780mm（柱等の箇所にあっては750mm）以上とする。

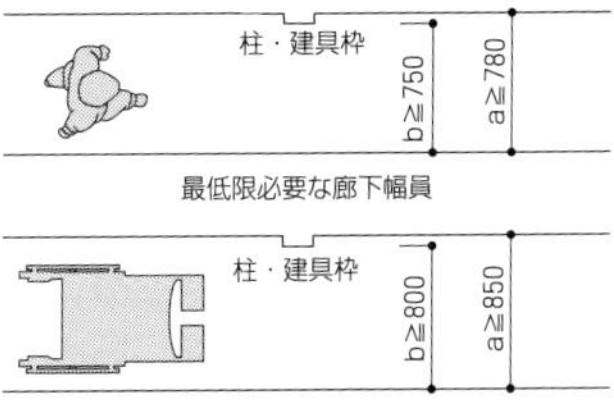

図4 廊下の有効幅員

工事仕様のポイント

☞ 出入口の有効幅員が750mm（通路等から直進して入ることができる場合は650mm）以上のホームエレベーターを設置する場合、当該ホームエレベーターと日常生活空間とを結ぶ経路内の通路の有効幅員は、780mm（柱等の箇所は750mm）以上とする。

⑥ 住戸内階段、手すり、幅員、寝室・便所・浴室(4)

仕様書 出入口の幅員の確保

フラット35S 技術基準
363ページ
Ⅳ-5.6.1

出入口の幅員については、次による。
イ. 浴室を除く日常生活空間内の出入口の有効幅員(玄関以外の出入口については、工事を伴わない撤去等により確保できる部分の長さを含む)は、750mm以上とする。
ロ. 日常生活空間内の浴室の出入口の有効幅員は、650mm以上とする。

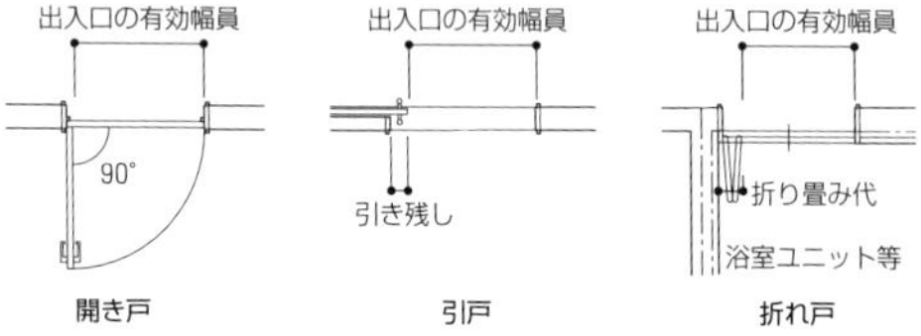

図1 出入口の有効幅員の計測方法

仕様書 寝室・便所および浴室の規模

フラット35S 技術基準
364ページ
Ⅳ-5.7.1

1. 特定寝室の面積は、内のり寸法で12m²以上とする。
2. 日常生活空間内の便所は腰掛け式とし、その規模は、次のイまたはロのいずれかによる。
   イ. 短辺(軽微な改造により確保できる部分の長さを含む)を、内のり寸法で1,100mm以上とし、長辺(軽微な改造により確保できる部分の長さを含む)を内のり寸法で1,300mm以上とする。
   ロ. 便器の前方および側方について、便器と壁との距離(ドアの開放により確保できる部分または軽微な改造により確保できる部分の長さを含む)を500mm以上とする。
3. 日常生活空間内の浴室は、短辺を内のり寸法で1,400mm以上とし、面積を内のり寸法で2.5m²以上とする。

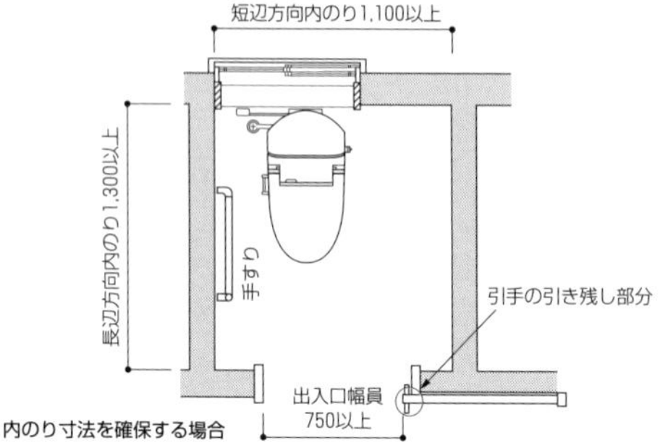

図2 便所の規模①

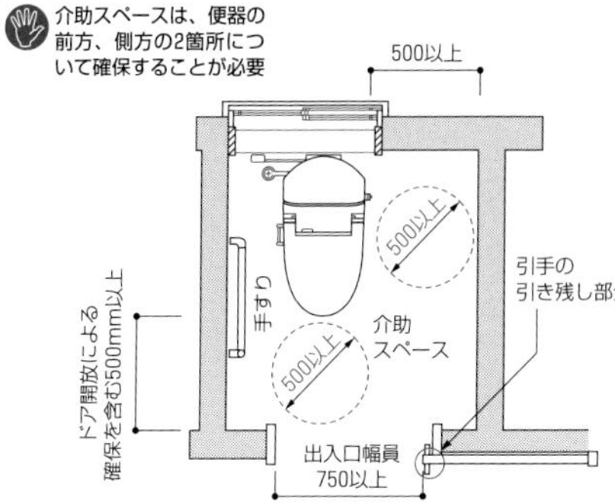

介助スペースを設ける場合

図3 便所の規模②

memo

工事仕様のポイント

- 浴室の出入口の有効幅員は、650mm以上とする。
- 浴室は、短辺を内のり寸法で1,400mm以上とし、面積を内のり寸法で2.5m²以上とする。

1 省令準耐火構造チェックリスト 一戸建て住宅用

省令準耐火構造基準／チェックリスト①

	基準項目	基準の概要等	確認欄 ☑	2021仕様書該当ページ（項目番号）	
屋根	屋　根	●屋根は次のいずれかとすること	□	P241	18.2の1
		①不燃材料で造るか、または葺くこと			イ
		②準耐火構造（屋外に面する部分を準不燃材料で造ったものに限る）			ロ
		③耐火構造の屋外面に断熱材および防水材を張ったもの			ハ
外壁・軒裏	外壁および軒裏 ※外部の独立柱、外部に面するはりを含む	●防火構造とする	□	P241	18.2の2 イ～ホ
内壁等	外壁の室内に面する部分の防火被覆 ※室内の独立柱を含む ※室内側の用途が、浴室（ユニットバスの場合を含む）、洗面脱衣室、便所、玄関、廊下、物置等の場合も防火被覆必要	●被覆材は次のいずれかとする （外壁（屋外側）が防火構造の認定を受けた場合緩和あり）	□	P241	18.3の1
		①厚さ12mm以上のせっこうボード張り			イ
		②厚さ9.5mm以上のせっこうボード2枚張り			ロ
		③防火構造			ハ
	間仕切り壁の防火被覆 ※室内の独立柱を含む ※浴室（ユニットバスの場合を含む）、洗面脱衣室、便所、玄関、廊下、物置等も防火被被覆必要	●被覆材の種類は次のいずれかとする	□	P242	18.3の2
		①厚さ12mm以上のせっこうボード張り			イ
		②厚さ9mm以上のせっこうボード2枚張り			ロ
		③厚さ7mm以上のせっこうラスボード張りの上に厚さ8mm以上のプラスター塗り			ハ
		④防火構造			ニ
	壁の補助面材	●柱および間柱と被覆材の間に補助面材を設ける場合は次のいずれかとし、いずれの場合も厚さ9mm以上とする ①構造用合板 ②構造用パネル ③MDF・HB ④パーティクルボード ⑤木質系セメント板で（準）不燃材料 ⑥パルプセメント板で（準）不燃材料 ⑦繊維強化セメント板で（準）不燃材料（スレート波板除く） ⑧火山性ガラス質複層板で（準）不燃材料 ⑨せっこうボード製品で（準）不燃材料	□	P242	18.3の3 イ～リ

注1）上表における使用材料について、日本産業規格または日本農林規格の指定があるものは、それぞれの規格に適合するもの、またはこれらと同等以上の性能を有するものとする。
2）「界壁」、「界床」の仕様に関しては上表に記載していない。連続建て、重ね建ての場合の「界壁」、「界床」の仕様は、本仕様書で確認すること。

省令準耐火構造基準／チェックリスト②

基準項目		基準の概要等	確認欄 ☑	2021仕様書該当ページ（項目番号）	
内壁等	内壁の防火被覆材の壁張り	●柱、間柱の間隔は500mm以下	□	P247	18.7.1の4 18.7.2の4
		●当て木（天井-壁、床-壁、壁-壁との取合い部）の断面寸法は30mm×38mm以上または35mm×35mm以上 （補助面材を設ける場合はその厚さを含んでよい） （鋼製下地とする場合には、天井と壁の取合い部は鋼製ランナー（防火被覆材と接する部分の高さ40mm以上、幅30mm以上）とすることができる）			18.7.1の5 ロ 18.7.2の5
		●間柱（目地部分）の断面寸法は45mm×105mm以上 （補助面材を設ける場合はその厚さを含んでよい）			18.7.1の5 イ 18.7.2の5
		●間柱（目地部分以外）の断面寸法は30mm×105mm以上 （補助面材を設ける場合はその厚さを含んでよい）			18.7.1の4 18.7.2の4
		●1枚張りの場合： 以下の項目すべてを満たすこと （大臣認定を受けた耐力壁の場合の留付けに用いるくぎ等および留付け方法＋③でもよい）			
		①柱、間柱その他の垂直部材および土台、はり、胴差しその他横架材にGNF40、長さ40mm以上のステープル、長さ28mm以上の木ねじ、タッピンねじまたはこれらと同等以上の品質および寸法の留め金具で留付け		P247	18.7.1の1
		②留め金具の間隔は、被覆材の外周部・中間部ともに150mm以下			18.7.1の2
		③目地部分および取合い部分の裏面に当て木（目地部分に設ける場合は45mm×105mm以上）を設ける			18.7.1の3 18.7.1の5 イ
		●2枚張りの場合： 以下の項目すべてを満たすこと			
		①柱、間柱その他の垂直部材および土台、はり、胴差しその他横架材に、1枚目の被覆材は、GNF40、長さ40mm以上のステープル、長さ28mm以上の木ねじ、タッピンねじまたはこれらに類する留め金具で、2枚目の被覆材は、GNF50、長さ50mm以上のステープル、長さ40mm以上の木ねじ、タッピンねじまたはこれらと同等以上の品質および寸法の留め金具で留付け		P247	18.7.2の1
		②留め金具の間隔は、1枚目の被覆材の外周部・中間部ともに150mm以下、2枚目の被覆材の外周部・中間部ともに200mm以下		P248	18.7.2の2
		③1枚目と2枚目の被覆材の目地が一致しないように配置 一致する場合は、当該部分の裏面に当て木（45mm×105mm以上）を設ける			18.7.2の3 18.7.2の5

注1）上表における使用材料について、日本産業規格または日本農林規格の指定があるものは、それぞれの規格に適合するもの、またはこれらと同等以上の性能を有するものとする。
2）「界壁」、「界床」の仕様に関しては上表に記載していない。連続建て、重ね建ての場合の「界壁」、「界床」の仕様は、本仕様書で確認すること。

省令準耐火構造チェックリスト
一戸建て住宅用

省令準耐火構造基準／チェックリスト③

	基準項目	基準の概要等	確認欄 ☑	2021仕様書該当ページ	（項目番号）
天井等	上階に床がない部分の天井の防火被覆	●下地材料の種類は次のいずれかとする	□	P243	18.4.1の1
		①厚さ12mm以上のせっこうボード張り			イ
		②厚さ9mm以上のせっこうボード2枚張り			ロ
		②厚さ9mm以上のせっこうボード張りの上に厚さ9mm以上のロックウール化粧吸音板張り			ハ
	上階に床がある部分の天井の防火被覆 ※地階の天井で下地が鉄筋コンクリート造のスラブでない部分を含む	●下地材料の種類は次のいずれかとする	□	P243	18.4.2の1
		①厚さ9mm以上のせっこうボード張り			イ（イ）
		②厚さ9mm以上のせっこうボード張りの上に厚さ9mm以上のロックウール化粧吸音板張り			イ（ロ）
		③厚さ12mm以上の強化せっこうボード張り			ロ
	室内に面するはりの防火被覆	●室内に面するはりがある場合、下地材料の種類は次のいずれかとする	□	P250	18.10の1
		①厚さ9mm以上のせっこうボード2枚張り			イ
		③厚さ12mm以上の強化せっこうボード張り			ロ
	上階に床がある部分の天井の防火被覆材の目地処理 （2枚張りは目地が一致する部分のみ）	●目地処理の方法は次の①～③のいずれかを充填するか、④、⑤の当て木を設ける	□	P243	18.4.3の3
		①厚さ50mm以上のロックウール（かさ比重0.024以上） ②厚さ50mm以上のグラスウール（かさ比重0.024以上） ③厚さ100mm以上のグラスウール（かさ比重0.01以上）			イ
		④30mm×38mm以上または35mm×35mm以上の木材または鋼材 ⑤厚さ0.4mm×幅90mm以上の鋼板			ロ
	天井およびはりの防火被覆材の留付け	●1枚張りの場合：以下の項目すべてを満たすこと	□	P249	18.8.1
		①根太、野縁等に、GNF40、長さ40mm以上のステープル、長さ28mm以上の木ねじ、タッピンねじまたはこれらと同等以上の品質および寸法の留め金具で留付け ※はりの防火被覆は、はりに直接留め付けてもよい			1
		②留め金具の間隔は被覆材の外周部150mm以下、中間部200mm以下			2

注1）上表における使用材料について、日本産業規格または日本農林規格の指定があるものは、それぞれの規格に適合するもの、またはこれらと同等以上の性能を有するものとする。
2）「界壁」、「界床」の仕様に関しては上表に記載していない。連続建て、重ね建ての場合の「界壁」、「界床」の仕様は、本仕様書で確認すること。

省令準耐火構造基準／チェックリスト④

基準項目		基準の概要等	確認欄 ☑	2021仕様書該当ページ（項目番号）	
天井等	天井およびはりの防火被覆材の留付け	●2枚張りの場合： 以下の項目すべてを満たすこと	□	P249	18.8.2
		①根太、野縁等に、1枚目の被覆材は、GNF40、長さ40mm以上のステープル、長さ28mm以上の木ねじ、タッピンねじまたはこれらと同等以上の品質および寸法の留め金具で、2枚目の被覆材は、GNF50、長さ50mm以上のステープル、長さ40mm以上の木ねじ、タッピンねじまたはこれらと同等以上の品質および寸法の留め金具で留付け ※はりの防火被覆は、はりに直接留め付けてもよい			1
		②留め金具の間隔は、1枚目の被覆材の外周部・中間部ともに300mm以下、2枚目の被覆材の外周部は150mm以下、中間部は200mm以下			2
その他	その他の防耐火上の措置	●防火被覆材の目地処理は防火上支障のないよう処理する	□	P251	18.12の1
		●防火被覆材を貫通して設備器具を取り付ける場合の措置： 当該器具または当該器具の裏面を当該部分に空隙が生じないよう（準）不燃材料で造りまたは覆う			18.12の2
		●防火被覆材を貫通して木材を取り付ける場合の措置： 防火被覆の貫通方向に30mm以上の厚さの木材を設置することができる。この場合の目地部分および取合い部分には当て木（30mm以上×38mm以上または35mm×35mm以上の木材）を設ける			18.12の4
		●「床又は天井と壁」および「壁と壁」との取合い部には、次のいずれかの材料によりファイヤーストップ措置を行う ※上階に床がある部分の天井は、天井内部における間仕切り壁と横架材との間にも次のいずれかのファイヤーストップ措置が必要			18.12の3
		①厚さ30mm以上の木材			イ
		②厚さ50mm以上のロックウール（かさ比重0.024以上）、厚さ50mm以上のグラスウール（かさ比重0.024以上）または厚さ100mm以上のグラスウール（かさ比重0.01以上）			ロ
		③厚さ12mm以上のせっこうボード			ハ

注1）上表における使用材料について、日本産業規格または日本農林規格の指定があるものは、それぞれの規格に適合するもの、またはこれらと同等以上の性能を有するものとする。
2）「界壁」、「界床」の仕様に関しては上表に記載していない。連続建て、重ね建ての場合の「界壁」、「界床」の仕様は、本仕様書で確認すること。

2 Zマーク表示金物

Zマーク表示金物の種類／接合金物①　（単位：mm）

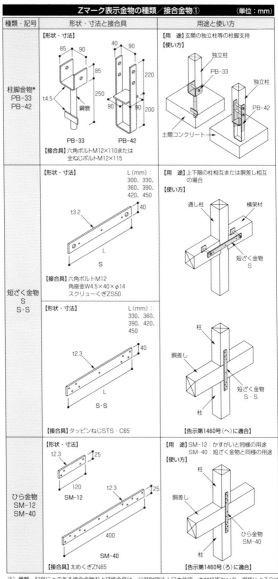

種類・記号	形状・寸法と接合具	用途と使い方
柱脚金物* PB-33 PB-42	【形状・寸法】 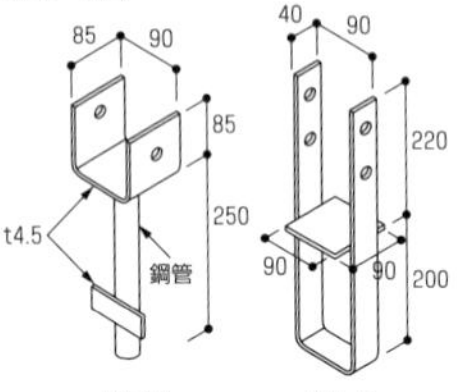 PB-33　PB-42 【接合具】六角ボルトM12×110または 全ねじボルトM12×115	【用　途】玄関の独立柱等の柱脚支持 【使い方】 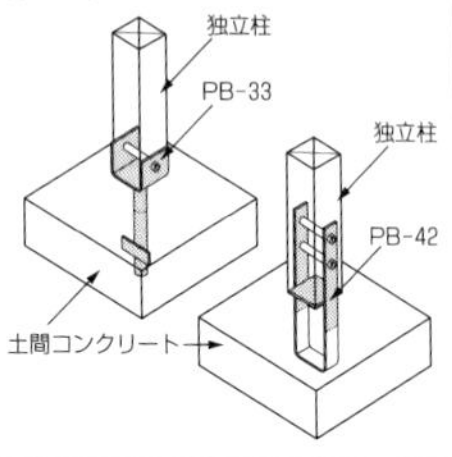
短ざく金物 S S·S	【形状・寸法】　L（mm）： 300、330、 360、390、 420、450 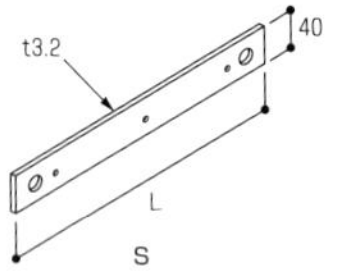 S 【接合具】六角ボルトM12 角座金W4.5×40×φ14 スクリューくぎZS50	【用　途】上下階の柱相互または胴差し相互の場合 【使い方】 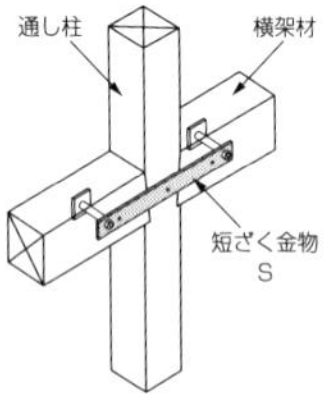
	【形状・寸法】　L（mm）： 330、360、 390、420、 450 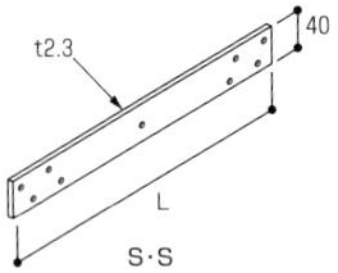 S·S 【接合具】タッピンねじSTS・C65	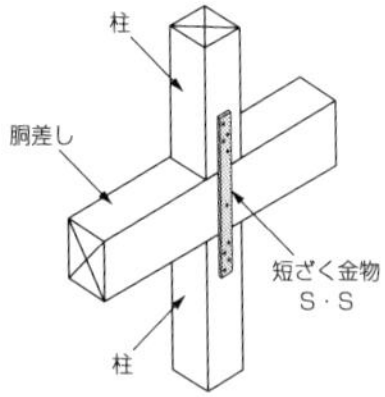 【告示第1460号（へ）に適合】
ひら金物 SM-12 SM-40	【形状・寸法】 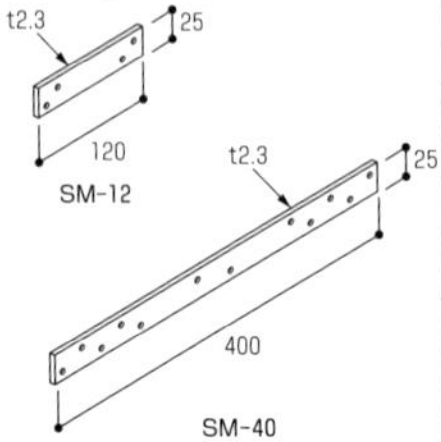 SM-40 【接合具】太めくぎZN65	【用　途】SM-12：かすがいと同様の用途 SM-40：短ざく金物と同様の用途 【使い方】 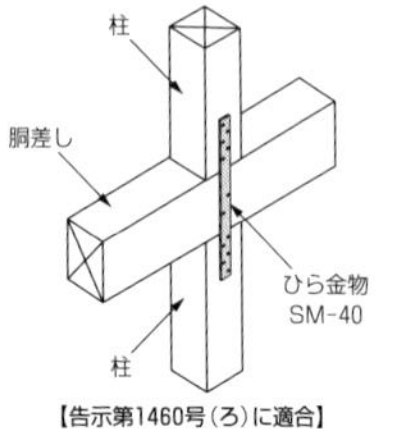 【告示第1460号（ろ）に適合】

注）種類・記号に＊のある接合金物および接合具は、公益財団法人日本住宅・木材技術センター規格によるCマーク表示金物とすることができる。

Zマーク表示金物の種類／接合金物② （単位：mm）

種類・記号	形状・寸法と接合具	用途と使い方
ひら金物 SM-15S	**【形状・寸法】** 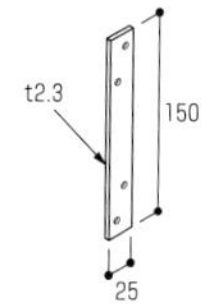 **【接合具】**タッピンねじSTS・C65	**【用　途】**引張りを受ける柱の上下の接合 ただし、すみ柱は除く **【使い方】** 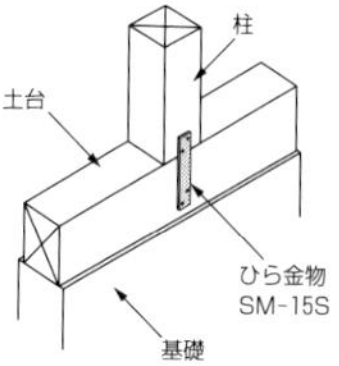 **【告示第1460号(ろ)に適合】**
かね折り 金物 SA SA・S	**【形状・寸法】** L(mm)：210、240、270、300、345 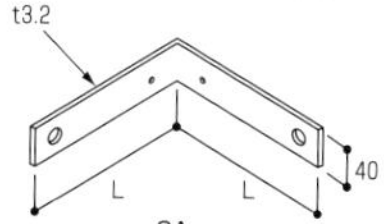 SA **【接合具】**六角ボルトM12 角座金W4.5×40×φ14 スクリューくぎZS50	**【用　途】**通し柱と胴差しの取合い **【使い方】** 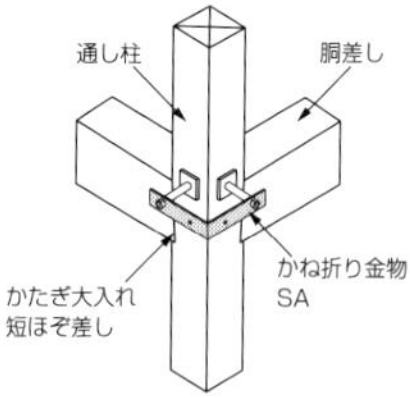
	【形状・寸法】 L(mm)：240、270、300、330、360 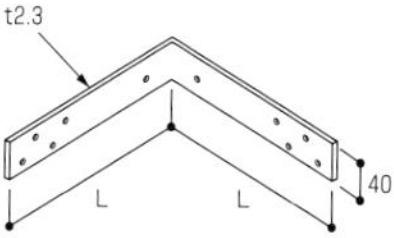 SA・S **【接合具】**タッピンねじSTS・C65	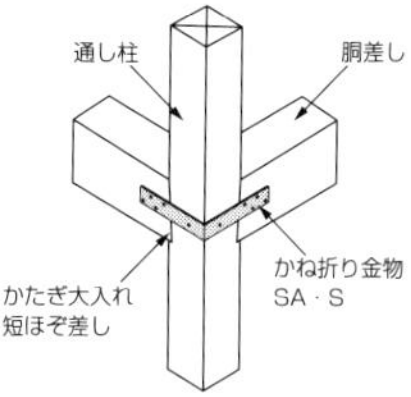
ひねり金物 ST-9 ST-12 ST-15 (右ひねり のみ)	**【形状・寸法】** 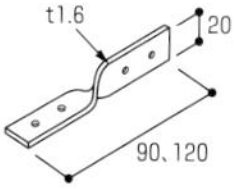 ST-9、ST-12 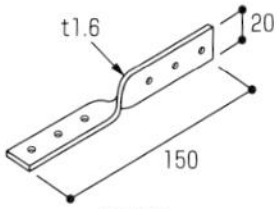 ST-15 **【接合具】**太めくぎZN40	**【用　途】**たる木と軒げたまたは母屋の接合 **【使い方】** 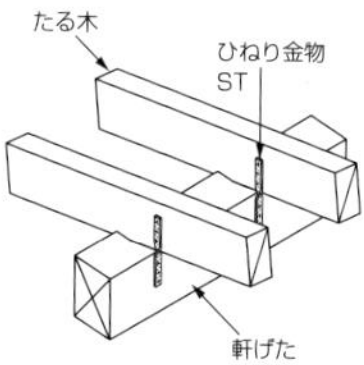

Zマーク表示金物の種類／接合金物③ (単位：mm)		
種類・記号	形状・寸法と接合具	用途と使い方
折曲げ金物 SF (左ひねり および 右ひねり)	【形状・寸法】 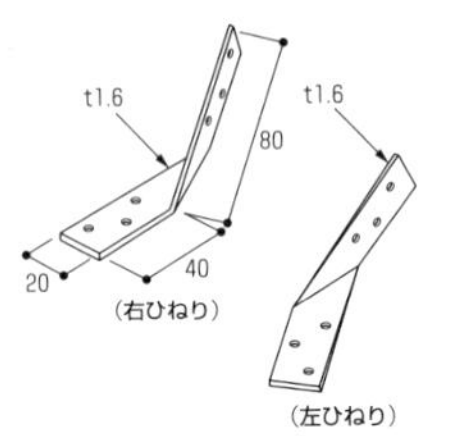 【接合具】太めくぎZN40	【用　途】たる木と軒げたまたは母屋の接合 【使い方】 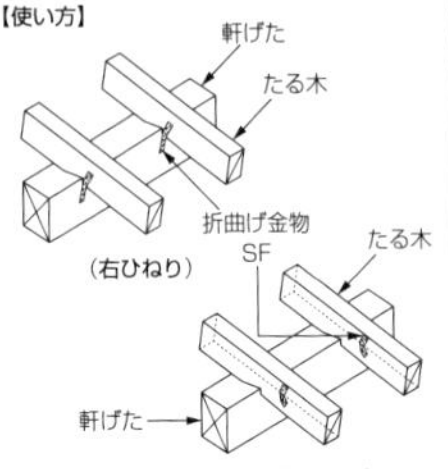
くら金物 SS	【形状・寸法】 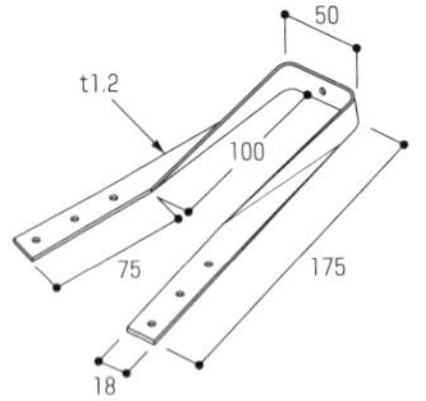 【接合具】太めくぎZN40	【用　途】たる木と軒げたまたは母屋の接合 【使い方】 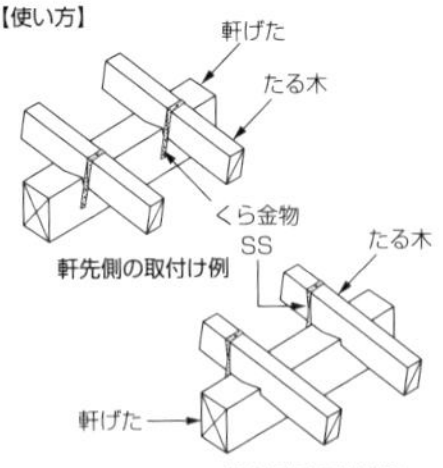
火打金物 HB HB・S	【形状・寸法】 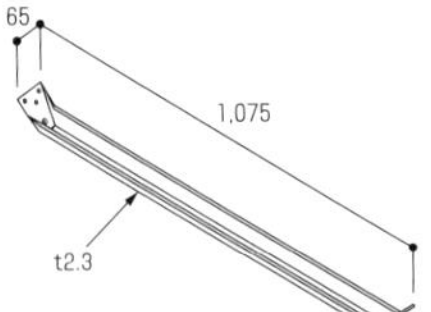 HB 【接合具】六角ボルトM12　　平くぎZF55 角座金W4.5×40×φ14 小型角座金W2.3×30×φ12.5 【形状・寸法】 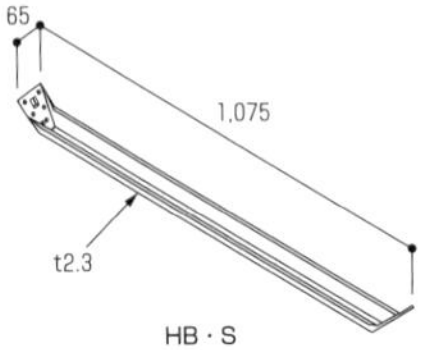 HB・S 【接合具】タッピンねじSTS・C65	【用　途】床組および小屋組の隅角部の補強 【使い方】ボルトタイプの火打金物HBは、下図のように、横架材の内面から700mmの位置に六角ボルト用の先孔を設ける。 ねじタイプの火打金物HB・Sは、タッピンねじで取り付けるため先孔は必要ない。 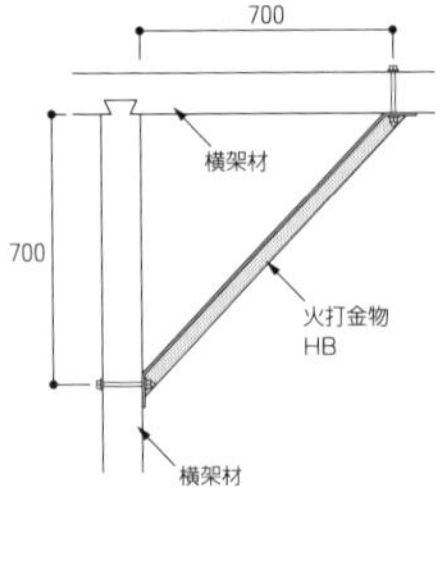 火打金物HBの取付け例

Zマーク表示金物の種類／接合金物④ (単位：mm)

<table>
<tr><th>種類・記号</th><th>形状・寸法と接合具</th><th>用途と使い方</th></tr>
<tr><td rowspan="2">羽子板
ボルト
SB・F
SB・E
SB・F2
SB・E2</td><td>【形状・寸法】 L(mm)：280、310、340、370、400、430
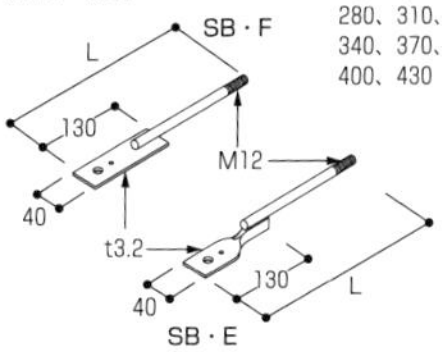

【接合具】六角ボルトM12
角座金W4.5×40×φ14
スクリューくぎZS50</td><td rowspan="3">【用 途】小屋ばりと軒げた、軒げたと柱、はりと柱および胴差しと通し柱の接合
【使い方】
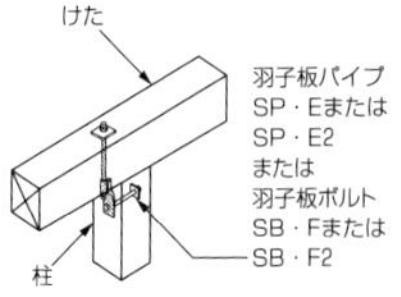

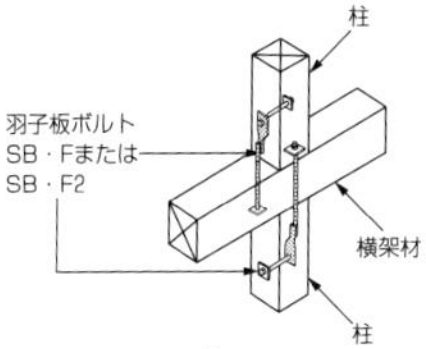

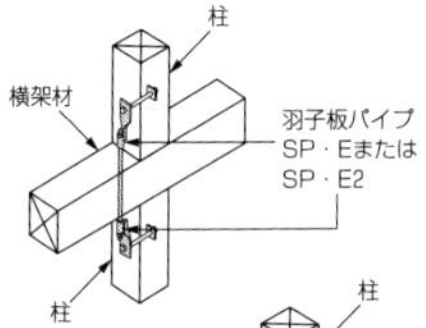

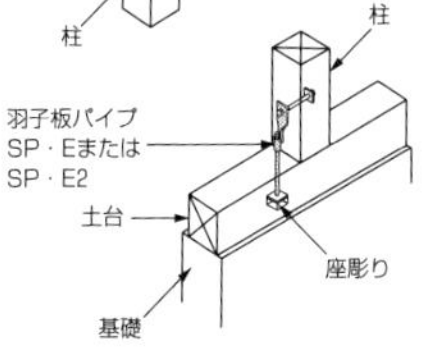

【告示第1460号(に)に適合(スクリューくぎなし)】
【告示第1460号(ほ)に適合(スクリューくぎあり)】</td></tr>
<tr><td>【形状・寸法】 L(mm)：280、310、340、370、400、430
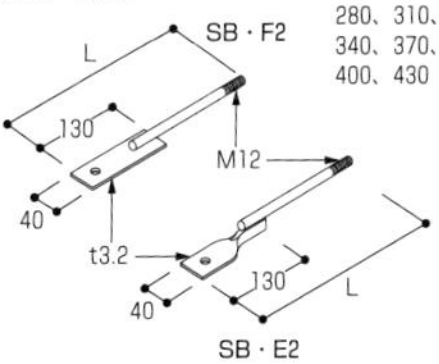

【接合具】六角ボルトM12
角座金W4.5×40×φ14</td></tr>
<tr><td>羽子板
パイプ
SP・E
SP・E2</td><td>【形状・寸法】
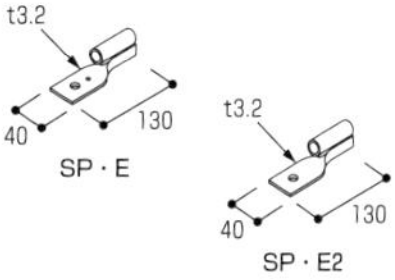

【接合具】六角ボルトM12 スクリューくぎZS50
角座金W4.5×40×φ14
(SP・E2は、スクリューくぎの孔がないもの)</td></tr>
<tr><td>羽子板
ボルト
SB・FS
SB・ES</td><td>【形状・寸法】 L(mm)：250、280、310、340、370、400
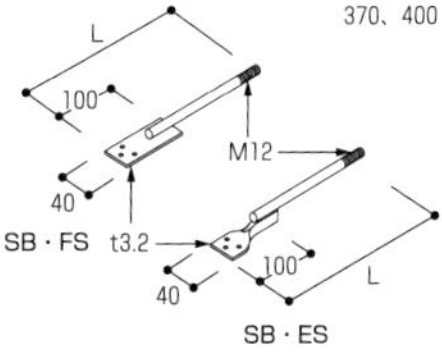

【接合具】タッピンねじSTS・C65</td><td rowspan="2">【用 途】小屋ばりと軒げた、軒げたと柱、はりと柱および胴差しと通し柱の接合
【使い方】
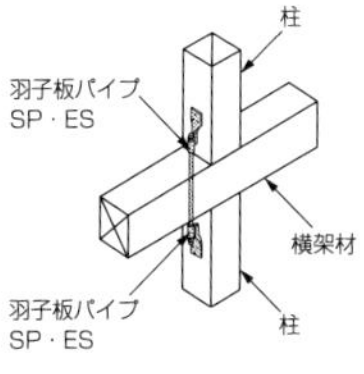

【告示第1460号(へ)に適合】</td></tr>
<tr><td>羽子板
パイプ
SP・ES</td><td>【形状・寸法】
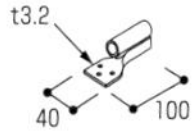

【接合具】タッピンねじSTS・C65</td></tr>
</table>

付録

Zマーク表示金物の種類／接合金物⑤　(単位：mm)

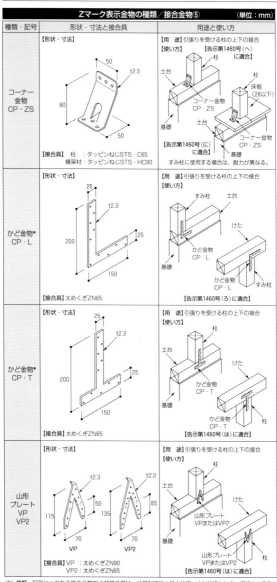

種類・記号	形状・寸法と接合具	用途と使い方
コーナー金物 CP・ZS	【形状・寸法】 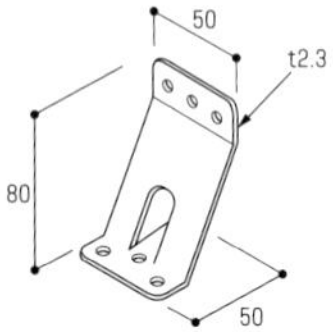 【接合具】 柱　：タッピンねじSTS・C65 横架材：タッピンねじSTS・HC90	【用　途】引張りを受ける柱の上下の接合 【使い方】 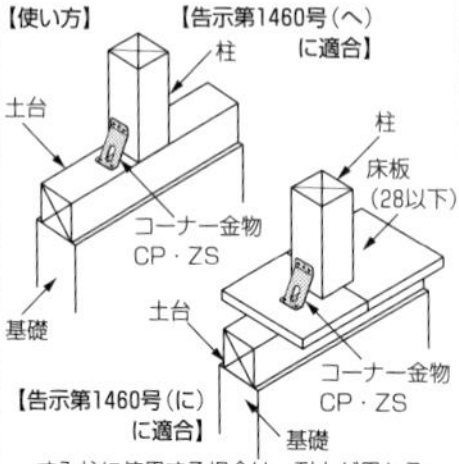 すみ柱に使用する場合は、耐力が異なる。
かど金物* CP・L	【形状・寸法】 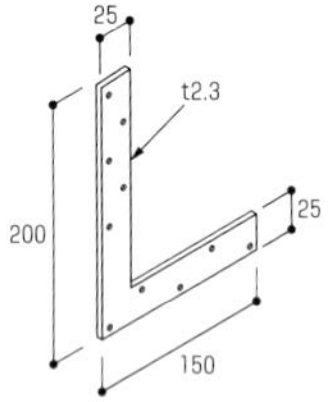 【接合具】太めくぎZN65	【用　途】引張りを受ける柱の上下の接合 【使い方】 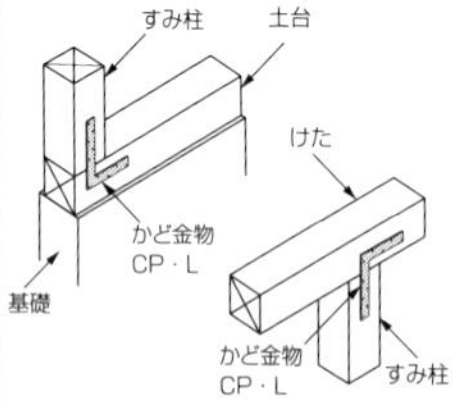 【告示第1460号(ろ)に適合】
かど金物* CP・T	【形状・寸法】 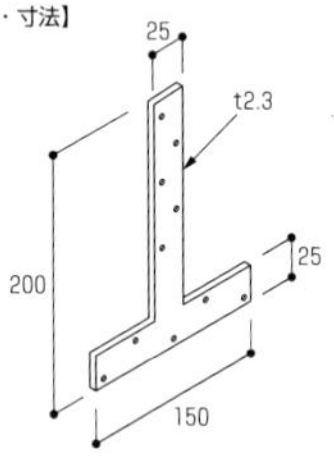 【接合具】太めくぎZN65	【用　途】引張りを受ける柱の上下の接合 【使い方】 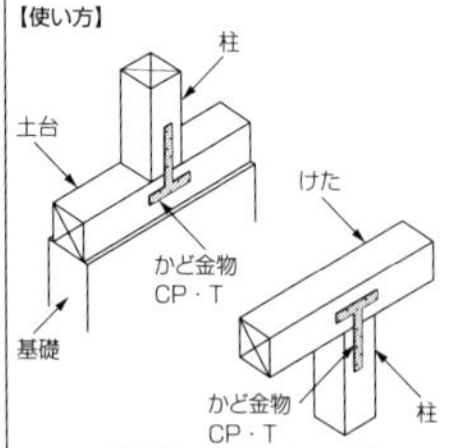 【告示第1460号(は)に適合】
山形プレート VP VP2	【形状・寸法】 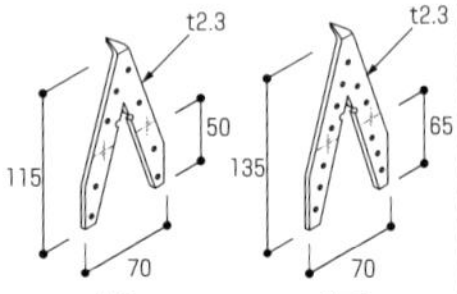 VP　　VP2 【接合具】VP　：太めくぎZN90 VP2：太めくぎZN65	【用　途】引張りを受ける柱の上下の接合 【使い方】 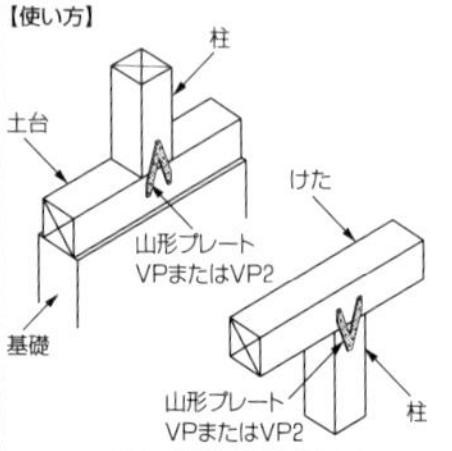 【告示第1460号(は)に適合】

注）種類・記号に＊のある接合金物および接合具は、公益財団法人日本住宅・木材技術センター規格によるCマーク表示金物とすることができる。

Zマーク表示金物の種類／接合金物⑥ （単位：mm）

種類・記号	形状・寸法と接合具	用途と使い方
筋かいプレート BP	【形状・寸法】 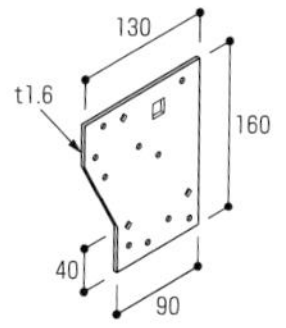 【接合具】角根平頭ボルトM12 小型角座金W2.3×30×φ12.5 太めくぎZN65	【用　途】断面寸法30mm×90mmの筋かいを柱と横架材に同時に接合 【使い方】 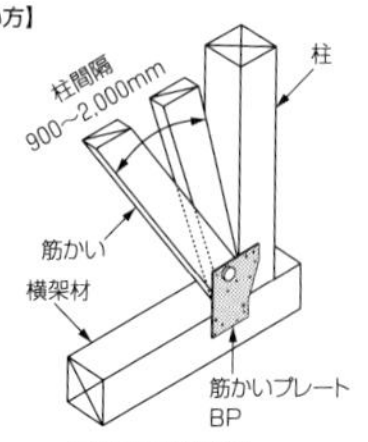 【壁倍率1.5に適合】
筋かいプレート BP-2	【形状・寸法】 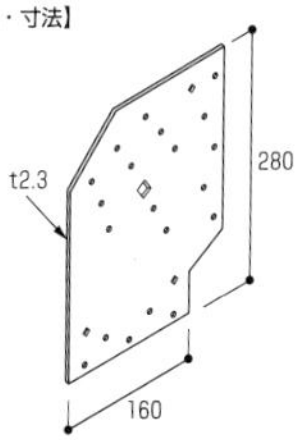 【接合具】角根平頭ボルトM12 小型角座金W2.3×30×φ12.5 スクリューくぎZS50	【用　途】断面寸法45mm×90mmの筋かいを柱と横架材に同時に接合 【使い方】 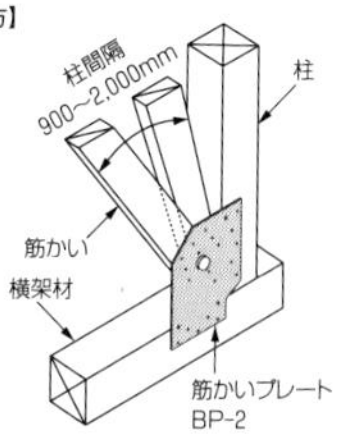 【壁倍率2.0に適合】
筋かいプレート BP-2FS	【形状・寸法】 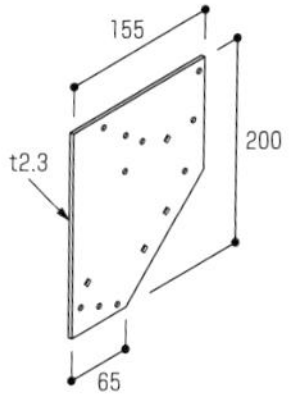 【接合具】タッピンねじSTS・C45	【用　途】断面寸法45mm×90mmの筋かいを柱と横架材に同時に接合 【使い方】 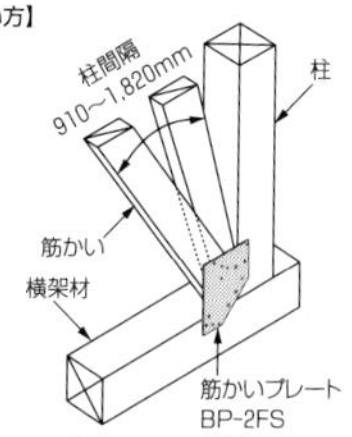 【壁倍率2.0に適合】
筋かいプレート BP-3FS	【形状・寸法】 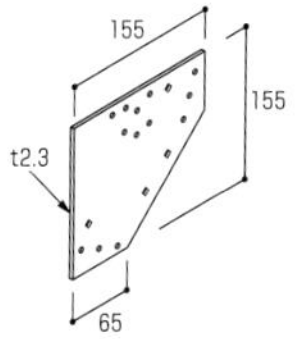 【接合具】タッピンねじSTS・C65	【用　途】断面寸法90mm×90mmの筋かいを柱と横架材に同時に接合 【使い方】 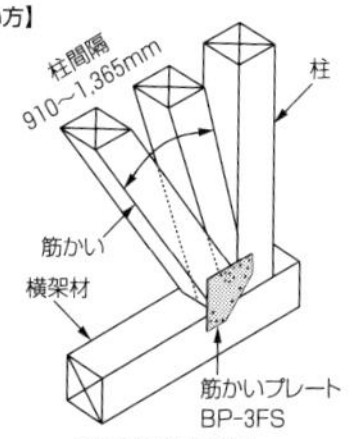 【壁倍率3.0に適合】

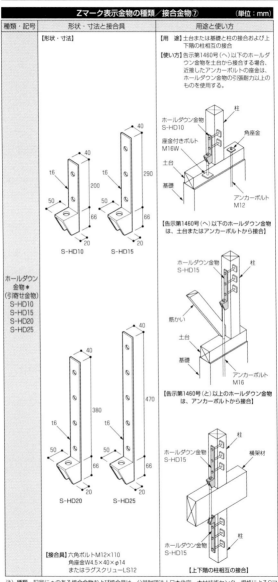

<table>
<tr><th colspan="3">Zマーク表示金物の種類／接合金物⑦　（単位：mm）</th></tr>
<tr><th>種類・記号</th><th>形状・寸法と接合具</th><th>用途と使い方</th></tr>
<tr>
<td>ホールダウン金物＊
（引寄せ金物）
S-HD10
S-HD15
S-HD20
S-HD25</td>
<td>

【形状・寸法】

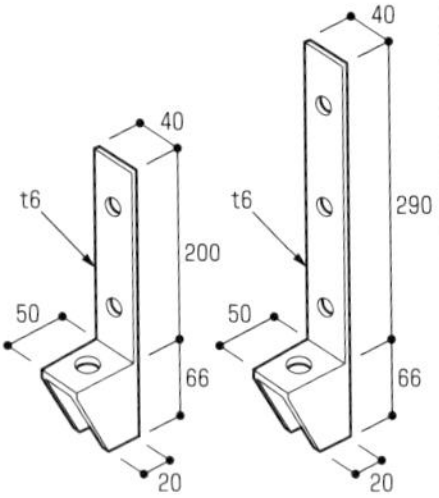

S-HD10　S-HD15

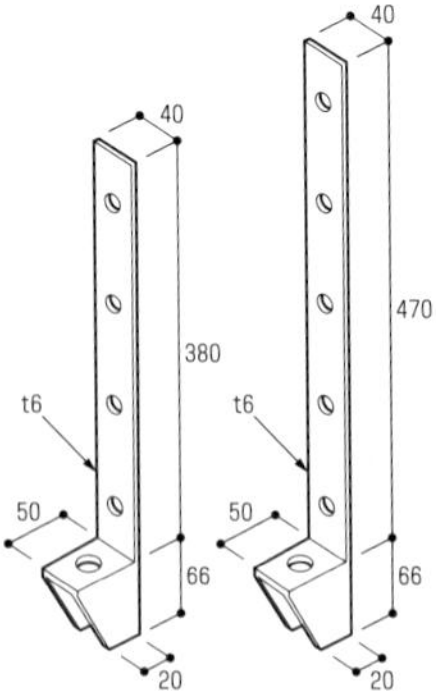

S-HD20　S-HD25

【接合具】六角ボルトM12×110
角座金W4.5×40×φ14
またはラグスクリューLS12

</td>
<td>

【用　途】土台または基礎と柱の接合および上下階の柱相互の接合

【使い方】告示第1460号（へ）以下のホールダウン金物を土台から接合する場合、近接したアンカーボルトの座金は、ホールダウン金物の引張耐力以上のものを使用する。

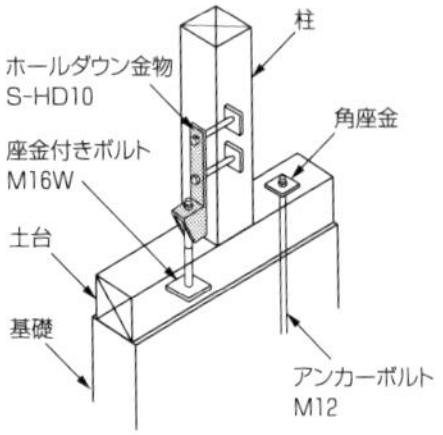

【告示第1460号（へ）以下のホールダウン金物は、土台またはアンカーボルトから接合】

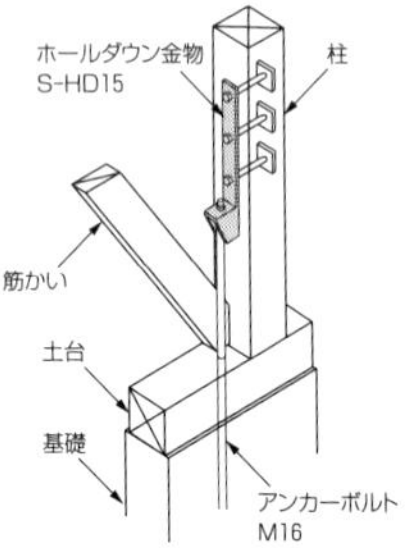

【告示第1460号（と）以上のホールダウン金物は、アンカーボルトから接合】

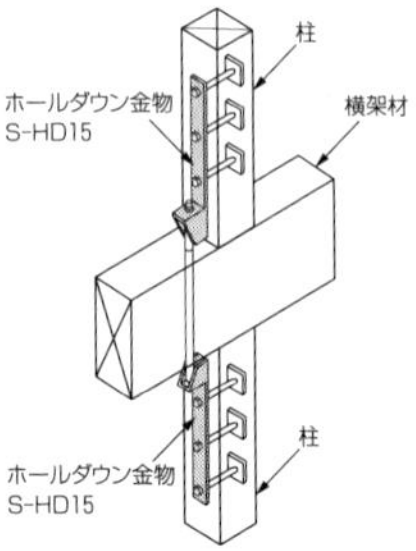

【上下階の柱相互の接合】

</td>
</tr>
</table>

注）種類・記号に＊のある接合金物および接合具は、公益財団法人日本住宅・木材技術センター規格によるCマーク表示金物とすることができる。

Zマーク表示金物の種類／接合金物⑧ （単位：mm）

<table>
<tr><th>種類・記号</th><th>形状・寸法と接合具</th><th>用途と使い方</th></tr>
<tr>
<td>ホールダウン金物＊
(引寄せ金物)
HD-B10
HD-B15
HD-B20
HD-B25</td>
<td>【形状・寸法】
A：角座金W6.0×54×φ18
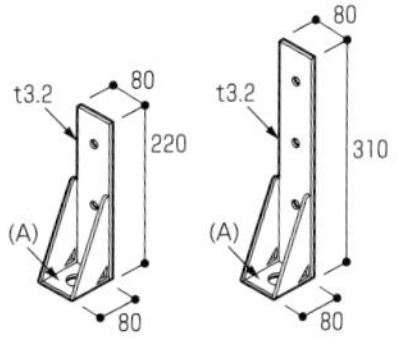

HD-B10　HD-B15
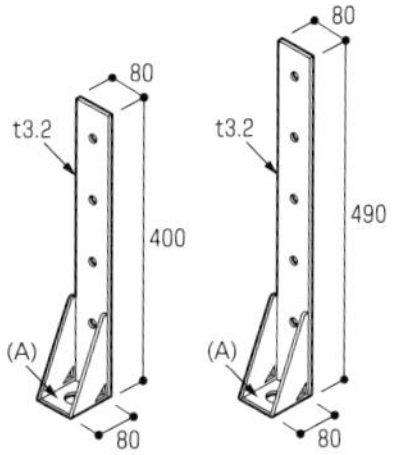

HD-B20　HD-B25
【接合具】六角ボルトM12
角座金W4.5×40×φ14
またはラグスクリューLS12</td>
<td rowspan="2">【用　途】土台または基礎と柱の接合および上下階の柱相互の接合
【使い方】告示第1460号（へ）以下のホールダウン金物を土台から接合する場合、近接したアンカーボルトの座金は、ホールダウン金物の引張耐力以上のものを使用する。
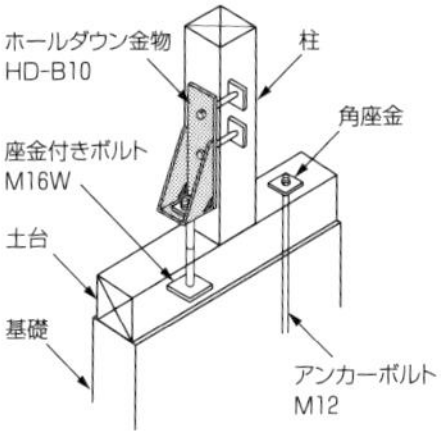

【告示第1460号（へ）以下のホールダウン金物は、土台またはアンカーボルトから接合】
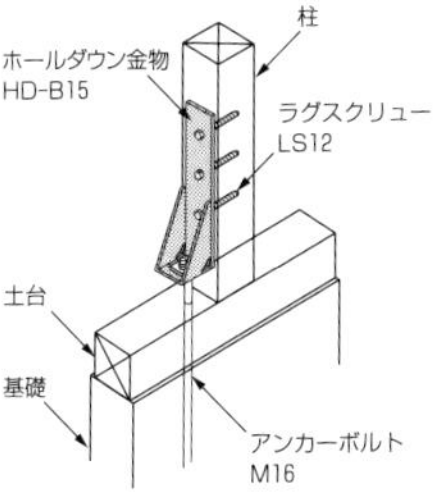

【告示第1460号（と）以上のホールダウン金物は、アンカーボルトから接合】
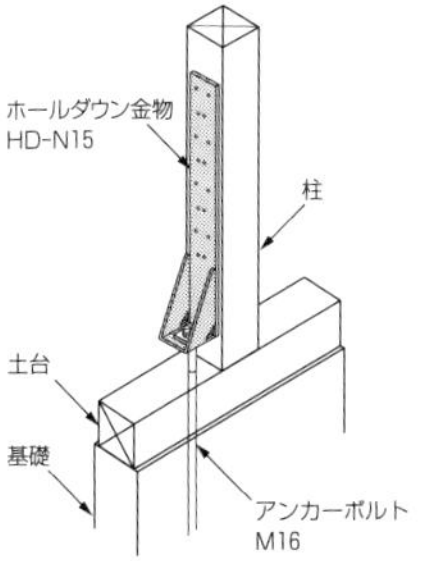

【告示第1460号（と）以上のホールダウン金物は、アンカーボルトから接合】</td>
</tr>
<tr>
<td>ホールダウン金物＊
(引寄せ金物)
HD-N5
HD-N10
HD-N15
HD-N20
HD-N25</td>
<td>【形状・寸法】
A：角座金W6.0×54×φ18
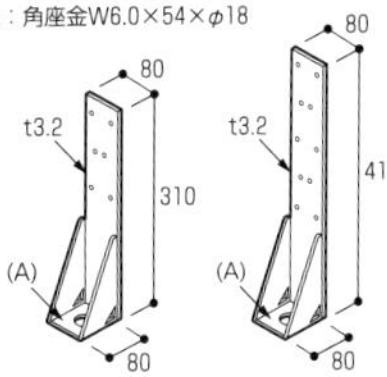

HD-N5　HD-N10
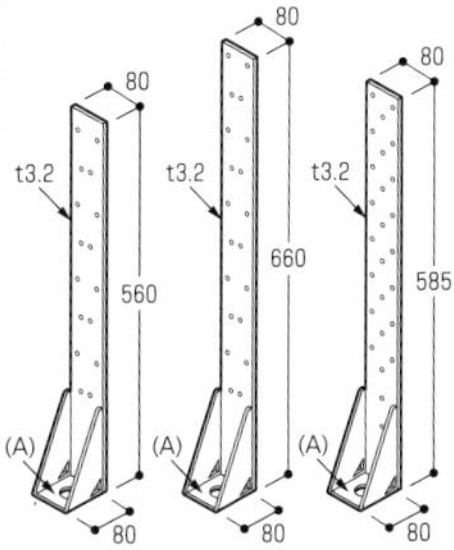

HD-N15　HD-N20　HD-N25
【接合具】太めくぎZN90</td>
</tr>
</table>

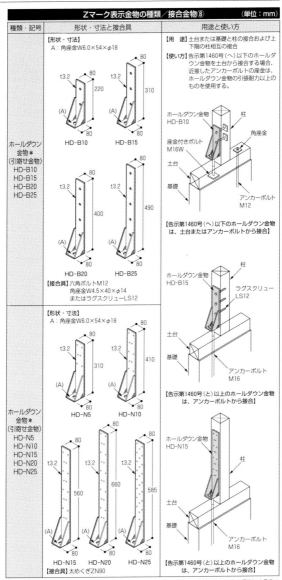

注）種類・記号に＊のある接合金物および接合具は、公益財団法人日本住宅・木材技術センター規格によるCマーク表示金物とすることができる。

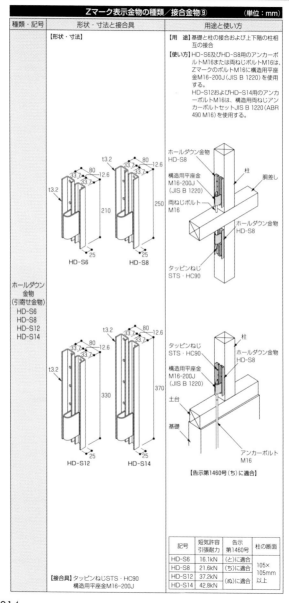

Zマーク表示金物の種類／接合金物⑨　（単位：mm）

種類・記号	形状・寸法と接合具	用途と使い方
ホールダウン金物（引寄せ金物） HD-S6 HD-S8 HD-S12 HD-S14	【形状・寸法】	【用　途】基礎と柱の接合および上下階の柱相互の接合 【使い方】HD-S6及びHD-S8用のアンカーボルトM16または両ねじボルトM16は、ZマークのボルトM16に構造用平座金M16-200J（JIS B 1220）を使用する。 HD-S12およびHD-S14用のアンカーボルトM16は、構造用両ねじアンカーボルトセットJIS B 1220（ABR 490 M16）を使用する。

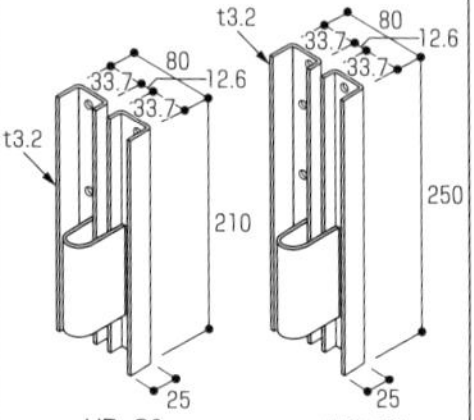

HD-S6　HD-S8

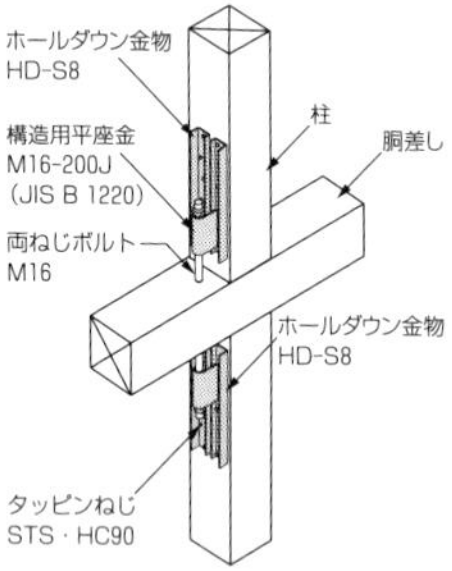

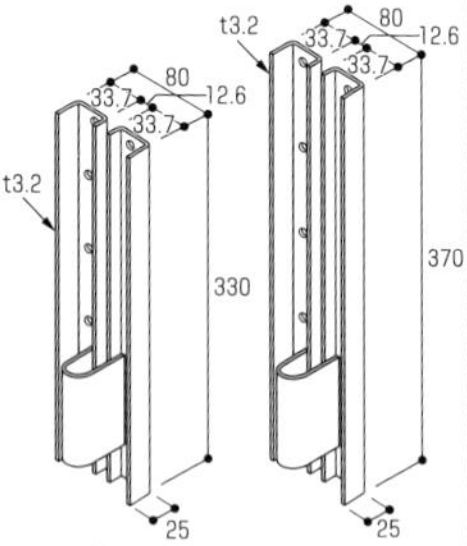

HD-S12　HD-S14

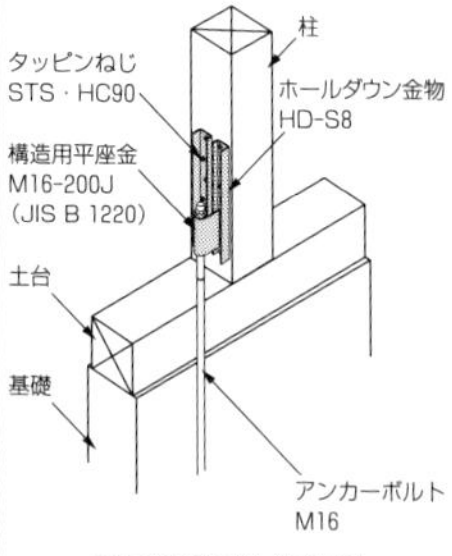

【告示第1460号（ち）に適合】

記号	短気許容引張耐力	告示第1460号	柱の断面
HD-S6	16.1kN	（と）に適合	105×105mm以上
HD-S8	21.6kN	（ち）に適合	
HD-S12	37.2kN	（ぬ）に適合	
HD-S14	42.8kN		

【接合具】タッピンねじSTS・HC90
構造用平座金M16-200J

Zマーク表示金物の種類／接合金物⑩ （単位：mm）

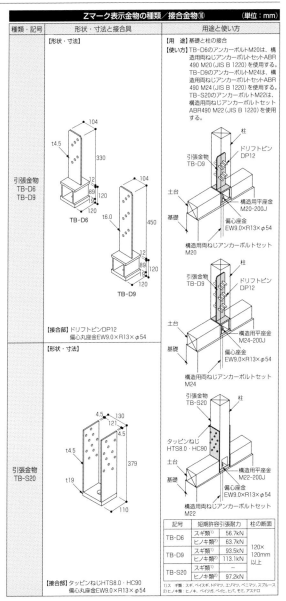

種類・記号	形状・寸法と接合具	用途と使い方
引張金物 TB-D6 TB-D9	【形状・寸法】	【用　途】基礎と柱の接合 【使い方】TB-D6のアンカーボルトM20は、構造用両ねじアンカーボルトセットABR 490 M20（JIS B 1220）を使用する。TB-D9のアンカーボルトM24は、構造用両ねじアンカーボルトセットABR 490 M24（JIS B 1220）を使用する。TB-S20のアンカーボルトM22は、構造用両ねじアンカーボルトセットABR490 M22（JIS B 1220）を使用する。

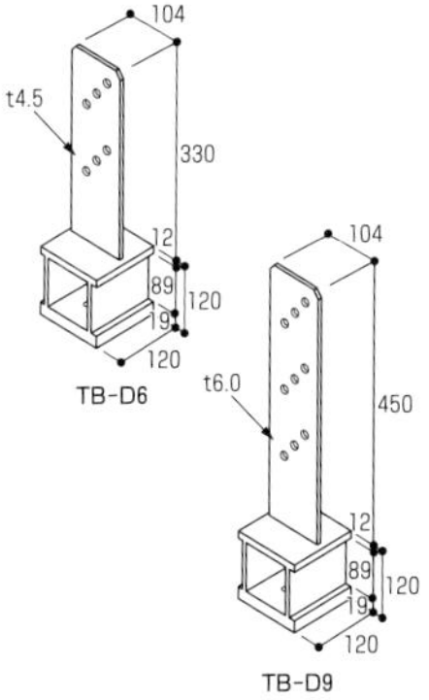

【接合部】ドリフトピンDP12
偏心丸座金EW9.0×R13×φ54

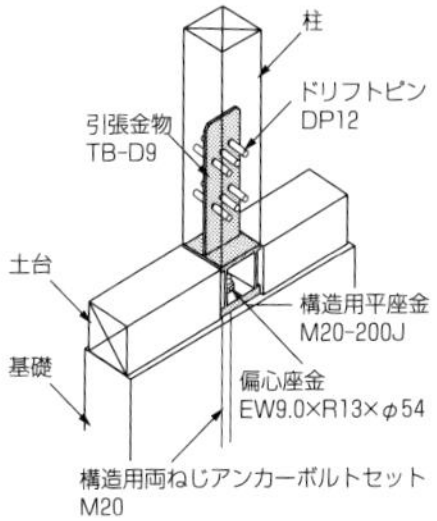

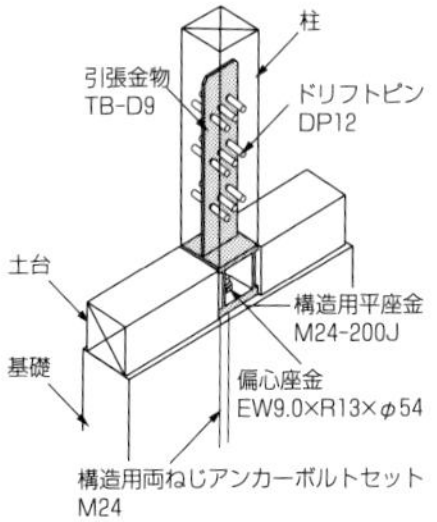

種類・記号	形状・寸法と接合具
引張金物 TB-S20	【形状・寸法】

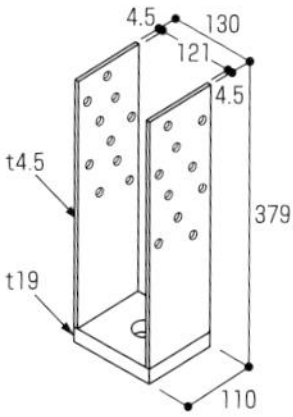

【接合部】タッピンねじHTS8.0・HC90
偏心丸座金EW9.0×R13×φ54

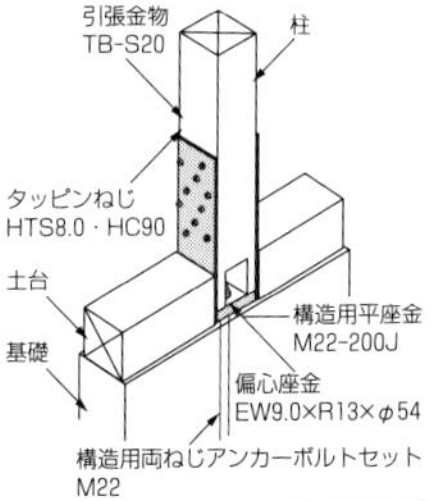

記号	短期許容引張耐力		柱の断面
TB-D6	スギ類[1)]	56.7kN	120×120mm以上
	ヒノキ類[2)]	63.7kN	
TB-D9	スギ類[1)]	93.5kN	
	ヒノキ類[2)]	113.1kN	
TB-S20	スギ類[1)]	−	
	ヒノキ類[2)]	97.2kN	

1)スギ類：スギ、ベイスギ、トドマツ、エゾマツ、ベニマツ、スプルース
2)ヒノキ類：ヒノキ、ベイツガ、ベイヒ、ヒバ、モミ、アスナロ

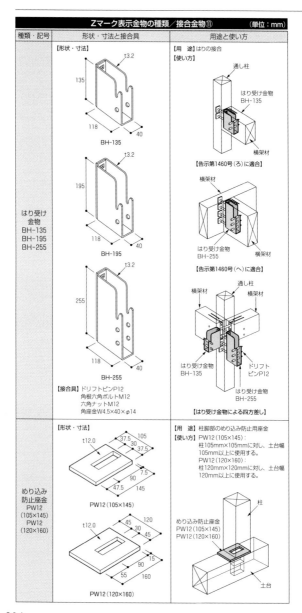

Zマーク表示金物の種類／接合金物⑪ (単位：mm)		
種類・記号	形状・寸法と接合具	用途と使い方
はり受け 金物 BH-135 BH-195 BH-255	【形状・寸法】 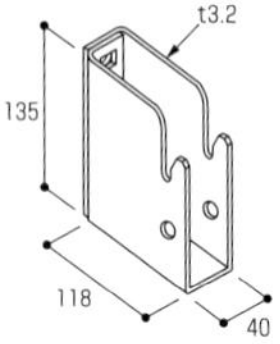 BH-135 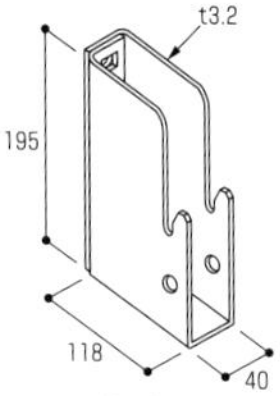 BH-195 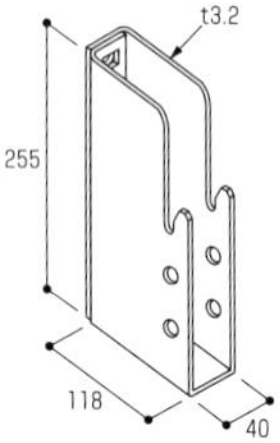 BH-255 【接合具】ドリフトピンP12 角根六角ボルトM12 六角ナットM12 角座金W4.5×40×φ14	【用　途】はりの接合 【使い方】 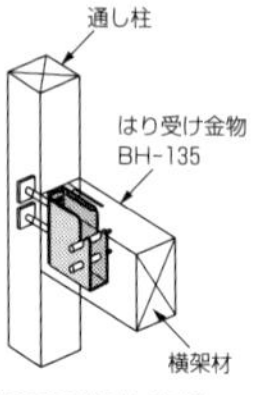 【告示第1460号(ろ)に適合】 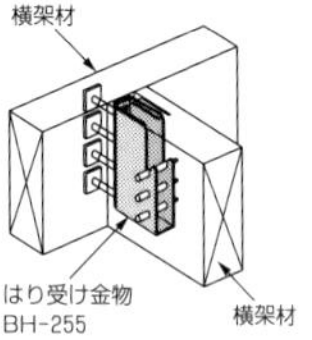 【告示第1460号(へ)に適合】 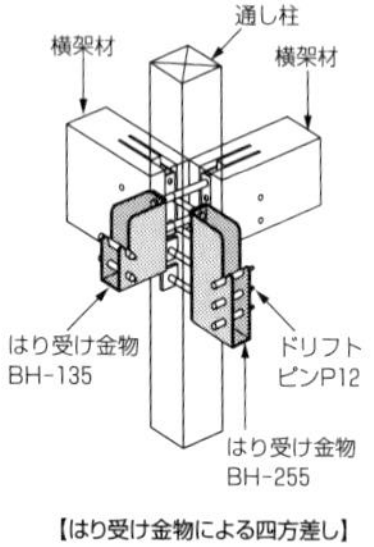 【はり受け金物による四方差し】
めり込み 防止座金 PW12 (105×145) PW12 (120×160)	【形状・寸法】 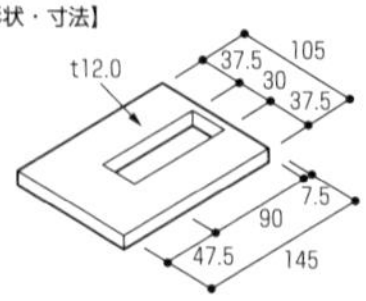 PW12(105×145) 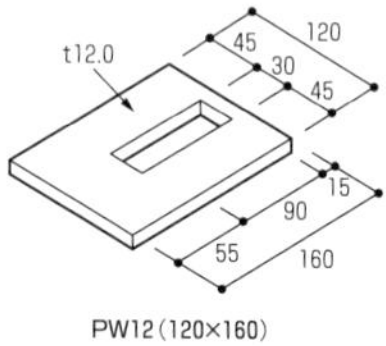 PW12(120×160)	【用　途】柱脚部のめり込み防止用座金 【使い方】PW12(105×145)： 柱105mm×105mmに対し、土台幅105mm以上に使用する。 PW12(120×160)： 柱120mm×120mmに対し、土台幅120mm以上に使用する。 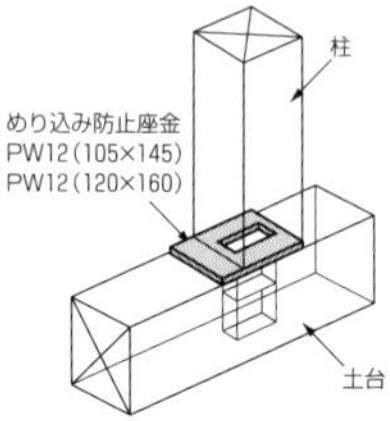

Zマーク表示金物の種類／接合具① (単位：mm)

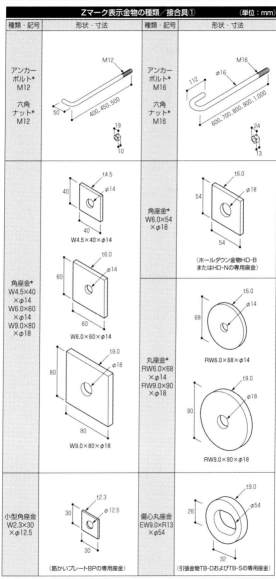

種類・記号	形状・寸法	種類・記号	形状・寸法
アンカーボルト* M12 六角ナット* M12	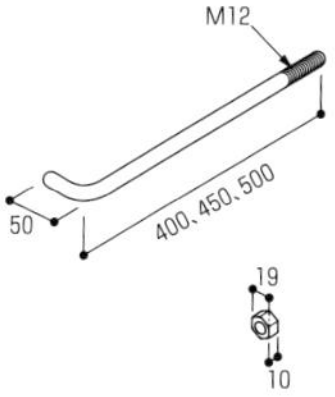	アンカーボルト* M16 六角ナット* M16	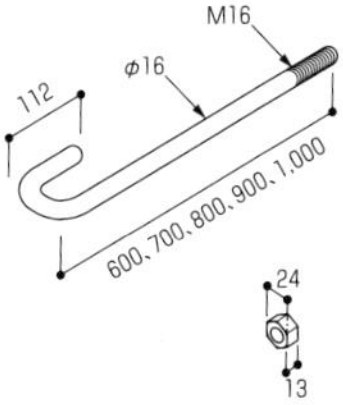
角座金* W4.5×40 ×φ14 W6.0×60 ×φ14 W9.0×80 ×φ18	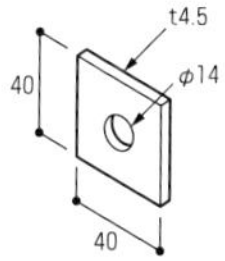 W4.5×40×φ14 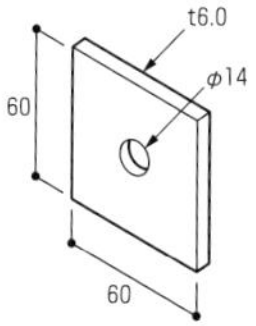 W6.0×60×φ14 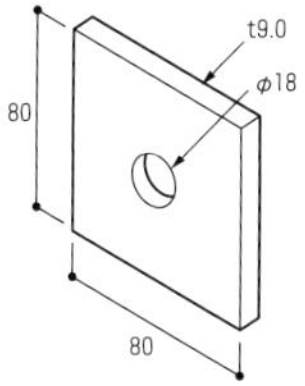 W9.0×80×φ18	角座金* W6.0×54 ×φ18	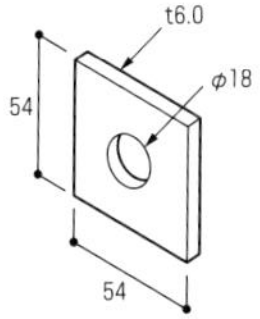 （ホールダウン金物HD-BまたはHD-Nの専用座金）
		丸座金* RW6.0×68 ×φ14 RW9.0×90 ×φ18	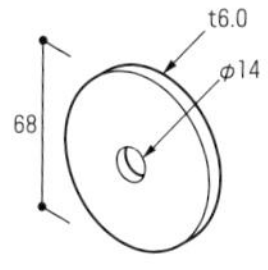 RW6.0×68×φ14 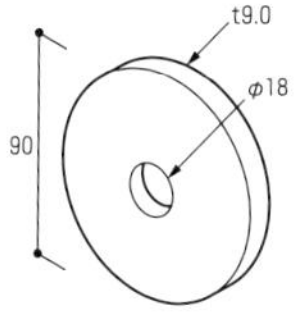 RW9.0×90×φ18
小型角座金 W2.3×30 ×φ12.5	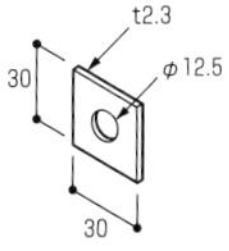 （筋かいプレートBPの専用座金）	偏心丸座金 EW9.0×R13 ×φ54	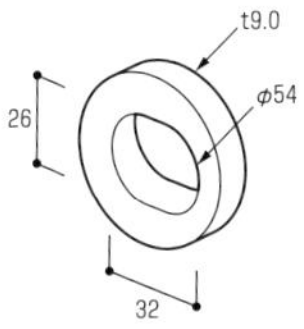 （引張金物TB-DおよびTB-Sの専用座金）

注）種類・記号に＊のある接合金物および接合具は、公益財団法人日本住宅・木材技術センター規格によるCマーク表示金物とすることができる。

Zマーク表示金物

Zマーク表示金物の種類／接合具②　(単位：mm)

種類・記号	形状・寸法
六角ボルト* M12 六角ナット* M12	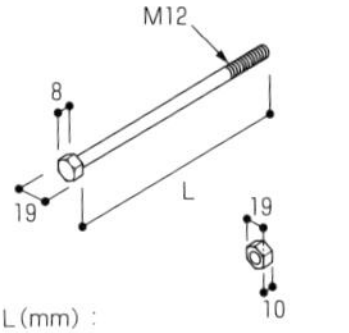 L (mm)： 105、110、115、120、125、130、135 140、145、150、165、180、195、210 225、240、255、270、285、300、315 330、345、360、375、390、405、420 435、450、480、510、540、570、600 700、800、900、1,000
六角ボルト* M16 六角ナット* M16	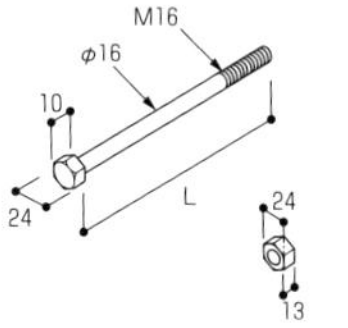 L (mm)： 110、125、140、150、165、180、195 210、225、240、255、270、285、300 315、330、345、360、375、390、405 420、435、450、480、510、540、570 600、700、800、900、1,000
両ねじボルト* M12 六角ナット* M12	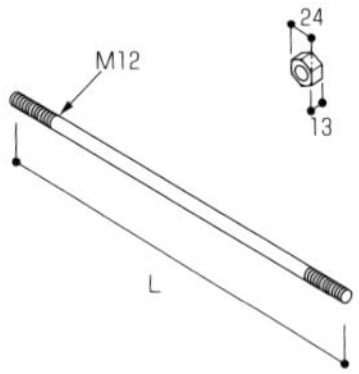 L (mm)： 300から30刻みで3300
両ねじボルト* M16 六角ナット* M16	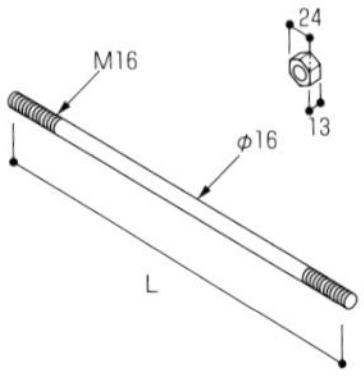 L (mm)： 300から30刻みで3300

種類・記号	形状・寸法
座金付きボルト* M16W 六角ナット* M16	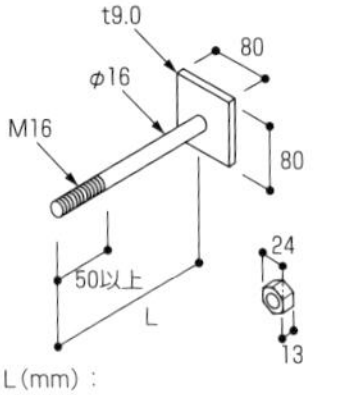 L (mm)： 110、125、140、150、165、180、195 210、225、240、255、270、285、300 315、330、345、360、375、390、405 420、435、450、510、540、570、600
ラグスクリュー* LS12	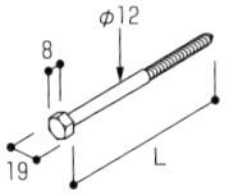 L (mm)： 110、120、125、130、140、150
角根六角ボルト M12 六角ナット M12	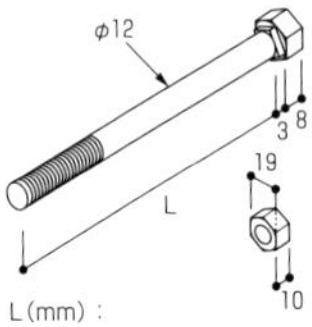 L (mm)： 130、145、160、175、190、205、220 235、250、265、280、295、305、315
角根平頭ボルト M12 六角ナット M12	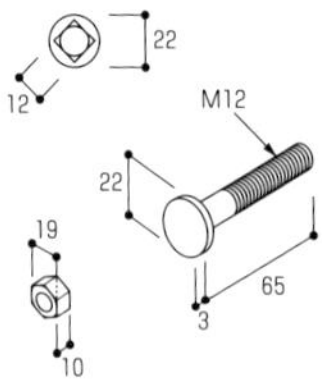
全ねじボルト* M12×115 六角袋ナット* M12	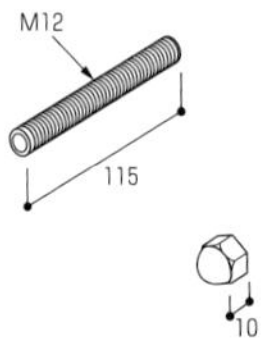

注）種類・記号に＊のある接合金物および接合具は、公益財団法人日本住宅・木材技術センター規格によるCマーク表示金物とすることができる。

Zマーク表示金物の種類／接合具③ (単位：mm)

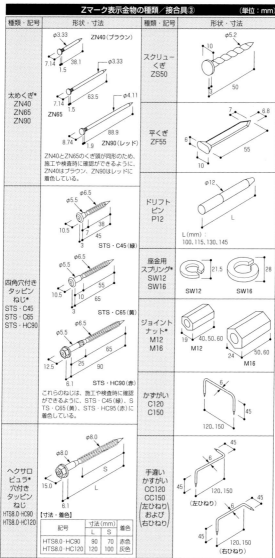

種類・記号	形状・寸法
太めくぎ* ZN40 ZN65 ZN90	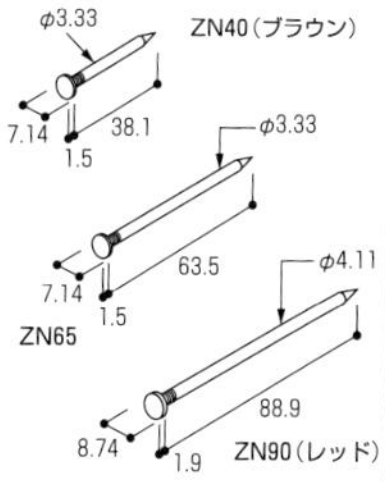 ZN40とZN65のくぎ頭が同形のため、施工や検査時に確認ができるように、ZN40はブラウン、ZN90はレッドに着色している。
四角穴付きタッピンねじ* STS・C45 STS・C65 STS・HC90	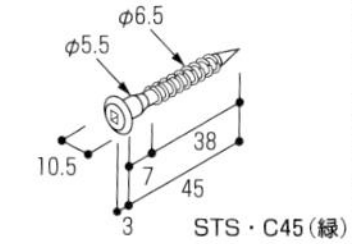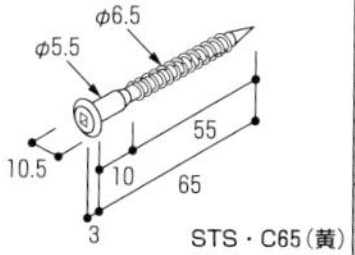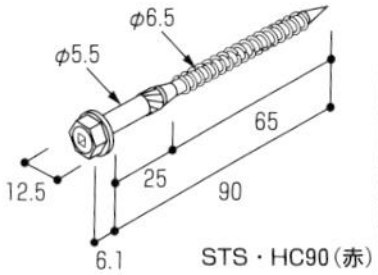 これらのねじは、施工や検査時に確認ができるように、STS・C45（緑）、STS・C65（黄）、STS・HC95（赤）に着色している。
ヘクサロビュラ*穴付きタッピンねじ HTS8.0・HC90 HTS8.0・HC120	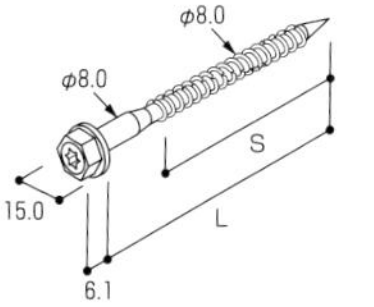

【寸法・着色】

記号	寸法(mm) L	寸法(mm) S	着色
HTS8.0・HC90	90	70	赤色
HTS8.0・HC120	120	100	灰色

種類・記号	形状・寸法
スクリューくぎ ZS50	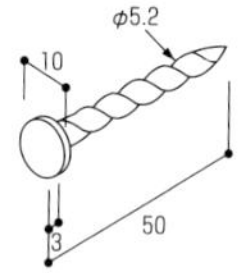
平くぎ ZF55	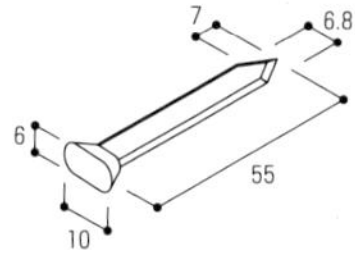
ドリフトピン P12	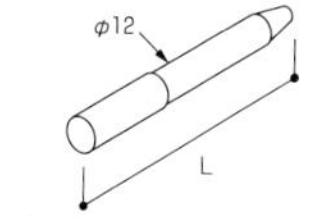 L(mm)： 100、115、130、145
座金用スプリング* SW12 SW16	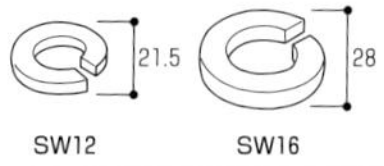
ジョイントナット* M12 M16	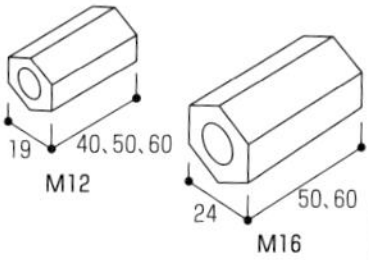
かすがい C120 C150	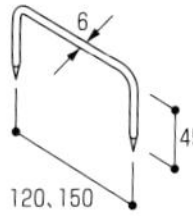
手違いかすがい CC120 CC150 （左ひねりおよび右ひねり）	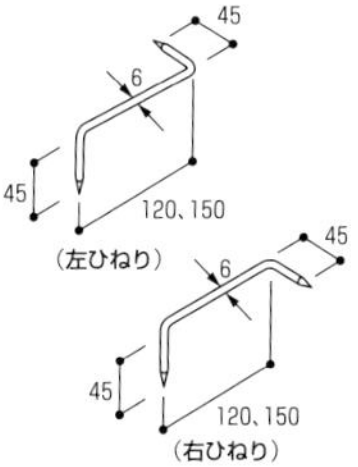

注）種類・記号に＊のある接合金物および接合具は、公益財団法人日本住宅・木材技術センター規格によるCマーク表示金物とすることができる。
図中に表示した金物のほかにも、Zマーク表示金物と同等の品質・性能を有するものとして、同等認定金物および性能認定金物がある。

3 「建具とガラスの組合せ」による開口部の熱貫流率

表1 大部分がガラスで構成されている窓等の開口部の熱貫流率

建具の仕様	ガラスの仕様		中空層の仕様 ガスの封入*1	中空層の仕様 中空層の厚さ	開口部の熱貫流率[W/(m²·K)]*2 付属部材なし	シャッター・雨戸付	和障子付	風除室あり
樹脂製建具または木製建具	3層複層ガラス	Low-Eガラス2枚	されている	13mm以上	1.60	1.49	1.43	1.38
				10mm以上13mm未満	1.70	1.58	1.51	1.46
				7mm以上10mm未満	1.90	1.75	1.66	1.60
				7mm未満	2.15	1.96	1.86	1.77
			されていない	13mm以上	1.70	1.58	1.51	1.46
				9mm以上13mm未満	1.90	1.75	1.66	1.60
				7mm以上 9mm未満	2.15	1.96	1.86	1.77
				7mm未満	2.33	2.11	1.99	1.89
		Low-Eガラス1枚	されている	10mm以上	1.90	1.75	1.66	1.60
				10mm未満	2.15	1.96	1.86	1.77
			されていない	13mm以上	1.90	1.75	1.66	1.60
				9mm以上13mm未満	2.15	1.96	1.86	1.77
				7mm以上 9mm未満	2.33	2.11	1.99	1.89
				7mm未満	2.91	2.59	2.41	2.26
		一般ガラス	されていない	12mm以上	2.33	2.11	1.99	1.89
				12mm未満	2.91	2.59	2.41	2.26
	複層ガラス	Low-Eガラス	されている	10mm以上	2.15	1.96	1.86	1.77
				8mm以上10mm未満	2.33	2.11	1.99	1.89
				8mm未満	2.91	2.59	2.41	2.26
			されていない	14mm以上	2.15	1.96	1.86	1.77
				11mm以上14mm未満	2.33	2.11	1.99	1.89
				11mm未満	2.91	2.59	2.41	2.26
		一般ガラス	されていない	13mm以上	2.91	2.59	2.41	2.26
				13mm未満	3.49	3.04	2.82	2.59
	単板ガラス	–	–	–	6.51	5.23	4.76	3.95
樹脂(または木)と金属の複合材料製建具	3層複層ガラス	Low-Eガラス2枚	されている	12mm以上	1.90	1.75	1.66	1.60
				8mm以上12mm未満	2.15	1.96	1.86	1.77
				8mm未満	2.33	2.11	1.99	1.89
			されていない	16mm以上	1.90	1.75	1.66	1.60
				10mm以上16mm未満	2.15	1.96	1.86	1.77
				8mm以上10mm未満	2.33	2.11	1.99	1.89
				8mm未満	2.91	2.59	2.41	2.26
		Low-Eガラス1枚	されている	12mm以上	2.15	1.96	1.86	1.77
				9mm以上12mm未満	2.33	2.11	1.99	1.89
				9mm未満	2.91	2.59	2.41	2.26
			されていない	16mm以上	2.15	1.96	1.86	1.77
				12mm以上16mm未満	2.33	2.11	1.99	1.89
				12mm未満	2.91	2.59	2.41	2.26
		一般ガラス	されていない	7mm以上	2.91	2.59	2.41	2.26
				7mm未満	3.49	3.04	2.82	2.59
	複層ガラス	Low-Eガラス	されている	14mm以上	2.33	2.11	1.99	1.89
				14mm未満	2.91	2.59	2.41	2.26
			されていない	9mm以上	2.91	2.59	2.41	2.26
				9mm未満	3.49	3.04	2.82	2.59
		一般ガラス	されていない	11mm以上	3.49	3.04	2.82	2.59
				11mm未満	4.07	3.49	3.21	2.90
	単板ガラス	–	–	–	6.51	5.23	4.76	3.95
その他(金属製建具 金属製熱遮断構造建具等)	複層ガラス	Low-Eガラス	されている	10mm以上	2.91	2.59	2.41	2.26
				10mm未満	3.49	3.04	2.82	2.59
			されていない	14mm以上	2.91	2.59	2.41	2.26
				7mm以上14mm未満	3.49	3.04	2.82	2.59
				7mm未満	4.07	3.49	3.21	2.90
		一般ガラス	されていない	8mm以上	4.07	3.49	3.21	2.90
				8mm未満	4.65	3.92	3.60	3.18
	単板ガラス	–	–	–	6.51	5.23	4.76	3.95

表中の用語の定義については、国立研究開発法人建築研究所が公表する「平成28年省エネルギー基準に準拠したエネルギー消費性能の評価に関する技術情報(住宅)」の「2.エネルギー消費性能の算定方法 2.1 算定方法 第一章 概要と用語の定義」を参照 (https://www.kenken.go.jp/becc/house.html)。

*1「ガス」とは、アルゴンガスまたは熱伝導率がこれと同等以下のものをいう。

*2 国立研究開発法人建築研究所ホームページ内「平成28年省エネルギー基準に準拠したエネルギー消費性能の評価に関する技術情報」の熱貫流率および線熱貫流率(ドア等の大部分がガラスで構成されない開口部)の熱貫流率の表および風除室に面する場合の計算式による。

注)上表は、一般社団法人日本サッシ協会作成資料を転載したものである。

表2 大部分がガラスで構成されていないドア等の開口部の熱貫流率①

枠の仕様	戸の仕様			ガラスの仕様	中空層の仕様		開口部の熱貫流率 [W/(m²·K)]*2	
					ガスの封入*1	中空層の厚さ	付属部材なし	風除室あり
金属製熱遮断構造	金属製高断熱フラッシュ構造	ポストなし	ドア内ガラスなし	−	−	−	1.60	1.38
			ドア内ガラスあり	Low-E複層ガラス	されている	7mm以上	1.90	1.60
						7mm未満	2.33	1.89
					されていない	9mm以上	1.90	1.60
						9mm未満	2.33	1.89
				複層ガラス	されていない	中空層厚問わない	2.33	1.89
		ポストあり	ドア内ガラスなし	−	−	−	1.60	1.38
			ドア内ガラスあり	Low-E複層ガラス	されている	9mm以上	1.90	1.60
						9mm未満	2.33	1.89
					されていない	12mm以上	1.90	1.60
						12mm未満	2.33	1.89
				複層ガラス	されていない	中空層厚問わない	2.33	1.89
	金属製断熱フラッシュ構造	ポストなし	ドア内ガラスなし	−	−	−	1.90	1.60
			ドア内ガラスあり	Low-E複層ガラス	されている	10mm以上	2.33	1.89
						10mm未満	2.91	2.26
					されていない	14mm以上	2.33	1.89
						14mm未満	2.91	2.26
				複層ガラス	されていない	中空層厚問わない	2.91	2.26
		ポストあり	ドア内ガラスなし	−	−	−	1.90	1.60
			ドア内ガラスあり	Low-E複層ガラス	されている	14mm以上	2.33	1.89
						14mm未満	2.91	2.26
					されていない	中空層厚問わない	2.91	2.26
				複層ガラス	されていない	中空層厚問わない	2.91	2.26
	金属製フラッシュ構造	ポストなし	ドア内ガラスなし	−	−	−	1.90	1.60
			ドア内ガラスあり	Low-E複層ガラス	されている	中空層厚問わない	2.91	2.26
					されていない	中空層厚問わない	2.91	2.26
				複層ガラス	されていない	中空層厚問わない	2.91	2.26
		ポストあり	ドア内ガラスなし	−	−	−	2.33	1.89
			ドア内ガラスあり	Low-E複層ガラス	されている	中空層厚問わない	2.91	2.26
					されていない	中空層厚問わない	2.91	2.26
				複層ガラス	されていない	中空層厚問わない	2.91	2.26
	金属製ハニカムフラッシュ構造	ポストなし	ドア内ガラスなし	−	−	−	2.91	2.26
			ドア内ガラスあり	Low-E複層ガラス	されている	中空層厚問わない	3.49	2.59
					されていない	中空層厚問わない	3.49	2.59
				複層ガラス	されていない	中空層厚問わない	3.49	2.59
		ポストあり	ドア内ガラスなし	−	−	−	2.91	2.26
			ドア内ガラスあり	Low-E複層ガラス	されている	中空層厚問わない	3.49	2.59
					されていない	中空層厚問わない	3.49	2.59
				複層ガラス	されていない	中空層厚問わない	3.49	2.59

表中の用語の定義については、国立研究開発法人建築研究所が公表する「平成28 年省エネルギー基準に準拠したエネルギー消費性能の評価に関する技術情報（住宅）」の「2.エネルギー消費性能の算定方法 2.1 算定方法 第一章 概要と用語の定義」を参照（https://www.kenken.go.jp/becc/house.html）。

【適用範囲】2ロックかつ掘込み錠式のドア等（面付け錠式のドア、欄間付のドア、袖付のドア、面付け錠式の引戸、欄間付の引戸および袖付の引戸には適用できない）

*1「ガス」とは、アルゴンガスまたは熱伝導率がこれと同等以下のものをいう。

*2 国立研究開発法人建築研究所ホームページ内「平成28年省エネルギー基準に準拠したエネルギー消費性能の評価に関する技術情報」の熱貫流率および線熱貫流率（ドア等の大部分がガラスで構成されない開口部）の熱貫流率の表および風除室に面する場合の計算式による。

注）上表は、一般社団法人日本サッシ協会作成資料を転載したものである。

「建具とガラスの組合せ」による開口部の熱貫流率

表2 大部分がガラスで構成されていないドア等の開口部の熱貫流率②

枠の仕様	戸の仕様			ガラスの仕様	中空層の仕様		開口部の熱貫流率[W/(m²·K)]*2	
					ガスの封入*1	中空層の厚さ	付属部材なし	風除室あり
複合材料製	金属製高断熱フラッシュ構造	ポストなし	ドア内ガラスなし	−	−	−	1.60	1.38
			ドア内ガラスあり	Low-E複層ガラス	されている	8mm以上	1.90	1.60
						8mm未満	2.33	1.89
					されていない	10mm以上	1.90	1.60
						10mm未満	2.33	1.89
				複層ガラス	されていない	中空層厚問わない	2.33	1.89
		ポストあり	ドア内ガラスなし	−	−	−	1.60	1.38
			ドア内ガラスあり	Low-E複層ガラス	されている	13mm以上	1.90	1.60
						13mm未満	2.33	1.89
					されていない	15mm以上	2.33	1.89
						15mm未満	2.91	2.26
				複層ガラス	されていない	中空層厚問わない	2.91	2.26
	金属製断熱フラッシュ構造	ポストなし	ドア内ガラスなし	−	−	−	1.90	1.60
			ドア内ガラスあり	Low-E複層ガラス	されている	11mm以上	2.33	1.89
						11mm未満	2.91	2.26
					されていない	15mm以上	2.33	1.89
						15mm未満	2.91	2.26
				複層ガラス	されていない	中空層厚問わない	2.91	2.26
		ポストあり	ドア内ガラスなし	−	−	−	1.90	1.60
			ドア内ガラスあり	Low-E複層ガラス	されている	中空層厚問わない	2.91	2.26
					されていない	中空層厚問わない	2.91	2.26
				複層ガラス	されていない	中空層厚問わない	2.91	2.26
	金属製フラッシュ構造	ポストなし	ドア内ガラスなし	−	−	−	2.33	1.89
			ドア内ガラスあり	Low-E複層ガラス	されている	中空層厚問わない	2.91	2.26
					されていない	中空層厚問わない	2.91	2.26
				複層ガラス	されていない	中空層厚問わない	2.91	2.26
		ポストあり	ドア内ガラスなし	−	−	−	2.33	1.89
			ドア内ガラスあり	Low-E複層ガラス	されている	中空層厚問わない	2.91	2.26
					されていない	中空層厚問わない	2.91	2.26
				複層ガラス	されていない	中空層厚問わない	2.91	2.26
	金属製ハニカムフラッシュ構造	ポストなし	ドア内ガラスなし	−	−	−	2.91	2.26
			ドア内ガラスあり	Low-E複層ガラス	されている	中空層厚問わない	3.49	2.59
					されていない	中空層厚問わない	3.49	2.59
				複層ガラス	されていない	中空層厚問わない	3.49	2.59
		ポストあり	ドア内ガラスなし	−	−	−	2.91	2.26
			ドア内ガラスあり	Low-E複層ガラス	されている	中空層厚問わない	3.49	2.59
					されていない	中空層厚問わない	3.49	2.59
				複層ガラス	されていない	中空層厚問わない	3.49	2.59

表中の用語の定義については、国立研究開発法人建築研究所が公表する「平成28年省エネルギー基準に準拠したエネルギー消費性能の評価に関する技術情報(住宅)」の「2.エネルギー消費性能の算定方法 2.1 算定方法 第一章 概要と用語の定義」を参照(https://www.kenken.go.jp/becc/house.html)。

【適用範囲】2ロックかつ掘込み錠式のドア等(面付け錠式のドア、欄間付のドア、袖付のドア、面付け錠式の引戸、欄間付の引戸および袖付の引戸には適用できない)

*1「ガス」とは、アルゴンガスまたは熱伝導率がこれと同等以下のものをいう。

*2 国立研究開発法人建築研究所ホームページ内「平成28年省エネルギー基準に準拠したエネルギー消費性能の評価に関する技術情報」の熱貫流率および線熱貫流率(ドア等の大部分がガラスで構成されない開口部)の熱貫流率の表および風除室に面する場合の計算式による。

注)上表は、一般社団法人日本サッシ協会作成資料を転載したものである。

表2 大部分がガラスで構成されていないドア等の開口部の熱貫流率③

枠の仕様	戸の仕様			ガラスの仕様	中空層の仕様		開口部の熱貫流率[W/(m²·K)]*2	
					ガスの封入*1	中空層の厚さ	付属部材なし	風除室あり
金属製またはその他	金属製フラッシュ構造	ポストなし	ドア内ガラスなし	–	–	–	2.33	1.89
			ドア内ガラスあり	Low-E複層ガラス	されている	中空層厚問わない	2.91	2.26
					されていない	中空層厚問わない	2.91	2.26
				複層ガラス	されていない	中空層厚問わない	2.91	2.26
		ポストあり	ドア内ガラスなし	–	–	–	2.33	1.89
			ドア内ガラスあり	Low-E複層ガラス	されている	中空層厚問わない	2.91	2.26
					されていない	中空層厚問わない	2.91	2.26
				複層ガラス	されていない	中空層厚問わない	2.91	2.26
	金属製ハニカムフラッシュ構造	ポストなし	ドア内ガラスなし	–	–	–	2.91	2.26
			ドア内ガラスあり	Low-E複層ガラス	されている	中空層厚問わない	3.49	2.59
					されていない	中空層厚問わない	3.49	2.59
				複層ガラス	されていない	8mm以上	3.49	2.59
						8mm未満	4.07	2.90
				単板ガラス	–	–	4.07	2.90
		ポストあり	ドア内ガラスなし	–	–	–	2.91	2.26
			ドア内ガラスあり	Low-E複層ガラス	されている	中空層厚問わない	3.49	2.59
					されていない	中空層厚問わない	3.49	2.59
				複層ガラス	されていない	中空層厚問わない	4.07	2.90
				単板ガラス	–	–	4.07	2.90
	金属製またはその他	ポストなし	ドア内ガラスなし	–	–	–	6.51	3.95
			ドア内ガラスあり	Low-E複層ガラス	されている	中空層厚問わない	6.51	3.95
					されていない	中空層厚問わない	6.51	3.95
				複層ガラス	されていない	中空層厚問わない	6.51	3.95
				単板ガラス	–	–	6.51	3.95
		ポストあり	ドア内ガラスなし	–	–	–	6.51	3.95
			ドア内ガラスあり	Low-E複層ガラス	されている	中空層厚問わない	6.51	3.95
					されていない	中空層厚問わない	6.51	3.95
				複層ガラス	されていない	中空層厚問わない	6.51	3.95
				単板ガラス	–	–	6.51	3.95

表中の用語の定義については、国立研究開発法人建築研究所が公表する「平成28年省エネルギー基準に準拠したエネルギー消費性能の評価に関する技術情報(住宅)」の「2.エネルギー消費性能の算定方法 2.1 算定方法 第一章 概要と用語の定義」を参照(https://www.kenken.go.jp/becc/house.html)。

【適用範囲】2ロックかつ掘込み錠式のドア等(面付け錠式のドア、欄間付のドア、袖付のドア、面付け錠式の引戸、欄間付の引戸および袖付の引戸には適用できない)

*1「ガス」とは、アルゴンガスまたは熱伝導率がこれと同等以下のものをいう。

*2 国立研究開発法人建築研究所ホームページ内「平成28年省エネルギー基準に準拠したエネルギー消費性能の評価に関する技術情報」の熱貫流率および線熱貫流率(ドア等の大部分がガラスで構成されない開口部)の熱貫流率の表および風除室に面する場合の計算式による。

注)上表は、一般社団法人日本サッシ協会作成資料を転載したものである。

4 木造住宅の各部名称

木造住宅の各部名称①

あ－お

❶落しがけ
❷大引き／32、56、154

か－こ

❸かわら／69～72
❹がくぶち
❺壁断熱材／74～79、81～83、88～89、136～137、139～146、148～149、151～159
❻かもい
❼小屋ばり／54
❽小屋束／54

さ－そ

❾砕石
❿障子
⓫敷居／168

た－と

⓬たる木／32、55、66～73
⓭畳／92
⓮畳寄せ
⓯吊り木／113、120、122～123、125、149
⓰天井断熱材／74～79、81、136～137、140～146、149、151～155、158
⓱鉄筋／14～18、34～35、182～183、186、189
⓲胴差し／32、37、44、47、49、57～61、103、152、154～155
⓳土台／30～33、36、38、40～45、47、49、51、53、82、152、159、166、168、179、184、189

な－の

⓴なげし
㉑2階ばり／56～57
㉒布基礎／14～15、20、182
㉓根太／32、56、58～60、113、125、147、154、168
㉔根太掛け／168
㉕根がらみ貫／56
㉖ねこ土台／22、183
㉗野地板／66～69、71～73、150、153、158～159

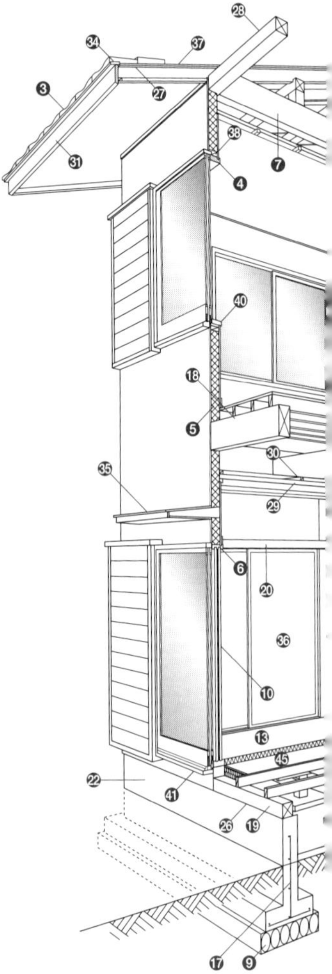

木造住宅の各部名称②

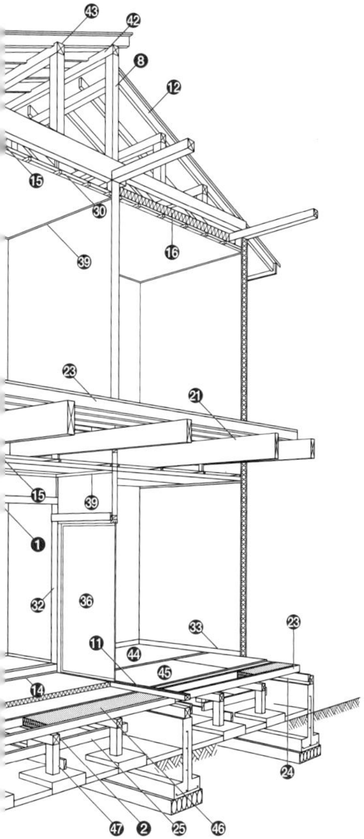

＊名称の後に記載した数字は本書の掲載ページを示す。

索　引

あ－お

か－こ

さ－そ

たーと

な－の

は－ほ

まーも

や・ゆ・よ

ら－ろ

わ

A－Z

図表索引

＊この索引では、本書に収録している図表のタイトル、名称を工事別、仕様別に五十音順に配列した。

屋根工事

断熱工事

造作工事

左官工事

内外装工事

建具まわり工事

設備工事

準耐火構造の住宅の仕様

省令準耐火構造の住宅の仕様

省エネルギー性(金利Bプラン)

memo

memo

memo

独立行政法人住宅金融支援機構
マンション・まちづくり支援部技術統括室　（令和3年10月現在）
嘉藤　鋭　技術統括室長
古瀬浩二　技術支援グループ長
井上理一郎　技術支援グループ調査役
松尾法和　技術支援グループ調査役
鳥越重己　技術支援グループ専任役
金安淳美　技術支援グループ副調査役

本書に修正が必要な箇所があった場合には、
フラット35サイトの仕様書関係（https://www.flat35.com/tetsuduki/shiyou01.html）
または、井上書院ホームページ（https://www.inoueshoin.co.jp）に公開します。

◎お問合せ先

本書の購入に関するお問合せ	▶ 本書を注文したい ▶	**井上書院** TEL 03-5689-5481 受付時間 9：00～17：00 （土日、祝日、年末年始を除く）
	▶ 最寄りの販売窓口を知りたい ▶	
本書の記載内容に関するお問合せ	▶ 例えば、軸組の仕口の仕様について知りたい ▶	**住宅金融支援機構** **仕様書サポートダイヤル** TEL 0570-0860-44 受付時間 9：00～17：00 （土日、祝日、年末年始を除く） 一般電話からは、全国どこからでも市内通話料金でご利用いただけます。ご利用いただけない場合（IP電話、PHS、海外からの国際電話など）は、次の番号におかけください。 TEL 03-5800-8163 マンション・まちづくり支援部 技術統括室 技術支援グループ
	▶ 例えば、外壁通気層の仕様について知りたい ▶	
【フラット35】に関するお問合せ	▶ フラット35の最新の金利情報を知りたい ▶	**住宅金融支援機構** **お客様コールセンター** TEL 0120-0860-35（通話無料） 受付時間 9：00～17：00 （祝日、年末年始を除く） ご利用いただけない場合（PHS、海外からの国際電話など）は、次の番号におかけください（通常料金がかかります）。 TEL 048-615-0420
	▶ フラット35の技術基準が知りたい ▶	
	▶ フラット35の物件検査の申請先を知りたい ▶	

フラット35サイトは【フラット35】の情報満載！

フラット35　検索

www.flat35.com

【フラット35】対応
木造住宅工事ハンドブック［改訂4版］

2014年1月30日　第1版第1刷発行
2015年4月10日　改訂版第1刷発行
2017年4月25日　改訂2版第1刷発行
2019年10月20日　改訂3版第1刷発行
2021年10月25日　改訂4版第1刷発行

編　者　独立行政法人住宅金融支援機構©
発行者　石川泰章
発行所　株式会社 井上書院
東京都文京区湯島2-17-15　斎藤ビル
電話(03)5689-5481 FAX(03)5689-5483
https://www.inoueshoin.co.jp/
振替00110-2-100535
印刷所　新日本印刷株式会社
装　幀　川畑博昭

ISBN978-4-7530-2489-6 C3052　Printed in Japan